投資家のための

「世界経済」概略マップ

取越達哉・田端克至・中井　誠［著］

創 成 社

はしがき

　グローバル投資の時代である。ただ，それを頭ではわかっていても，なんとなく心理的な抵抗感が拭えない，という方は多いはずだ。その原因は，世界経済を身近に感じることが簡単ではない，ということにあるのかもしれない。本書は，そのような方々が，世界経済を理解するための一助となることを目的としている。

　本書の執筆に際して，とくに意識した点は，第一に，平易な言葉で書いたこと，である。それは皆さんに，本書の内容をよく理解していただくためである。第二に，中長期的な視点を組み入れ，思い切って鋭く切り込んでみたことである。そもそも，世界経済のことがよくわからないという読者の中には，日々の溢れる世界のニュースに翻弄され，時に，立ちすくんでしまうような経験をしたこともあるはずだ。ところが，中期的な視点で思考し解釈してみるという日常を大切に繰り返すと，世界を俯瞰的に捉え，大きな気持ちで，日々のニュースに接することができるようになる。このアプローチは，筆者たちの実体験から得た感覚的なものなのだが，そう間違ってはいないと思っている。本書では，中長期的な視点として，6つの中期的テーマを設定している。デジタル経済，気候変動，人口動態，金融資本の膨張，グローバリゼーション，世界経済の中心地の変化，である。他にもいろいろな候補がありうるとしても，この6つが重要な中期的テーマであるということに大きな違和感を抱く方は少ないであろう。第三に，理論的な考察を組み入れること，である。理論的というと少し堅苦しい感じがするが，理論的な考察ができるようになれば，世界経済を俯瞰的に捉える実力がついてきたといってよい。本書で取り上げた理論的な枠組みは，我々の経験にもとづく，バランス感覚を反映したものとなっている。このバランス感覚は，筆者たちが共通して持っている，金融ビジネスパーソンと大学人，日本と米国，あるいはアジアなどでの国際ビジネスや勉学の経験から得ることができた貴重なものである。この感覚こそ，本書が最も読者の皆さん

に伝授したいことである。

　本書の対象は，学生，ビジネスパーソンを問わず，グローバル投資に関心があるすべての人々である。もし，読者諸氏が世界経済についての理解を深め，世界経済を身近に感じることができるようになれば，あるいは，グローバル投資への心理的抵抗感が解消され，新しい資産形成の選択肢を持つことになれば，著者として望外の喜びである。

　本章の構成は，第1章〜第6章からなる。それぞれが，6つの大テーマの全体的な解説と，さらに特定の論点を掘り下げた View からなる。それぞれの文章は独立しており，好きなところから読み始めてほしい。

　なお，我々が本書に準拠して作成した資料を https://www.books-sosei.com/downloads/ からダウンロードすることができる。講義やセミナーでご利用下さい。

　最後に，本書の出版にあたっては，創成社の塚田尚寛社長，西田徹氏には，お世話になった。この紙面をもって改めてお礼を申し上げる。

2023 年 9 月

著者一同

※本書は，日本学術振興会（JSPS）科研費 JP22K01569 の助成を受けた成果の一部を含みます。

目　　次

序　章

世界経済を理解する力
―グローバル投資時代の一般教養―

第1節　グローバル投資の時代

　世界中の投資家にとって，グローバル投資は，より身近なものになっている。その背景には，各国の金融資本市場の自由化のほか，情報通信技術（ICT）の急速な進展がある。そのため，グローバル投資に対する時間や場所による制約が，格段に小さくなっているのである。その結果，網の目のように張り巡らされたグローバル投資のネットワークは，一段と拡大・深化しつつある。なお，ネットワークの中心となっているのは有力な先進国であるが，日本もその一つとなっている（図序－1）。

　日本の個人投資家にとっても，グローバル投資は，ますます身近なものになりつつある。グローバル投資が「金融リテラシー」【キーワード】という，個人的・社会的意義が広く認識されつつあるテーマに内包されていることも，そうした動きを後押ししている。グローバル投資の拡大は同時に，「世界経済を理解する力」を，現代人の一般教養に押し上げる要因ともなっている。

　本章ではまず，グローバル投資の動向，そしてそれがなぜ重要なのか，といった点について検討する。最後に，世界経済を理解するために重要な6つのテーマを紹介する。いずれも世界経済のメガトレンド（時代の大きな流れ）に深い関わりを持ち，中長期的な観点から「世界経済を理解する力」を養うために有用なテーマである。それらはまた，本書を通じて検討されるテーマでもある。

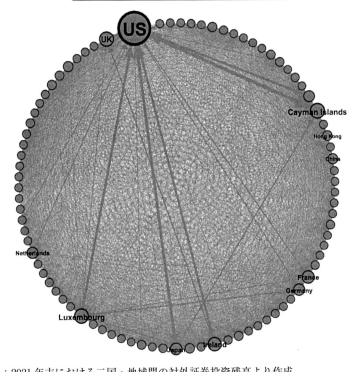

図序－1	グローバル投資のネットワーク

注1：2021年末における二国・地域間の対外証券投資残高より作成。
注2：外側の●は各国・地域を表し，大きいほど，ネットワークにおける中心性が高い
　　　ことを表す（中心性の数値は，Googleが採用している，Webページ間のリンク
　　　構造に基づき各ページの重要度を算出する手法である「PageRank」と同じ手順
　　　で算出）。
注3：各国・地域から各国・地域への矢印の太さは，二国・地域間の投資残高の大きさ
　　　を表す。
出所：IMF, *CPIS*より作成

1. グローバル投資の定義

　「グローバル投資」とは，世界各国・各地域に投資することである。「投資」
という言葉はさまざまな意味で用いられるが，本書では，債券，株式，投資信
託の受益証券など証券への投資という意味で用いる。したがって，本書におけ
るグローバル投資は，グローバル証券投資，あるいは国際証券投資と言い換え
ることもできる。なお，グローバル投資といった場合，日本を含む場合と除く
場合がありうるが，本書では日本を含むものとする。

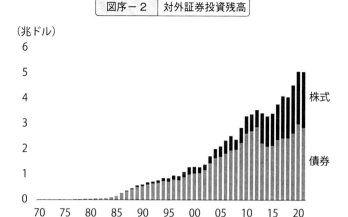

図序-2　対外証券投資残高

（兆ドル）

株式

債券

出所：Lane, Philip R. and Gian Maria Milesi-Ferretti, *External Wealth of Nations database* より作成

2. グローバル投資の現在・過去・未来

　各国資本市場の自由化，情報通信技術の進歩によって，グローバル投資は近年，世界的に，大きく拡大しつつある。それは，日本においても同様である。実際，日本の対外証券投資残高は，株式，債券ともに大きく増加しつつある（図序-2）。

　日本の対外証券投資残高の増加は，ホームバイアス（自国資産への偏り）の弱まりを反映するものでもある[1]。内閣府（2020）では，日本の証券投資のホームバイアスは，主要先進国と比べ依然強いことを強調しつつも，それが徐々に弱まりつつあるデータを示している。近年，国外の株式・リート・債券を主たる運用対象とする投資信託への投資が珍しいものでなくなっていることはその表れでもある。

第2節　グローバル投資がなぜ重要か

　グローバル投資が重要なのは，より高いリターン（投資を行うことで得られる利益または損失のこと）を得る選択肢を増やせるためである。それは，世界に上場されている企業の多さからも明らかである[2]。また，あくまで過去の実績で

はあるものの，市場全体でみると，外国株式が国内株式のリターンを上回る
ケースが少なくないこと，外国債券が国内債券のリターンを上回るケースが少
なくないことも，その可能性を示唆している[3]。

1．グローバル投資とグローバル分散投資

　グローバル投資のなかでも，資産，銘柄，国・地域などを分散して保有する
「グローバルな分散投資」であれば，より高いリターンを得る機会を増やせる
だけでなく，リターンを低下させることなくリスクを低下させることも可能と
なる。世界中の国・地域から，値動きの異なる（相関関係の低い）資産，銘柄を
分散して保有することによって，国内資産，銘柄だけを保有する場合に比べ，
価格の大幅な変動を和らげる，すなわちリスクを低下させることが可能となる
のである[4]。

2．金融リテラシーとグローバル分散投資

　「金融リテラシー」の議論において，グローバル投資は重要な位置づけにあ
る。とりわけグローバル分散投資の重要性は高い。その理由は，金融リテラ
シーの特に重要な意義・目的の一つである，中長期的に良いリターンを安定的
に得る，という点において，グローバル分散投資が大きな役割を果たすと考え
られるためである[5]。

　もっとも，中長期的に良いリターンを安定的に得る，という意義・目的のた
めには，グローバル分散投資に，積立投資と長期投資を組み合わせるのが理想
である。実際，金融経済教育研究会（2013）は，「国内外の株・債券等への分
散投資を，投資時期も分散させて行うこととすれば，中長期的に家計が金融
資産からより良いリターンを安定的に得ることが可能」（p.3）と指摘している。
また，金融庁（2016）は，グローバル分散投資に積立投資と長期投資の効果を
組み合わせることにより，よりリターンの安定した投資が可能になるという，
過去のデータに基づいたシミュレーション結果を紹介している。同様のシミュ
レーション結果は，「長期・積立・分散投資の効果（実績）」というタイトルの
グラフという形で，金融庁（2022）『高校生のための金融リテラシー講座』に
も掲載されている（図序-3）。

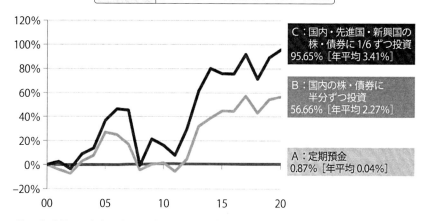

図序－3　長期・積立・分散投資の効果（実績）

注：各計数は，毎年同額を投資した場合の各年末時点での累積リターン。株式は，各
　　国の代表的な株価指数を基に，市場規模等に応じ各国のウェイトをかけたもの。
　　債券は，各国の国債を基に，市場規模等に応じ各国のウェイトをかけたもの。
　　Bloomberg より，金融庁作成。
出所：金融庁（2022）『高校生のための金融リテラシー講座』（p.81）より転載
　　　（https://www.fsa.go.jp/news/r3/sonota/20220317/package.pdf，2023 年 3 月
　　　31 日アクセス）

第3節　世界経済を理解するための6テーマ

　グローバル投資は，個人投資家にとって，近年，ますます身近なものになり
つつある。そして，そうしたグローバル投資の拡大は同時に，「世界経済を理
解する力」を，現代人の一般教養に押し上げる要因となっている。

　本書では，世界経済を理解するために重要な以下の6つのテーマと，それら
に関わるトピックスを順に検討していく。いずれも世界経済のメガトレンド
（時代の大きな流れ）に深い関わりを持ち，中長期的な観点から「世界経済を理
解する力」を養うために有用なテーマである。

　（1）デジタル経済
　（2）気候変動
　（3）人口動態
　（4）金融資本の膨張

6

（5）グローバリゼーション
（6）世界経済の中心地の変化

　いずれのテーマやトピックスもすでに，さまざまな観点から分析が行われている。本書ではそれらテーマについて，従来の議論を踏まえつつ，投資家にとっての意義という視点からも検討を加える。読者諸氏が世界経済を，海の向こうの遠い世界での議論としてではなく，自分のこととして捉えるための一助となれば，著者として望外の喜びである。

Keyword　金融リテラシー

　近年，コンピューター・リテラシー，メディア・リテラシーといった，〇〇リテラシーという言葉を聞く機会が増えている。リテラシーとは本来，読み書きの能力という意味であるが，〇〇リテラシーという場合には，〇〇についての知識，そしてそれを活用する能力を指すことが多い。金融リテラシーは，〇〇リテラシーの代表格の一つであり，官民問わず，そして世界的にも，大きな注目を集めている。そのことは例えば，OECD が行っている，15 歳の児童を対象とした国際的な学習到達度に関する調査である PISA (Programme for International Student Assessment) において，2012 年から金融リテラシーの調査が追加されていることなどにも表れている。金融リテラシーの定義としては，OECD/INFE（2012 金融広報中央委員会仮訳 2012）による「金融に関する健全な意思決定を行い，究極的には金融面での個人の幸福を達成するために必要な，金融に関する意識，知識，技術，態度および行動の総体」（p.2）が引用される場合が多い。ただ，金融庁（2021）による「金融に関する知識と判断力」（p.1）という，より簡潔な定義もある。いずれにせよ，金融リテラシーとは，単なる金融知識にとどまらず，実際に金融行動を行う能力をも含んでいるといえる。
　金融リテラシーを具体化したのが，金融経済教育研究会（2013）による「最低限身に付けるべき金融リテラシー」である。
　最低限身に付けるべき金融リテラシーなどを踏まえ，金融広報中央委員会（事務局　日本銀行情報サービス局内）『金融リテラシー調査（2022 年）』においては，金融リテラシーを測る正誤問題（25 問）および調査結果が示されている。表序－1は，それらのうち，【資産形成商品】に関わる3つを挙げたものである。A，Bは投資，Cは銀行預金等（貯蓄）が念頭に置かれていると考えられる。
　なおこれら3つの設問の正答率は，年齢が高いほど，年収が高いほど，金融資産が大きいほど，金融経済情報をみる頻度が高いほど，学校での金融教育の経験があるほ

ど，高い傾向が観察される。同様の傾向は，他の正誤問題においても，おおむね当てはまることから，資産形成のリテラシーと，他の分野・項目の金融リテラシーには一定の関係があるということになる。

表序－1　金融リテラシー（うち資産形成のリテラシー）を判断する問題例

A．次の文章が正しいかどうかをご回答ください。
　平均以上の高いリターンのある投資には，平均以上の高いリスクがあるものだ。

　　① 正しい 75.2%（76.7%）
　　② 間違っている 3.2%（2.8%）
　　③ わからない 21.6%（20.5%）

B．次の文章が正しいかどうかをご回答ください。
　1社の株を買うことは，通常，株式投資信託（何社かの株式に投資する金融商品）を買うよりも安全な投資である。

　　① 正しい 6.1%（5.6%）
　　② 間違っている 50.2%（47.3%）
　　③ わからない 43.6%（47.2%）

C．預金保険制度で1千万円まで保護される預金の種類に関する次の記述のうち，適切なものはどれでしょうか。

　　① 普通預金だけが保護される 10.4%（9.3%）
　　② 普通預金と定期預金は保護される 38.6%（40.5%）
　　③ 普通預金，定期預金，外貨預金など全ての種類の預金が保護される 11.0%（10.3%）
　　④ 自己責任の原則から，いかなる預金も保護されない 3.7%（3.7%）
　　⑤ わからない 36.4%（36.2%）

注：調査対象は，全国の18～79歳の個人30,000人。表の数値は，回答比率（％，小数第2位四捨五入）。（　）内の数値は2019年の正答率。　　は正解を表す。
出所：金融広報中央委員会（2022）より作成

【注】
1）ファイナンス理論によると，投資家は，市場ポートフォリオ（どの資産も市場の時価総額並みに配分するポートフォリオ）を保有すべきであるということになる。その配分比率に対して，自国の資産を過大に（海外の資産を過少に）保有してしまう傾向が，ホームバイアスである。
2）国際取引所連合（WFE）によると，2022年3月末時点で，日本証券取引所グルー

8

プの上場会社数は 3,823 であるのに対し，世界全体の上場企業数は 58,200 に達する。

3 ） 例えば，GPIF「分散投資の意義①１位になる資産は当てられない」（https://www. gpif.go.jp/gpif/diversification1.html，2023 年 3 月 31 日アクセス）

4 ） 諏訪部（2009）は，グローバルな分散投資について，「投資対象を広げることで新たな投資機会を得ることと，分散投資によるリスク低減の効果を同時に達成することができること」（p.174）が期待できると指摘している。また，金融庁（2016）は，「一般に，投資については，例えば，株式・債券，国内・国外というように投資対象を分散させることで，リターンがより安定する効果が得られることが指摘されている。グローバルな分散投資を行うことにより，世界経済の成長の果実を得ることもできると考えられる」（p.50）と指摘している。

5 ） 金融経済教育研究会（2013）に基づけば，金融リテラシーは，①生活スキルとしての金融リテラシー，②健全で質の高い金融商品の供給を促す金融リテラシー，③我が国の家計金融資産の有効活用につながる金融リテラシーの３つに分けることができる。中長期的に良いリターンを安定的に得るという意義・目的は，③のリテラシーに関わるものである。

参考文献参考文献

金融経済教育研究会（2013）『金融経済教育研究会報告書』（https://www.fsa.go.jp/news/24/sonota/20130430-5/01.pdf，2023 年 3 月 31 日アクセス）

金融広報中央委員会（2022）『金融リテラシー調査（2022 年）』（https://www.shiruporuto.jp/public/document/container/literacy_chosa/2022/pdf/22literacyr.pdf，2023 年 3 月 31 日アクセス）

金融庁（2016）『平成 27 事務年度 金融レポート』（https://www.fsa.go.jp/news/28/20160915-4/01.pdf，2023 年 3 月 31 日アクセス）

金融庁（2021）『基礎から学べる金融ガイド』（https://www.fsa.go.jp/teach/kou3.pdf，2023 年 3 月 31 日アクセス）

諏訪部貴嗣（2009）「国際証券投資」日本証券アナリスト協会編／浅野幸弘・榊原茂樹監修／伊藤敬介・萩島誠治・諏訪部貴嗣著『新・証券投資論Ⅱ』日本経済新聞社，第 3 章。

内閣府（2020）『日本経済 2019 − 2020』（https://www5.cao.go.jp/keizai3/2019/0207nk/pdf/n19_3_2.pdf，2023 年 3 月 31 日アクセス）

OECD/INFE（2012），*OECD/INFE HIGH-LEVEL PRINCIPLES ON NATIONAL STRATEGIES FOR FINANCIAL EDUCATION*（金融広報中央委員会仮訳（2012）『金融教育のための国家戦略に関するハイレベル原則』https://www.shiruporuto.jp/public/document/container/oecd/pdf/oecd001.pdf，2023 年 3 月 31 日アクセス）

第**1**章

デジタル経済

ブロックチェーン　米国　企業　金融業　ビットコイン　改ざん　投資信託

デジタルトランスフォーメーション　society 5.0

技術　分散型　預金　台帳　取引　デジタル　世界

従来　　　　　　　　　　　　　　　　総務省

意義　プラットフォーマー　指摘　資金

拡大　国家　定義

利用者　経済　銀行　フィンテック　投資家

進展　格差　AI　国際

株価　効用　金融　投資　暗号　資産　ロボ　通貨

分類　サービス　DX

市場　アドバイザー　ネットワーク効果　議論

決済　　　　　　　　　　　　　　　　　データ

可能　重要　社会　増加　運用　顧客　一任　利用　アクセス　コスト　影響

注：ユーザーローカル AI テキストマイニングによる分析（https://textmining.userlocal.jp/）

第1節　デジタル経済とは

　「デジタル経済」の拡大は，コロナ禍において加速した。その進展に対しては，本当に経済の成長をもたらすのか，格差を広げる原因となるのではないか，といった疑問が呈される場合があるものの，もはや止めることのできない大きな潮流となっている。本章では，デジタル経済についていくつかの観点から検討する。

1. デジタル経済の定義

　デジタル経済についての定義はさまざまであるが，インターネットがキーワードとして含まれている場合が多い。例えば，内閣府 (2017) は，デジタル経済を「デジタル化された財・サービス，情報，金銭などがインターネットを介して，個人・企業間で流通する経済」(p.149) と定義するとともに，IoTや AI などの新規技術はその延長線上にあることを指摘している。また，総務省 (2019) は，デジタル経済について，従来は「インターネットを中心とするICT を提供する産業の活動」(p.2)，現在では，シェアリングエコノミーやギグエコノミーなどを含む「ICT がもたらした新たな経済の姿」(p.2) と定義している。このように，デジタル経済という言葉は今や，特定の産業や技術というよりも，経済そのものを指す広い概念であると考えることができる。そしてそこでは，インターネットが重要な役割を担っていると考えられる。

　なお，デジタル経済と関連する用語に，デジタイゼーション（紙文書の電子化など），デジタライゼーション（個別の業務・製造プロセスのデジタル化など），デジタルトランスフォーメーション（全社的な業務・プロセスのデジタル化など）などがある[1]。いずれも主に企業のデジタル化に関して用いられることが多い用語であるが，後者ほどデジタル化のレベルが高いものとなる。それらのうち，最もデジタル化のレベルが高いデジタルトランスフォーメーション【キーワード】の推進は，政府による重要な政策の一つとなっている。デジタル経済への対応のため，企業もまた変革が求められている。

2. デジタル経済をけん引する国

　デジタル分野の国際競争力に関するランキングを表す指標に，スイスの国際経営開発研究所（IMD：International Institute for Management Development）が公表する「世界デジタル競争力ランキング」がある（表1－1）。同ランキングは，「政府の業務・ビジネスモデル・社会全般を変革する新しいデジタル技術を採用し，探求する能力」を数値化したものであるため，各国の政府や企業のデジタル化を推進する能力を測る指標ということもできる。なお同ランキングは，知識（新しい技術を発見，理解，構築するために必要なノウハウ），技術（デジタル技術の開発を可能にする全体的な状況），将来への準備度合い（デジタルトランスフォーメーションを活用するための国の準備レベル）の3つの項目から評価されるが，各項目はさらに詳細な基準・指標に基づいて算出されている。

　同ランキングにおいて，日本の順位は必ずしも高いわけではない（2022年では63か国中29位）。一方，年による変動はあるものの，一貫して高い順位を維持するのが米国である。もちろん，同指標はあくまで，デジタル分野に関する国際競争力を表す指標の一つに過ぎないものの，米国が高い国際競争力を持つ

表1－1　IMD　デジタル競争力ランキング

		2017	2018	2019	2020	2021	2022			2017	2018	2019	2020	2021	2022
1	デンマーク	5	4	4	3	4	1	16	英国	11	10	15	13	14	16
2	米国	3	1	1	1	1	2	17	中国	31	30	22	16	15	17
3	スウェーデン	2	3	3	4	3	3	18	オーストリア	16	15	20	17	16	18
4	シンガポール	1	2	2	2	5	4	19	ドイツ	17	18	17	18	18	19
5	スイス	8	5	5	6	6	5	20	エストニア	26	25	29	21	25	20
6	オランダ	6	9	6	7	7	6	21	アイスランド	23	21	27	23	21	21
7	フィンランド	4	7	7	10	11	7	22	フランス	25	26	24	24	24	22
8	韓国	19	14	10	8	12	8	23	ベルギー	22	23	25	25	26	23
9	香港	7	11	8	5	2	9	24	アイルランド	21	20	19	20	19	24
10	カナダ	9	8	11	12	13	10	25	リトアニア	29	29	30	29	30	25
11	台湾	12	16	13	11	8	11	26	カタール	28	28	31	30	29	26
12	ノルウェー	10	6	9	9	9	12	27	ニュージーランド	14	19	22	22	23	27
13	UAE	18	17	12	14	10	13	28	スペイン	30	31	28	33	31	28
14	オーストラリア	15	13	14	15	20	14	29	日本	27	22	23	27	28	29
15	イスラエル	13	12	16	19	17	15	30	ルクセンブルク	20	24	21	28	22	30

出所：IMD, *IMD WORLD DIGITAL COMPETITIVENESS RANKING 2022* より作成

ことは，代表的なデジタル・プラットフォーマーと目される GAFA/GAFAM がいずれも米国企業であることなどによっても示唆される[2]。

3. デジタル経済の進展が経済に及ぼす効果

　デジタル経済の進展が経済に及ぼす効果については，プラスであるという考え方と，マイナスであるという考え方がある。

　プラスであるという考え方の背景には，デジタル経済の進展は，生産性，経済，企業収益などを押し上げる，という見解が存在する。実際，内閣府（2021）では，実証分析の結果，「デジタル技術導入が進んでいる（遅れている）国の方が，収益性や生産性が高い（低い）場合が多い」（p.120）と指摘している[3]。

　マイナスであるという考え方の背景には，デジタル経済の進展は格差を拡大させる，という見解が存在する。格差の拡大は，①個人，②企業のいずれにも生じうる。①個人の格差拡大については，デジタル・デバイド，すなわち「インターネットやパソコン等の情報通信技術を利用できる者と利用できない者との間に生じる格差」（総務省（2004），p.332）が所得格差につながる可能性がしばしば指摘される。個人の格差拡大はまた，職種の違いによっても生じうる。実際，三菱 UFJ リサーチ＆コンサルティング（2017）の調査によると，業務の内容によって，デジタル経済進展が雇用に及ぼす影響は一様ではないことが示されている。同調査によると，「IoT・ビッグデータ・AI の進展・普及が雇用・労働に与える影響」として，「経理，給与管理等の人事部門，データ入力係等のバックオフィスのホワイトカラーの仕事が減少する」を「当てはまる」とする企業が 55.2％にのぼる反面，「人が直接対応することが質・価値の向上につながるサービスに係る仕事が増加する」を「当てはまる」とする企業が 45.0％にのぼる（表 1 − 2）。このような調査もまた，デジタル経済の進展が，職種ごとに異なる影響を及ぼし，ひいては所得格差を拡大させる可能性を示唆している。

　②企業の格差も生じうる。情報通信技術（ICT）の分野は，後述するネットワーク効果などにより，「勝者総取り」が進みやすく，そのために寡占が進みやすい分野であると考えられる。2009 年から 2019 年の間に，世界を代表する ICT 企業である GAFAM の純利益が約 5 倍に拡大し，米国の上場企業の純利益に占める GAFAM の純利益のシェアが 6％から 13％にまで拡大しているが

表1−2 IoT・ビッグデータ・AIの進展・普及が雇用・労働に与える影響

	当てはまる	当てはまらない	わからない
経理，給与管理等の人事部門，データ入力係等のバックオフィスのホワイトカラーの仕事が減少する	55.2%	27.1%	17.7%
IoTを駆使したサプライチェーンの自動化・効率化により，調達に係る仕事が減少する	36.6%	37.8%	25.6%
顧客ニーズの把握や商品・サービスとのマッチングがAIやビッグデータで効率化・自動化され，関係する営業・販売の仕事が減少する	29.1%	47.6%	23.3%
コンサルティング等を通じ，個々の顧客に合わせた高度な提案が求められる営業・販売の仕事が増加する	36.1%	36.4%	27.5%
人が直接対応することが質・価値の向上につながるサービスに係る仕事が増加する	45.0%	26.3%	28.7%

出所：三菱UFJリサーチ＆コンサルティング（2017）より作成

（経済産業省（2020）），それは勝者総取りの一側面であると考えられる。

　以上のように，デジタル経済の進展が経済に及ぼす影響は，格差の拡大をもたらすことから，必ずしもすべてにプラスの効果が及ぶわけではないと考えられる。2021年9月に発足したデジタル庁は，「徹底的な国民目線でのサービス創出やデータ資源の利活用，社会全体のDXの推進を通じ，全ての国民にデジタル化の恩恵が行き渡る社会を実現すべく，取組を進めてまいります」[4]と述べており，デジタル経済の進展と格差の問題を意識しているものと考えられる。

第2節　なぜデジタル経済は重要なのか

　デジタル経済が重要なのは，その先に，Society 5.0（ソサエティ 5.0）という新しい社会の到来が想定されているからである（総務省（2019））。

　Society 5.0について，内閣府は，「サイバー空間（仮想空間）とフィジカル空間（現実空間）を高度に融合させたシステムにより，経済発展と社会的課題の解決を両立する，人間中心の社会（Society）」であること，狩猟社会（Society 1.0），農耕社会（Society 2.0），工業社会（Society 3.0），情報社会（Society 4.0）に続く新たな社会であること，を挙げている[5]。

　Society 5.0（ソサエティ 5.0）という新しい社会の具体例を，現時点で具体的

にイメージすることは容易ではないが，内閣府が挙げているさまざまな具体例をみると，大まかな方向性を感じることができる[6]。それらの例からは，Society 5.0 とは，AI，ロボット，ドローン，自動運転車など新しいテクノロジーが大きな役割を果たすことによって，より快適な生活が可能となるだけでなく，温室効果ガスの排出削減，食糧の増産・ロスの削減，防災など，社会的な課題の緩和・解決が可能となる社会であるということが，より現実的なイメージを伴って感じられる。なおそれらのうち，社会的な課題の緩和・解決という点は，持続可能な世界の発展を目指す ESG 投資や SDGs が目指す，きわめて現代的なテーマでもある。以上のように考えてくると，Society 5.0 をもたらすデジタル経済の進展は，大きな個人的・社会的意義があるものと考えることができる。もっとも，その前提として，格差への対応もまた重要となるであろう。

Keyword　デジタルトランスフォーメーション（Digital Transformation, DX）

　デジタルトランスフォーメーション（Digital Transformation, DX）には，社会全体を念頭においた広い定義と，企業のビジネスを念頭においた狭い定義がある。前者としては，DX を初めて提唱した Stolterman（2004）による，「デジタル技術が人間生活のあらゆる側面に引き起こす，あるいは影響を与える変化」という定義が代表的である。後者としては，デジタルトランスフォーメーションの加速に向けた研究会（2020）による「全社的な業務・プロセスのデジタル化，および顧客起点の価値創造のために事業やビジネスモデルを変革すること」（p.34）という定義などがある[7]。もっとも近年では，DX という言葉がビジネスの世界において用いられることが多いことに表れているように，後者の定義が用いられるケースが多い。

　日本国内で DX の認知度が高まるきっかけの一つとなったのは，経済産業省に設置された「デジタルトランスフォーメーションに向けた研究会」が 2018 年に発表した『DX レポート〜 IT システム「2025 年の崖」克服と DX の本格的な展開〜』というレポートである。同レポートでは，日本企業が仮にこのまま DX を推進できなかった場合の経済的な損失を，最大 12 兆円／年（現在の約 3 倍）になると，強く警鐘を鳴らすものであった[8]。

　なお，デジタルトランスフォーメーションは，DT ではなく DX と表記される。その理由は，英語では trans-（や ex-）といった接頭辞を x- と省略する習慣があるからである。つまり DX とは，trans を x で代用した Digital X-formation の略である。

【注】

1 ）それらの違いについては，デジタルトランスフォーメーションの加速に向けた研究
　会（2020）を参照のこと。

2 ）欧州委員会は，EU 加盟国を対象に「デジタル経済・社会インデックス（DESI）」
　に基づくデジタル化ランキングを定期的に公表している。2018 年については，非
　EU 加盟国 17 か国を加えた結果が公表されているが，それによると，米国は EU の
　上位 4 か国（フィンランド，スウェーデン，オランダ，デンマーク）の平均を上回
　り，デジタル化が最も進んでいる国であることが示唆されている。なお日本は，EU
　の上位 4 か国の平均と EU 全体の平均の間に位置している（https://ec.europa.eu/
　commission/presscorner/detail/it/qanda_20_1022，2023 年 3 月 31 日アクセス）。

3 ）もっとも，そうした考え方に対しても，反論は存在する。総務省（2019）は，世界
　的に，情報通信技術（ICT）の導入・利用が進展し，働く人々の教育レベルも向上し
　ているにもかかわらず，先進国に共通して GDP が伸び悩んでいることから，ICT は
　本当に経済を成長させるのかという世界的な議論が存在することを指摘するととも
　に，関連する議論を整理している。

4 ）デジタル庁「デジタル庁の概要」（https://www.digital.go.jp/about/，2023 年 3 月
　31 日アクセス）

5 ）内閣府「Society 5.0」（https://www8.cao.go.jp/cstp/society5_0/，2023 年 3 月 31
　日アクセス）。なお，Society 5.0 はもともと，2016 年 1 月に閣議決定された『第 5 期
　科学技術基本計画』において，日本が目指す未来社会の姿として初めて提唱された日
　本独自のコンセプトである。同計画においてはそれを「超スマート社会」と呼び，「必
　要なもの・サービスを，必要な人に，必要な時に，必要なだけ提供し，社会の様々な
　ニーズにきめ細かに対応でき，あらゆる人が質の高いサービスを受けられ，年齢，性
　別，地域，言語といった様々な違いを乗り越え，活き活きと快適に暮らすことのでき
　る社会」と定義している（https://www8.cao.go.jp/cstp/kihonkeikaku/5honbun.pdf，
　2023 年 3 月 31 日アクセス）。

6 ）内閣府「Society 5.0」（https://www8.cao.go.jp/cstp/society5_0/，2023 年 3 月 31
　日アクセス）。そこでは Society 5.0 の具体例として，「供給予測による使用の最適提
　案などによる各家庭での省エネを図ること」（エネルギー分野），「冷蔵庫の食材管理
　が自動でなされ，必要な分だけ発注・購入することができ，食品ロスを削減すること」
　（食品分野），「被害状況を踏まえ，個人のスマホ等を通じて一人一人へ避難情報が提
　供され，安全に避難所まで移動すること」（防災分野），「ロボットによる生活支援・
　話し相手などにより一人でも快適な生活を送ること」（医療・介護分野）などが挙げ
　られている。

7 ）その他，経済産業省（2018）や「世界最先端デジタル国家創造宣言・官民データ活
　用推進基本計画」（令和 2 年 7 月 17 日閣議決定）（https://cio.go.jp/node/2413，2023
　年 3 月 31 日アクセス）などでも，ビジネスを念頭においた定義が行われている。

8 ）2025 年の崖の背景としては，① 2025 年には，21 年以上稼働している基幹系システ
　ムが 6 割に達する，② IT 人材の需給ギャップが拡大する，③多くの企業で使われて

いる基幹システムのサポートが終了する，といった点が指摘されている。

参考文献

経済産業省（2017）『通商白書 2017』（https://www.meti.go.jp/report/tsuhaku2017/pdf/2017_00-all.pdf，2023 年 3 月 31 日アクセス）

経済産業省（2018）『デジタルトランスフォーメーションを推進するためのガイドライン（DX 推進ガイドライン）』（https://www.meti.go.jp/policy/it_policy/dx/dx_guideline.pdf，2023 年 3 月 31 日アクセス）

経済産業省（2020）『通商白書 2020』（https://www.meti.go.jp/report/tsuhaku2020/pdf/2020_zentai.pdf，2023 年 3 月 31 日アクセス）

デジタルトランスフォーメーションに向けた研究会（2018）『DX デジタルトランスフォーメーションレポート　～ IT システム「2025 年の崖」の克服と DX の本格的な展開～』（https://www.meti.go.jp/shingikai/mono_info_service/digital_transformation/pdf/20180907_03.pdf，2023 年 3 月 31 日アクセス）

デジタルトランスフォーメーションの加速に向けた研究会（2020）『DX レポート 2（中間取りまとめ）』（https://www.meti.go.jp/shingikai/mono_info_service/digital_transformation_kasoku/pdf/20201228_3.pdf，2023 年 3 月 31 日アクセス）

総務省（2004）『平成 16 年版情報通信白書』（https://www.soumu.go.jp/johotsusintokei/whitepaper/ja/h16/pdf/16yohgo.pdf，2023 年 3 月 31 日アクセス）

総務省（2019）『情報通信白書令和元年版』（https://www.soumu.go.jp/johotsusintokei/whitepaper/ja/r01/pdf/01honpen.pdf，2023 年 3 月 31 日アクセス）

三菱 UFJ リサーチ＆コンサルティング（2017）『IoT・ビッグデータ・AI 等が雇用・労働に与える影響に関する研究会報告書』（厚生労働省委託）（https://www.mhlw.go.jp/file/04-Houdouhappyou-11602000-Shokugyouanteikyoku-Koyouseisakuka/0000166533.pdf，2023 年 3 月 31 日アクセス）

内閣府（2017）『平成 29 年度　年次経済財政報告』（https://www5.cao.go.jp/j-j/wp/wp-je17/pdf/all_03.pdf，2023 年 3 月 31 日アクセス）

内閣府（2021）『世界経済の潮流 2021 年 I』（https://www5.cao.go.jp/j-j/sekai_chouryuu/sh21-01/pdf/s1-21-2-2.pdf，2022 年 7 月 28 日アクセス）

Stolterman, Erik, and Anna Croon Fors (2004), "Information technology and the good life," in Kaplan, B., D. P. Truex, D. Wastell, A. T. Wood-Harper and J. I. DeGross (eds.), *Information systems research*, Springer.

View 01 デジタル・プラットフォーマー

第1節　デジタル・プラットフォーマーとは

　「デジタル・プラットフォーマー」は，デジタル経済において大きな役割を果たす事業者（個人事業者，法人，団体）のことである。「デジタル・プラットフォーム事業者」と呼ばれることもある。GAFA（ガーファ）と呼ばれる米国企業，すなわち，グーグル［Google］（現アルファベット［Alphabet］傘下），アマゾン［Amazon］，フェイスブック［Facebook］（現メタ・プラットフォームズ［Meta Platforms］），アップル［Apple］は，その代表格である。本節では，デジタル・プラットフォーマーについていくつかの観点から概観したあと，投資家にとっての意義について検討する。

1. デジタル・プラットフォーマーの定義

　デジタル・プラットフォーマーを巡る取引環境整備に関する検討会（2018）は，デジタル・プラットフォーマーを「デジタル・プラットフォーム（オンライン・プラットフォーム）を運営・提供する事業者（Digital Platform Operator）」（p.1）と定義している。デジタル・プラットフォームとは，インターネットを通じて人や企業などを結びつける「場」であり，オンライン・ショッピング・モール，検索サービス，コンテンツ配信サービス，SNSなど多様なサービスが含まれる（表1－V1－1）。

2. GAFA/GAFAM

　デジタル・プラットフォーマーの代表格は，GAFAと呼ばれる米国企業である。マイクロソフト［Microsoft］を加えたGAFAM（ガーファム）を，その代表格とする論者もいる。近年では，BAT（バット）あるいはBATH（バース）（バイドゥ［Baidu］，アリババ［Alibaba］，テンセント［Tencent］，ファーウェイ

| 表1－V1－1 | デジタル・プラットフォームの例 |

オンライン・ショッピング・モール，インターネット・オークション，オンライン・フリーマーケット，アプリケーション・マーケット，検索サービス，コンテンツ（映像，動画，音楽，電子書籍等）配信サービス，予約サービス，シェアリングエコノミー・プラットフォーム【キーワード】，ソーシャル・ネットワーキング・サービス（SNS），動画共有サービス，電子決済サービス 等

出所：デジタル・プラットフォーマーを巡る取引環境整備に関する検討会（2018）より作成

[Huawei]）と呼ばれる中国企業もまた，デジタル・プラットフォーマーとしてのプレゼンスを高めている。日本では，ヤフー，楽天，メルカリ，LINE などが，代表的な存在である。

　GAFA／GAFAM は今や，デジタル・プラットフォーマーを代表するだけでなく，世界有数の大企業でもある。実際，それら企業は，世界の株式市場時価総額の中でも最上位グループに位置している（表1－V1－2）。なお，それらが世界の株式市場時価総額の最上位グループに位置するようになったのは，それほど昔のことではない。例えば，世界の株式時価総額ランキングの上位20銘柄を年末ベースで見ると，アップルとマイクロソフトは 2009 年末時点ですでに含まれていたが，その他の企業が上位 20 社に含まれるようになったのは，グーグル（現アルファベット傘下）は 2012 年末から，アマゾンとフェイスブック（現メタ・プラットフォームズ）は 2015 年末からとなっている（NTT データ経営研究所（2018））[1]。そもそも会社の設立が，アップルは 1976 年，マイクロソフトは 1981 年であるのに対し，グーグルは 1998 年，アマゾンは 1994 年，フェイスブック（現メタ・プラットフォームズ）は 2004 年と，それほど長い歴史を持っているわけではない。

3. デジタル・プラットフォーマーの現在・過去・未来

　デジタル・プラットフォーマーが，それほど長い期間を要することなく，急速に成長することができたのは何故だろうか。総務省（2019）は，「デジタル・プラットフォーマーはなぜ巨大化するのか」を考える上で特に重要な特性として，以下の3点を挙げている。

	国	企業名
1	米	アップル
2	サウジ	サウジアラムコ
3	米	マイクロソフト
4	米	アルファベット（グーグルの持株会社）
5	米	アマゾン
6	米	バークシャー・ハザウェイ
7	米	ユナイテッドヘルス
8	米	ジョンソン・エンド・ジョンソン
9	米	エクソン・モービル
10	米	ビザ
11	中国	テンセント
12	米	JP モルガン・チェース
13	米	テスラ
14	台湾	TSMC
15	米	ウォルマート
16	米	エヌビディア
17	仏	LVMH モエ・ヘネシー・ルイ・ヴィトン
18	米	P&G
19	米	イーライリリー
20	米	シェブロン
23	米	メタ・プラットフォームズ

表1−V1−2　世界の株式時価総額ランキング

注：2022 年 12 月末時点
出所：CompaniesMarketCap.com より作成

① ネットワーク効果
② スイッチング・コスト
③ データに関する「雪だるま式」拡大効果
以下，これら 3 つについて順にみていくことにしたい。

① ネットワーク効果

　ネットワーク効果とは，「ある人がネットワークに加入することによって，その人の効用を増加させるだけでなく他の加入者の効用も増加させる効果」のことである（総務省（2007），p.159）。すなわち，ネットワーク効果は，利用者が多くなれば多くなるほど，利用者の効用（満足度）が向上，ひいてはデジタル・

プラットフォーマーの利用者数を増やす力となる。なお，ネットワーク効果はネットワーク外部性とも呼ばれる。

　ネットワーク効果には，「直接ネットワーク効果」と「間接ネットワーク効果」の2つがある。デジタル・プラットフォーマーは2つ（ないし複数）の異なる利用者グループを抱えるという性質を持つが（例えば，SNSや検索サービスなら「利用者」と「広告主」，ネットショッピングモールなら「買い手」と「売り手」など）[2]，直接ネットワーク効果とは，同一サイドのグループの利用者が増加すると，それが同じグループの他の利用者の効用（満足度）を向上させる効果，間接ネットワーク効果とは，同一サイドのグループの利用者の増加が，もう一方のグループの利用者の効用（満足度）を向上させる効果のことである。

　直接ネットワーク効果の具体例としては，SNSやオンラインゲームが挙げられる。SNSの場合，利用者が増えるほど，コミュニケーションを図ることができる相手が増えるため，同じグループの効用が高まり，ひいては利用者がさらに増加することになる。オンラインゲームの場合なら，協力型・対戦型を問わず，利用者が増えれば増えるほど，より多くの人とのゲームを楽しむことができる，すなわち同じグループの効用が高まるため，利用者がさらに増加することになる。

　間接ネットワーク効果の具体例としては，検索サービスやネットショッピングモールが挙げられる。検索サービスの場合，利用者が増えるほど，もう一方の利用者グループである広告主の効用が高まり，ひいては広告主が増加することになる。ネットショッピングモールの場合なら，会員が増えるほど，もう一方の利用者グループである販売店にとっての効用が高まり，販売店が増加することになる。

②　スイッチング・コスト

　「スイッチング・コスト（切り替え費用）」とは，利用中の商品・サービスから他社の商品・サービスに切り替えるときに生じる費用・時間・心理面での負荷のことである。そのため，スイッチング・コストは，既存のデジタル・プラットフォーマーの利用者をつなぎとめる力となる。

　スイッチング・コストの具体例としては，新しいプラットフォームへ移行す

る際に生じる心理的な抵抗感，習熟に要する時間，などが挙げられる。さらに，先のネットワーク効果の大きさも，スイッチング・コストとして作用する。

スイッチング・コストは，同様な商品・サービスを提供する企業からすれば，参入障壁でもある。デジタル・プラットフォーマーを巡る取引環境整備に関する検討会 透明性・公正性確保等に向けたワーキング・グループ (2019) は，「ネットワーク効果に伴う先行者優位性に加えて，データの集積・利活用の進展が更なるサービスの拡充をもたらすことなどから，プラットフォームの利用者にはスイッチング・コストが生じ，ロックイン効果が働いて寡占・独占が維持されやすい」(p.2) と指摘している。

③　データに関する「雪だるま式」拡大効果

利用者データの蓄積もまた，利用者の効用（満足度）を高め，ひいてはデジタル・プラットフォーマーの利用者を増やす力となる。

総務省 (2019) は，データに関する「雪だるま式」拡大効果として，「規模に関する収穫逓増」と「範囲に関する収穫逓増」を指摘している。すなわち，データの数が多いほど，データを取得する範囲（検索サービス，動画共有サービス，メールサービスなど）が広いほど，利用者データが蓄積され，それが適切な商品やサービスの推奨・広告，利用者の効用の向上，利用者数の増加などを通じて，利用者データの更なる蓄積へとつながっていくことになる。それが，データに関する「雪だるま式」拡大効果であり，利用者拡大のスパイラルをもたらす。

以上のように，デジタル・プラットフォーマーには，①や③のような利用者を増加させる力と，②のような利用者をつなぎとめる力が内在しており，そのことがデジタル・プラットフォーマー拡大の背景にあるということになる。

第2節　なぜデジタル・プラットフォーマーは重要なのか

デジタル・プラットフォーマーが重要なのは，それがデジタル経済の中核を担う存在であるためである。その点について総務省 (2019) は，デジタル・プラットフォーマーについて，「デジタル経済そのものを機能させる舞台を提供する役割」(p.68) を担うと指摘している。しかもデジタル経済は今後，一段と

進展していく公算が大きいことから，デジタル・プラットフォーマーの重要性もまた，今後一段と高まると考えられる。そのため，好むと好まざるとに関わらず，我々は，顧客，取引先，従業員，投資家など，様々な利害関係者（ステークホルダー）といった直接的な形だけでなく，間接的な形でも，デジタル・プラットフォーマーとの関わりを，これまで以上に強めていかざるを得ないと考えられる。

第3節　投資家にとっての意義

　デジタル・プラットフォーマーの投資家にとっての意義は，投資家に投資機会をもたらしうるという点にある。しかも，GAFA がそうであったように，デジタル・プラットフォーマーは，ネットワーク効果，スイッチング・コスト，データに関する「雪だるま式」拡大効果といった特性から，急速に巨大化する可能性を持つ。そのため，デジタル・プラットフォーマーは，数ある投資対象の中でも，とりわけ高いリターンが期待できる投資対象の一つとなりうる。具体的な投資対象候補には，成熟期に差し掛かりつつあるともみられる GAFA のみならず，本格的な成長期を迎える「次の GAFA」の企業群も含まれることになるであろう。

　やや観点は異なるが，デジタル・プラットフォーマーへの投資が経済的な格差の緩和につながりうるという点も，投資家にとっての意義である。デジタル経済の進展は経済的な格差を拡大させる可能性が指摘されているが，デジタル経済のシンボリックな存在であるデジタル・プラットフォーマーへ投資することによって，経済的な格差拡大をある程度緩和することが可能になる。しかも，デジタル・プラットフォーマー拡大の恩恵を直接享受することが困難な場合でも（取引先や従業員になることができなかったとしても），投資家になる機会は，誰にでも開かれている。すなわち，投資という形であれば，誰もが，その拡大の直接的な恩恵を受けることが可能である。その点も，デジタル・プラットフォーマーという存在の投資家にとっての意義と考えられるであろう。

　なお，投資家にとって悩ましいのは，ある企業がデジタル・プラットフォーマーかどうかの判断である。その一因は，企業分類の際に用いられる産業分類

には通常，デジタル・プラットフォーマーという分類は存在しないからである。しかも，デジタル・プラットフォーマーが必ず含まれるような産業分類も存在しない。例えば，投資の世界で広く用いられる産業分類である GICS（ギックス）[3] における最上位の産業分類（11分類）において，アップルとマイクロソフトは情報技術（Information Technology），アマゾンは一般消費財・サービス（Consumer Discretionary），フェイスブック（現メタ・プラットフォームズ）とアルファベット（グーグルの持ち株会社）はコミュニケーション・サービス（Communication Service）に含まれる。そのため，ある企業がデジタル・プラットフォーマーかどうかを判断する際には，表1‐V1‐1のような定義のほか，調査機関やメディアなどによる各種情報を参考にすることになる。

Keyword　シェアリングエコノミー

　シェアリングエコノミー検討会議（2019）は，シェアリングエコノミーを「個人等が保有する活用可能な資産等（スキルや時間等の無形のものを含む。）をインターネット上のマッチングプラットフォームを介して他の個人等も利用可能とする経済活性化活動」（p.1）と定義している。また，その社会的意義として，「シェアリングエコノミーは，十分に活用されていない資産や個人のスキル，隙間の時間などの有効活用を促し，社会全体の生産性向上につながるものであり，我が国における様々な諸課題に対する一つの有効な解決手段であると期待されている」（p.1）という点を指摘している。シェアリングエコノミーに関わる当事者は，提供者，利用者，プラットフォーマーがあるが，プラットフォーマー以外の当事者（提供者，利用者）については，個人が主役の役割を果たすことになる。

　シェアリングエコノミーの世界においても，多くのプラットフォーマーが誕生している。デジタル庁（2022）は，その例として，Airbnb（エアビーアンドビー）（空き部屋，空き家，別荘などのユニークな宿泊場所や，他にはできない特別な体験を提供する人と，訪れる旅行者等をつなぐ），タスカジ（家事をお願いしたい人と，多彩な家事スキルを活かして働くハウスキーパーをつなぐ），ストアカ（教えたいと学びたいをつなぐ），akippa（一時的に駐車場を借りたい人と駐車スペースを提供したい人をつなぐ）など，多くのプラットフォーマーを挙げている。

24

【注】

1）但し，フェイスブック（現メタ・プラットフォームズ）は，2022年末時点では，世界の株式時価総額ランキング上位20銘柄から脱落している（表1-V1-2）。

2）2つ（ないし複数）の市場を持つことから，両面市場／二面市場（あるいは一般化して多面市場）と呼ばれる。

3）GICSは，Global Industry Classification Standard の略で，世界産業分類基準のこと。S&P ダウ・ジョーンズ・インデックスと MSCI（Morgan Stanley Capital International ＝モルガン・スタンレー・キャピタル・インターナショナル）社によって開発された。

参考文献

NTT データ経営研究所（2018）『プラットフォーマーを巡る法的論点 検討調査報告書』（平成29年度産業経済研究委託事業）（https://www.meti.go.jp/meti_lib/report/H29FY/000643.pdf，2023年3月31日アクセス）

シェアリングエコノミー検討会議（2019）『シェアリングエコノミー検討会議第2次報告書』（https://www.digital.go.jp/assets/contents/node/basic_page/field_ref_resources/5adb8030-21f5-4c2b-8f03-0e3e01508472/20211101_policies_posts_interconnected_fields_share_eco_02.pdf，2023年3月31日アクセス）

総務省（2007）『情報通信白書平成19年版』（https://www.soumu.go.jp/johotsusintokei/whitepaper/ja/h19/pdf/j1030000.pdf，2023年3月31日アクセス）

総務省（2019）『情報通信白書令和元年版』（https://www.soumu.go.jp/johotsusintokei/whitepaper/ja/r01/pdf/01honpen.pdf，2023年3月31日アクセス）

総務省（2020）『情報通信白書令和2年版』（https://www.soumu.go.jp/johotsusintokei/whitepaper/ja/r02/pdf/02honpen.pdf，2023年3月31日アクセス）

デジタル庁（2022）『シェアリングエコノミー活用ハンドブック地域課題の解決に向けた［2022年3月版］』（https://www.digital.go.jp/assets/contents/node/basic_page/field_ref_resources/5adb8030-21f5-4c2b-8f03-0e3e01508472/20220331_policies_sharing_economy_handbook_01_0.pdf，2023年3月31日アクセス）

デジタル・プラットフォーマーを巡る取引環境整備に関する検討会（2018）『デジタル・プラットフォーマーを巡る取引環境整備に関する中間論点整理』（https://www.jftc.go.jp/houdou/pressrelease/h30/dec/kyokusou/181212betten1_1.pdf，2023年3月31日アクセス）

デジタル・プラットフォーマーを巡る取引環境整備に関する検討会 透明性・公正性確保等に向けたワーキング・グループ（2019）『取引環境の透明性・公正性確保に向けたルール整備の在り方に関するオプション』（https://www.jftc.go.jp/houdou/pressrelease/2019/may/kyokusou/190521betten1-1.pdf，2023年3月31日アクセス）

View 02 フィンテック＆暗号資産

第1節　フィンテック＆暗号資産とは

　2000年以降，フィンテックの活発化によって，従来型の金融サービスにベンチャー型のIT企業が次々に参入している。世界的には，伝統的な銀行からノンバンクに，金融取引の比重がシフトしている。暗号資産取引の開始によってフィンテックを巡る金融の変質は，さらに加速しており，我々の身近な生活にも影響を与えている。

1.　フィンテック＆暗号資産の定義

　フィンテック（Fintech）とは，金融（Finance）と技術（technology）を足した造語である。さまざまな技術が，金融分野に応用されている。IT技術に支えられた多機能のスマートフォンなど通信電子機器の普及，情報のデジタル化で，既存の金融機関だけでなく非金融のフィンテック業でも金融サービスを提供できる環境となっている。文脈によって，フィンテックを提供する業者を指すこともある。

　また，GAFAMはフィンテックの分野も手掛けており，フィンテックに組み入れることもできるであろう。

　フィンテックは，仮想通貨（cryptocurrency），人工知能（Artificial intelligence, AI）を使ったロボアドバイザー・信用審査，資金送金，クラウドファンディングやオンライン融資などで，IT技術を金融に応用し，伝統的な金融機関（銀行，保険，証券会社）と隣接する業務を展開する。第6章の「世界経済の中心地の変化」で触れるプラットフォームを利用した二面市場（両面市場）なども，フィンテックに支えられている。

　特に，仮想通貨は暗号資産とも言われ，ビットコイン（Bitcoin），イーサリアム（Ethereum）などがある。

　最近では，ビットコインなどを仮想通貨ではなく，暗号資産と呼ぶようになっている。その理由は通貨と区別し，資産の一つと考えていこうという点にある。日本の場合を見ると，資金決済法の改正に伴い，法令上，仮想通貨を暗号資産と呼ぶように呼称変更をしている。日本銀行の HP を見ると，法律の改正に伴う暗号資産の定義が解説されており，次の①～③の要件が満たされているものとしている[1]。

① 不特定の者に対して，代金の支払い等に使用でき，かつ，法定通貨（日本円や米国ドル等）と相互に交換できる。
② 電子的に記録され，移転できる。
③ 法定通貨または法定通貨建ての資産（プリペイドカード等）ではない。

　以降，必要に応じて仮想通貨（暗号資産）と記述し，それ以外は暗号資産と呼ぶことにする。

　ところで，現状ではビットコイン取引が暗号資産の市場シェアの 45％以上を占めているが[2]，分散型金融と呼ばれる DeFi（第 4 章　金融資本の膨張　解説　Keyword　DeFi を参照）が普及する中で，イーサリアムを使った取引が拡大している。

2. フィンテックの現在・過去・未来

　フィンテックの拡大が，伝統的な金融取引にも影響している。銀行業はこうしたフィンテックとの結び付きを強化している。さらに，銀行を経由しない分散型金融（DeFi）の登場も予想されている。この経緯を解説する。

2.1　10 年以内にフィンテック（Fintech）が分散型金融（DeFi）を誘引

　1989 年，世界初の商用インターネットが公開されて，わずか 20 年で IT 技術は我々の身近で必須のものとなった。1990 年 12 月に世界初の商用 WEB サイトの公開，1994 年にはアマゾンの創設，1997 年にはグーグル（アルファベット）が検索ビジネスをスタートさせた。金融業は，この IT 技術の波に直面し動揺する。結論から言うと，このフィンテックの波は，金融業への他業種の参

入障壁の垣根を低下させている。10 年以内に，金融仲介を必要としない C2C（顧客と顧客）市場が拡大し，銀行を経由しない分散型金融（DeFi）取引が拡大するとも言われている。DeFi は，暗号資産にも利用されるブロックチェーンの技術を組み込んでおり，しかも，プログラムを書き込むことができる。つまり，銀行を経由しないで，自分なりの考えで資金を運用したり，逆に，資金の調達も可能なのである。

2.2　50 億人に達したモバイルフォンがフィンテックを刺激

　モバイル決済，P2P（ピアーツーピア）レンディングや保険契約，そして暗号資産を利用した資金送金など，読者の中にはこのいずれかをすでに利用した方もいるのではないだろうか[3]。最近では，日常でも気軽にスマホや PC を使ってオンラインで資産管理や金融投資をする人が増えている。Erik Feyen et al. (2021) は，携帯電話契約者が 50 億人に達し，その内，約 20％が携帯電話でのマネー決済勘定に登録しているとしている（2019 年現在）。携帯電話の世界的普及が，フィンテックが躍進した背景にある。

2.3　フィンテックは顧客審査能力で銀行業の能力を超えつつある

　2010 年代になると，新しいビジネスプラットフォームが生み出されることでフィンテックが，もう一段階加速する。例えば，アマゾンは二面市場というビジネスプラットフォームを使って，世界中のさまざまな趣向を持つ消費者と繋がっている。大容量の処理能力を有し，世界中の多種多様な消費者の情報を収集し蓄積している。この膨大な情報は，やがて，金融顧客の新規開拓にも利用可能なはずである。特に注目するのは，従来の市場が一物一価を原則としたものであったのに対し，一物多価も取引可能としたことである。つまり，同じ商品でも，人によっては 100 円でしか買いたくない人もいれば，価格に糸目を付けず欲しい人もいる。この一物多価を可能にした二面市場取引を通じて，従来には対応できなかった多様な顧客の趣向にあった顧客密着型のテーラーメイドに近い直接型金融取引が誘発されるかもしれない。

　多様な取引相手に複数の価格を設定するという取引は，金融取引では比較的当たり前に行われてきた。ある意味，金融が最も得意としたのは，相対（あい

たい）取引であった。そこでは，相手の顔を見て，得意先の顧客には少しオマケ（プレミア）を付けるのである。例えば，長年の取引関係にある企業とは信頼関係も形成されており，貸し倒れリスクなど企業の財務状況などをかなり正確に把握できている。この企業との安定した関係を継続するため，貸出金利を一般顧客より低く設定する，といったことである。相対（あいたい）によるF2F（顔と顔）の顧客関係（customer relationship）を構築した密度の濃い繊細な取引である。金融業が経営のよりどころとしたのは，顧客情報という無形資産にもとづく，さまざまな顧客との金融ネットワークであった。ところが，顧客情報にもとづく金融ネットワークは，IT 技術に長じたフィンテックでも提供可能になったのである。

2.4　フィンテックが銀行の能力を持つ

　フィンテックでも伝統的金融サービスと同等のサービスが可能になってしまった。経済学的にはフィンテックが情報の非対称性問題[4]を克服できるようになったのである。

　P2P レンディングが一般的になると，個人情報が急速にオンライン上で取引の場を提供するプラットフォーマーに蓄積されることから，AI はその特性を学習し，伝統的な銀行審査と同程度の精度で借り手の信用度をほぼ確実に推計できるとされている。従来の伝統的金融では顧客情報は，中央集権型であった。例えば，日本の場合，借り手の情報は全国銀行信用情報センターに集積される。銀行が個人融資をする場合，情報センターに蓄積された個人情報を参照している。このセンターを維持するには，維持費用が必要であり，参加する銀行が応分の負担をしている。当然，このコストは，顧客への融資条件に反映されることになる。

　ところが，AI を活用すると，そのスピードはさらに加速し，かつ，この中央に蓄積された信用情報を使っていないので，情報センターを利用しないコスト軽減分を融資条件の改善に向けることも可能となる。

　ビッグデータである顧客情報を瞬時にかつ精緻に分析できるようになれば，フィンテックは伝統的銀行業務の代替者として機能しはじめると期待される。

　対面重視の伝統的な金融業では処理しきれないビッグデータをフィンテック

企業がコントロール可能にしたことで，これまで銀行ローン契約の対象とはなり得なかった新しい有望な顧客層，例えば，20 代〜 30 代前半の若年層で将来的に資産を持つ蓋然性の高い顧客を開拓しえる。さらに，日本の信用情報センターではデータすら存在しない世界の比較的優良な借り手にも新しい金融ビジネスを展開できるかもしれない。

2.5　情報業との連携を強める金融機関

　伝統的金融業は，これから，どのように対応していくのか。金融業は IT 通信や情報処理を行う産業との連携を強め，新規顧客層の開拓に乗り出す戦略で対抗しようとしている。その結果，伝統的な金融業は情報産業としての特徴を帯びて，再編成を加速させている。表 1 − V2 − 1 は IDC が毎年発表する金融サービステクノロジーに従事するフィンテック企業の世界 TOP10 である。この TOP10 は，ほとんどが米国企業であり，また，比較的歴史が浅い企業が多いことに特徴がある。これは，こうした金融業の情報産業化と金融再編が米国で最も激しく起きていることを示している。例えば，フィンテックがスタートする直前の 1990 年代，米国の商業銀行は 12,000 行も存在したが，それから

表 1 − V2 − 1　世界上位 10 のフィンテック企業

順位	企業名	国名	総資産	創業
1	フィデリティ・ナショナル・インフォメーション・サービシズ	米国	820 億ドル	1968
2	フィザーブ	米国	746 億ドル	1984
3	SS&C テクノロジーズ・ホールディングス	米国	173 億ドル	1986
4	NCR	米国	116 億ドル	1974
5	フィナストラ	英国	78 億ドル	2017
6	グローバル・ペイメンツ	米国	440 億ドル	2000
7	バーチュ・ファイナンシャル	米国	100 億ドル	2008
8	ディボール・ニクスドーフ	米国	350 億ドル	1859
9	エクスペリアン	アイルランド	100 億ドル	1996
10	ブロードリッジ・ファイナンシャル・ソリューションズ	米国	490 億ドル	2007

注：IT 関連の調査・分析，アドバイザリーサービスを行う International Data Corporation （IDC）による。
出所：IDC, *FinTech Rankings 2022* より作成

約20年で5,000行以下に激減している。このアメリカの金融業の激減の原因が，フィンテックにあるというのは言い過ぎではあるが，少なくとも，銀行間競争が激化した金融環境下にあって，米国の銀行は生き残りをかけた膨大な情報関連の設備投資を加速させざるをえず，それに耐えられないと判断した銀行の中には合併や統廃合を選択せざるをえなかった面はある。

3. 暗号資産の現在・過去・未来

　ここでは，暗号資産を支えるブロックチェーンの技術の特性と，その技術によって普及した暗号資産の特徴を論じるとしよう。暗号資産の将来をどのように評価するかは，ブロックチェーンの技術，特に分散型台帳の果たす役割をとらえることが重要である。暗号資産取引は，投機性が強く，さまざまな課題を抱えている。しかし，それにも関わらず，極めて有望な金融手段であり，時間は必要かもしれないが，いくつかの修正を経て金融の核心に重要な変化を招くものと考えらえることを，説明していく。

3.1　ブロックチェーンは改ざんを防ぐ暗号技術

　暗号資産（仮想通貨）は，特定のパスワードが機能して初めて利用可能な通貨（資産）である[5]。暗号資産に組み込まれるブロックチェーンの原理は，突然，2008年にネット上でサトシ・ナカモトという日本人の研究者名で公開された。その後，2009年には，ナカモトが作成したとされるコンピュータプログラムが公開され，実用が開始され，これがビットコインの始まりと同時に，暗号資産の始まりでもある。フィンテックの中でも，この暗号資産の登場は謎めいており，ナカモトは正体を現さない，覆面研究者のままとなっている。

　暗号資産には，ブロックチェーンという技術が組み込まれている。図1－V2－1では，20○○年1月5日10時50分における暗号資産でのさまざまな取引を記録したデータをブロック100と呼ぶ箱に入れる。次の取引データを入れたブロック101（20○○年1月5日11時），さらに次のブロックとチェーン状につないでいくのでブロックチェーンなのである。100番のブロックのさまざまな取引データの要約が，101番のブロックに伝えられることで，100番と101番のブロックはつながる。過去の情報の要約が次のブロックに伝わる際

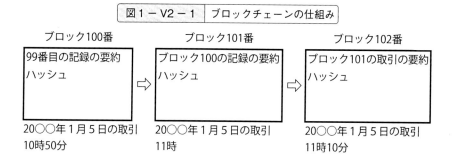

図 1 － V2 － 1　ブロックチェーンの仕組み

に，重要な役割を果たすのがハッシュ関数である。ハッシュ関数は固有の値，2a4508fdc93cac73a5eb91ab96c020e のような意味のない，数字と記号のハッシュ（羅列）を生成する。このハッシュは，100 番から 101 番に受け継ぐ 100 番の取引情報に対応している。この固有の情報は，それぞれ固有のハッシュである。ハッシュの値を入れると，それに対応した固有の情報（正確には情報の要約）を取り出せる。また，ハッシュ ⇒ 取引情報の要約だが，逆に取引情報の要約 ⇒ ハッシュの値を推計不可能なのがハッシュ関数の特徴である。

　例えば，102 番のブロックを，ほんの少し改ざんしたとしよう。そうすると，もはや，この情報は 102 番の要約情報に対応するハッシュとはリンクしない。改ざんしてしまうと，それは元のハッシュでは呼び出すことができないのですぐに発覚する。改ざんを隠そうとしたなら，その前の 101 番のブロックも改ざんが必要であり，そうすると 101 番ブロックの要約情報に対応するハッシュも使えなくなるので，その前の 100 番に………という具合でスタートまで遡ってすべてを改ざんしなければならない。この手間があまりに大きいので，改ざん不能な暗号技術とされている。

3.2　分散型台帳の仕組みと開発コストの低減効果

　売買の記録データを記録したものを台帳と呼ぶ。従来，取引データは中央にある台帳で管理してきた。大元の台帳にすべての取引が記録され，初めて全体像が明らかになる仕組みである。逆に，大元の台帳をしっかり管理することで，末端の取引まで管理できる。図 1 － V2 － 2 の左側は，その方式を図に示したもので，取引者を示す 4 人の■が，互いに結び付くだけでなく，中央の台帳を

図 1 － V2 － 2	中央集権型台帳と分散型台帳

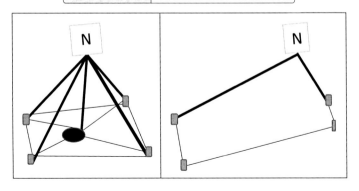

示す●につながり，データを収集・管理する仕組みを示している。4人を結ぶ複数のネット，それぞれの4人の情報を集めるネット，合計9本の情報回線が引かれている（点線で示された線の数）。

　一方，中央管理型の台帳を置かない分散型台帳の仕組みを示しているのが図1－V2－2の右である。中央に台帳を管理する人が存在しない分，ネットワークは単純である。

　分散型台帳の優位性は，新規取引者の参入で発揮される。新規参入を□で囲ったNで示そう。中央で管理する伝統的台帳は，各取引者と新規取引者Nとの取引ネットだけでなく，中央の管理台帳とのネットも稼働させなければならない。つまり一人の参入で追加取引のネットはプラス5と一気に複雑化する。取引者間と中央の台帳との間にネットを構築し，維持管理するための開発管理コストも，一気にアップする。一方，分散型台帳では，ネット網はさほど複雑化しない。この例だとわずか1本，追加の結びつきが増えただけである。分散型台帳は，多種多様な相手と取引する上で，効率的なデータの管理手法なのである。ブロックチェーンの技術は，金融機関だけでなくさまざまな取引に急テンポで利用される可能性がある。

3.3　暗号資産の宿命的な課題

　暗号資産は，ブロックチェーンの技術を取り入れており，偽造改ざんが容易でなく，一般受容性の高い通貨に代替するものとして期待され，流通している。

　まず，暗号資産の技術は難解ではない。ただ作るというだけなら，皆さんでも数か月で自分の暗号資産を，自作できる。実際，現在流通する暗号資産は無数に存在する。しかし，実用されているのはビットコインなど10個程度である。皆に使ってもらわないことには，流通しない。そのため，使ってもらうには，他の暗号資産にはない，使い手にとって魅力的な利便性が備えられていなければならない。

　例えば，ブロックチェーンの技術を使えば，取引する人を完全に特定，掌握することもできる[6]。分散型台帳でリンクする取引者は，誰と取引しているのか特定することが可能ではある。また，取引単位を大口にして，巨額資金を一気に取引することも可能である。しかし，暗号資産の目的の一つは，匿名性が高く，かつ比較的安全であることである。そのような潜在的利用者の要望に応えて，あえて，取引者の特定ができないようにして，流通を促さざるを得ない。そうなると，この暗号資産を利用した深刻な詐欺があっても，犯人を特定することが容易ではないという問題を引き起こしてしまう。利便性と安全性のトレードオフ，現在それなりに流通している暗号資産は利便性が高い分，安全性を軽視せざるをえない課題を持っている。

3.4　国家レベルのエネルギーを必要とする改ざん

　ブロックチェーンは，改ざんしようとすると，ものすごいコンピュータの再計算が必要となり，そのため膨大な電力を消耗せざるをえない。これが世界の総電力エネルギーの1日分の量にも相当するので，国家レベルでないと改ざんが難しいとされる。つまり，現在の世界の中では，それほどのエネルギーを自由に扱い，生成（この分野の人はmining と呼ぶ）された暗号通貨の改ざんまで手掛けるとすれば，相当の政治権力と財力を持つ国家レベルの機関である。国家的な存在でなければ，改ざんは不可能なので，通貨の偽造を不可能にする画期的な暗号技術であると評されている[7]。

3.5　暗号資産は未来への切符

　近代国家では，貨幣の発行権は，中央銀行に独占的に認められている。この中銀の貨幣発行の独占と，近代社会の成長とは密接に関わっている。この独占

が崩れるとすれば、国家の機能は必ず変化してしまう。暗号資産の将来性については、経済学者の中でも議論が始まったばかりである。

　例えば、ノーベル経済学者の Shiller（2021）は『ナラティブ経済学』の中で、「暗号資産は、未来へつながる切符を保有するようなものである」としている。その理由を平たく言えば、次の世代は物作りではなく、仮想空間を使った感性で受け止める時代なのだ。火（エネルギー）や土（資源）をつかったモノ作りの時代には、効率性が重要であり、それをコントロールする国家という枠組みは大切であった。しかし、次の時代には、火や土よりも実態のない風を感じることが、人類の新しいテーマになろうとしている。暗号資産や暗号資産から発生する新しい取引は、その変化を加速させる触媒なのである。

　ナラティブ（narrative）とは直訳すると「物語とか説話」という意味である。Shiller がナラティブという言葉を使って強調したのは、世の中を動かすほどの正当性のある物語が変革期には必ず生まれ、世の中を変えてきたということである。そして、多くのナラティブは、若者によって作られてきた。

　実際、NFT（Non-Fungible-Token）【キーワード】と呼ばれる技術を使って、画像や写真などの権利や空間上の不動産（メタバース）などの取引が開始されている。この売買決済は暗号資産で行われる。第2章気候変動で、ムーンショット計画に触れているが、世界の最先端の研究では肉体、空間、時間を超越する研究領域を目指している。仮想空間で経済活動が発生する世界が到来するとみているのである。一方、少なくとも、現存するビットコインなどが中央銀行の現金に代替しうるとは考えにくいと主張する研究者も多い。例えば、国際金融エコノミストである Rogoff などはその1人といえよう。本章の後半で紹介するが、暗号資産の取引実態は脱法的な取引と密接に関わっている可能性が高い。一般の人が、安全な取引を保証されているとは言い難いのが、現状なのである。

3.6　ビットコインは従来のリスクアセットと異なる特性

　暗号資産の実際の取引は、取引所取引と非取引所取引に分類される[8]。取引所取引の約6割を占めるのは、ビットコインである。ビットコインは価格変動が激しいのも特徴である。

　ファイナンスの領域では，収益と分散（ないし標準偏差）の関係からリスクを捉える。この考え方の一つの応用として Value at Risk というコンセプトがある。Value at Risk は，予想最大損失額と訳される。一定の期間内に，一定の確率の範囲内で被る可能性のある最大損失額のことである。この Value at Risk の考え方で，NY ダウ平均，中国上海株価指数とビットコインの Value at Risk を計算できる。

　さらに，この手法を用いると，とてもまれな確率，ここでは 1 ％程度で発生する極めて深刻な金融危機により，金融資産価格がどの程度低下するかを推計できる。あくまで推計上の話であるが，NY ダウは確率 1 ％のまれにしか起きない金融危機でも，せいぜい，月ベースで 6 ％程度の下落で予想外に安定している。しかし，確率 1 ％の金融危機で，ビットコインの下落率は NY ダウの 3 倍以上の約 20 ％近い。このビットコインの暴落リスクをどの程度に評価すべきか。そこで，中国株に投資した場合に被る損害に比較してみた。驚いたことに，仮に上海株価指数で運用した場合に，為替リスクなどを考慮すれば 25 ％以上の運用損が確率 1 ％で発生する。つまり，ビットコインの投資リスクは米国株投資に比較して非常に高いが，中国株式投資に比較すれば安全だ，ということである。2010 年以降，ビットコインなどの暗号資産の価格が大きく変動しているにも関わらず，個人投資家の暗号資産への投資意欲が衰えなかったのは，経済合理性があったと言えなくもない。

3.7　スマイルカーブは株価と逆になる‼

　暗号資産に関する分析は猛ラッシュで蓄積されている。その一つは，株価などリスク資産との類似性と異質性に関する研究である。前述したように，米国株に比較して価格変動幅が大きく，よりリスクの高い金融資産である。では，株価よりも価格変動が大きなリスクアセットという理解だけでよいのかと言うと，違いがある。それを示すのが，News インパクトカーブと呼ばれる収益と資産価格の変動ボラティリティ（分散）との関係である。株価とビットコインとはまったく異なることが明らかになっている。

　図 1 － V2 － 3 は，日経平均とビットコインで News インパクトカーブを計算し描いてみた（日時データで計算）。この図は笑った顔にも似ていることから，

36

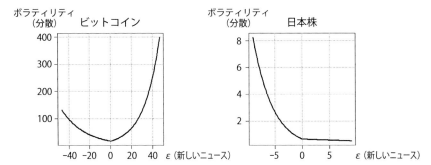

図1－V2－3　株とビットコインのスマイルカーブ

分析期間（2015 年 1 月 20 日〜 2021 年 10 月 17 日）

注：X 軸は，前日までの収益率の平均 ε（エプシロン）を基準として，翌日の新しいニュースで収益率がどの程度変わったかを示したもの。縦軸はそれぞれの収益率に対応したボラティリティ（分散）を示している。ε が 0 より大きく（小さく）なるほど収益にプラス（マイナス）情報であることを意味している。

スマイルカーブとも呼ばれる。通常は，株価のように少し左に傾いたスマイルカーブになる。株価が反応するニュース（＝情報）は無数にある。また，ニュースは株価を上昇させる「プラス」のニュース，そして下げるインパクトを持つ「マイナス」のニュースに大別される。一般に，日本株だけでなく，世界の株価は「マイナス」のニュースに強く反応する傾向がある。そのため，株価が株価収益率の平均値（＝0）より左側に下がっていくと，ボラティリティは大きく反応する。しかも，株価が下がれば下がるほど，ボラティリティは大きくなる。そのため，左上がりになっている。その一方，「プラス」のニュースについては，日本株の反応は鈍い。つまり市況に良いニュースに日本株は鈍感なのである。

　ところがビットコインは『プラス』ニュースに強く反応する。そのため，スマイルカーブの歪みは株価と逆に右上がりになっている。ビットコインと株価のニュースに対する反応が正反対である理由の一つは，それぞれを担う投資家が異なるからである。ビットコインに投資をする投資家は，将来への前向きの期待に強く反応する。実際，株式投資とビットコインの投資家層では年齢に違いがあることがわかっている。ビットコインは 20 代〜 40 代が 70％を超える。ここでも，主役は若者なのである。

3.8　資金移転の手段としても活用される

　これまでの所，暗号資産は通貨というより，むしろ投資対象のリスク資産として注目されている。暗号資産の通貨としての機能は，どの程度のものか。Clements, Reinhart and Rogoff（2021）は，2012 年からフィンランドを拠点として取引される，取引所取引の LocalBitcoins 社のビットコイン取引のデータを分析した。調査対象とした LocalBitcoins 社のビットコインは 2017 年〜2021 年日時データ約 4 億取引分，金額にして 110 億ドル相当の取引である[9]。

　結果は意外であった。まず，ビットコインなど暗号資産は投資目的で取引されており，特に，暗号資産業者の仲介により個人と個人が直接取引する LocalBitcoins 社の取引にはその傾向が強いであろうと，Clements, Reinhart and Rogoff たちは予想していた。しかし，全取引の約 8％が，投機ではなく資金移転や決済などの手段として利用されていた。しかも，資金移転目的のビットコイン取引の特徴として，同一通貨間での資金移転取引が多かったのである。例えば，ロシアルーブル ⇒ ロシアルーブルは全ロシアルーブル通貨取引の 90％，中国元取引では 80％，ユーロ取引で 76％，ドル取引でも 60％であった。国家をまたいだクロスボーダ取引では，US ドル ⇒ ナイジェリアナイラ，中南米諸国間（ベネズエラ・ソベラノ）などがあるが，いずれも同一通貨内での取引が圧倒的であったのである。

　ビットコインを使った同一通貨での国際資金移動が行われているのはなぜなのか。これは推測するしかないが，その目的の一つは各国金融当局や国際的金融取引の監視や規制を逃れることにあると考えられる。銀行経由では，取引の痕跡を追跡されてしまうが，非取引所型のビットコイン取引では，取引者を特定し取引の中身を追うことは容易ではない。

　また，取引契約から，取引者の発信国とその送付受入国を追ったのが次の図 1 − V2 − 4 である。○は発信国，◎は受入国を示しており，世界中に取引が拡大していることがわかる。例えば，ビットコインを使って海外から国際資本を受け入れるナイジェリアは地域間紛争が絶えない一方で，ガス・石油のアフリカ有数の産出国である。ベネズエラも中南米で最も貧困な国である一方，中南米最大の産油国でもある。地球温暖化問題の解決策としてカーボンニュートラルの必要性が世界的課題となる中で，こうした天然資源国を受け入れ国とす

図1－V2－4	暗号資産取引上位25か国のリンク

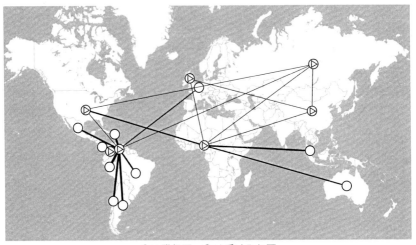

○は発信国，△は受け入れ国

出所：von Luckner, Reinhart, and Rogoff（2021），p.24 より転載

る暗号資産での決済取引が世界的に確立されつつある。

　これをどの様にとらえるか。Clements, Reinhart and Rogoff（2021）らは，資本取引規制が暗号資産取引の動向に密接に関わっているとしている。因みに，起源国とされるアジアの国はマレーシアであり，イスラム金融の拠点である。また，カリブのケイマン島，国際金融センターの一つであるベルギーが含まれる。また，ナイジェリアやベネズエラは産油国であり，本来，石油輸出代金に潤うはずの資源輸出国である。しかし，政情は安定せず，これら地域の金融機関の安定性も十分ではないため，代替的な資金決済手段としてビットコインが使われている可能性もあろう。

第2節　なぜフィンテック＆暗号資産は重要なのか

1. 伝統的金融機能の低下は不可避

　時間軸をどこに設定するかによるが，中長期的に銀行は消えようとしているのかもしれない。正確に言えば，我々が知っている銀行や証券会社は，近い将

来，なくなるはずである。これはやむを得ない必然の流れであるとしたら，問題は，いつどのように消えるのか。その消滅までの時間とあり様を決めるのがフィンテックなのである。

　伝統的銀行は自己改革能力の限界にあるとも言われており，さまざまな試行を積み重ねる銀行も現れている。例えば，オンライン銀行の開設やP2P取引の口座開設，財布（wallet）などを導入し，若者を対象とした金融ビジネスをスタートさせた所もある。

　こうした試みにも関わらず，預金を原資として貸出をする金融仲介機能も次の時代には重要ではなくなっているかもしれない。

　次の時代，消えているか変質しているだろう金融関連の取引や制度には，

・支店 ⇒ ほぼゼロ

・銀行員 ⇒ AIに代行

・境（県や国の境）⇒ P2P取引中心でボーダーは消える

・預金 ⇒ 伝統的な預金と性格が異なるため，別の名前になる

・現金 ⇒ 普通の人は保有しない

・中央銀行 ⇒ 現金の発券機能を放棄

・預金保険 ⇒ 預金減少により存在意義を低下

・得意先営業 ⇒ AIでの与信審査，コンサルタントの普及，従来の営業意味ない

・信用情報機関 ⇒ AIを用いた信用審査機能の充実

・各国固有の金融政策 ⇒ 国際的な機関による協調政策，フィンテック規制

などが考えられる。これだけのものが消えたり，変質したりすれば，関連する法律や制度も修正せざるを得ないはずである。ともかく，どのようにして銀行は消えていくのか。

　以下は某銀行の新人研修として行われたものである。グループに参加するのは全員が入社1年目の若者たち。人事部の研修担当者はチームをA，B二つに分けた後で次のテーマを発表した。A班は銀行が消えることを前提としたシナリオを描き，それに対してB班はそれを想定して反論をしてほしい，という研修である。作業時間は2日間であった。

2. A班（某国で発生するかもしれないシナリオ　預金が消え「銀行」が消える）

　2XXX 年，某国では銀行法上で定義される銀行が消え去ろうとしていた。まず，ここでいう銀行について定義しておく。銀行とは，銀行法上の「銀行」で，預金と貸出しを同時に行う。どちらか一方しか行わないのは，ノンバンクというカテゴリーに分類される。一体，「銀行」が消えるとしたら，それはどのように最後を迎えるのか。2XXX 年の仮想国で物語は始まる。

中銀デジタル通貨が伝統的金融業消滅の始まり

　ビットコインなどの取引拡大の中，中国は自国の資本取引規制が効かず，国際市場への自国の貯蓄流出を止めることができない可能性を懸念しはじめる。中国人民銀行は暗号資産取引の禁止と中銀デジタル通貨（CBDC：Central Bank Digital Currency）発行を断行する。人々の取引を完全に監視下に置こうとしたのだ。これを契機に，各国中央銀行による CBDC が続々と発行される。民間企業の中には決済用に保有する預金を大幅に圧縮，従業員の給与を含む運転資金の受け払いを，中銀デジタル通貨に乗り換えるような動きが出てくる。ほぼ同時に，若年層を中心とした個人は，現金 ⇒ スマホなどを用いた CBDC 決済などデジタル決済に完全移行する。2XXX 年，預金の大量解約に直面した各行は，預金口座の新規開設を中止する。銀行の預金口座の管理コストを削減することにも結び付くため，銀行は積極的に新規預金の開設を中止していく。一方，銀行は，支払い決済機能付きのファンドを開発し，積極的に預金から新型の総合金融パッケージ（適切な金融商品で自動運用してくれるようなサービスの総体）への移行を顧客に勧める営業を強めていった。

伝統的金融業ではシステム対応が難しい

　しかしこの流れが急激すぎるため，フィンテックを用いた新型の総合金融パッケージにシステム対応できない金融機関が出始める。中小金融機関の合併・統廃合が進む中，フィンテックで先行する欧米銀行の傘下になる金融機関も出てくる。この影響は深刻にメガバンクに及ぶ。欧米のノウハウを取り入れたP2P 取引に対し，複雑な既存のシステムを整理できていないメガバンクの中では対応の遅れが深刻になり，さらなる預金流出が深刻な状況となる。この状況

下，メガバンクの一つ XX 銀行は海外有力銀行との合併に踏み切ることで生き残りを模索することを決断。海外金融機関は，すでに預金の取り扱い業務を大幅に縮小している状況で，実質的にこの時点で預金が消える。

銀行による信用審査能力を，AI の性能が上回る

一方，AI などを利用した科学的な信用審査基準が導入され，従来型の信用審査機構を通じたローンコストが大幅に縮小される。機動的な資金配分システムとしてファンド ⇒ 企業への資金配分が一般的になる。いくつかの画期的なフィンテックが生み出されることで，金融に発生するリスクをコントロールしえるファンドが生成される。その結果，個人と資金需要者が直接結びつくソーシャルレンディングや DeFi が主流となってしまう。

当初，銀行はナローバンクと呼ぶ機能を絞った組織として，生き残りを図ろうとした。受け入れた預金額と同じだけの貸出を行うことで，預金：貸出を 1：1 とする銀行である。貸出がデフォルトを起こしても銀行が中央銀行に預ける準備金が 100％あるため，銀行が債務超過で倒産することは考えにくい。理屈の上では，仮に貸出がデフォルトを起こしても，手元にある準備金で埋め合わせることができる。このナローバンクであれば，銀行が倒産するような深刻な信用不安は回避できるため，規模を縮小しても生き残ることはできると踏んだのである。

各国政府も暗号資産の普及を支援

暗号資産の利用環境が整う中で，日本政府が CBDC の本格流通に踏み切った。長年，政府は税の捕捉率が低下していることに悩んでおり，CBDC での納税義務化は一気に捕捉率 100％の社会を期待できると見込んだのである。実は，もう一つ政府には狙いがあった。カーボンニュートラルを 2050 年までに達成した世界は，次の段階としてカーボンネガティブを 2XXX 年に実現しようとしていた。ところが，企業や個人の炭素消費量をマイナスにすることの経済への影響が深刻であり，さまざまな抜け穴が模索された結果，その掛け声とは裏腹に誰も履行しない，いわゆるフリーライダー問題が深刻化していたのである。この問題を一気に解決したのが，ブロックチェーン技術を応用した各自

の炭素消費量モニターシステムとそれに対応したカーボン削減支援制度だった。経済学的には外部効果を内部化させる対策である。公共機関はブロックチェーンを利用した中銀暗号資産に移行していたのである。

　銀行は，この時点で，デジタル化による社会的使命の達成を理由に，預金の受け入れを廃止し，銀行法上の銀行業という看板を，一斉に取り下げたのである。ここに伝統的な銀行は約 300 年近い歴史を閉じたのであった。

（2XXX 年の世界シナリオ　金融の変質に対する世界的な対応）

高まる国際デジタル通貨の必要性

　各国政府による CBDC の影響は，世界的な課題を引き起こすことになった。伝統的な預金受け入れ型の銀行が消えるプロセスで，各国中銀は金融コントローラビリティが低下することを懸念し始めたのである。新しい中央銀行制度のあり方が課題になり，世界的視点で議論する必要性が出てきたのである。特に議論となったのは，国家単位で存在する現行の中央銀行制度である。当初は，各国の協力と独立性の問題として議論されていたが，やがて，一つの国際デジタル通貨によって経済政策を行う方が良いのではないかという議論が，専門家から相次いだのである。

　要するに，この議論は国際金融のトリレンマという 20 世紀から言われてきた議論であった。各国が国際的に求めているのは，従来３つあると考えられてきた。図１− V2 − 5 の三角形は，各頂点に金融政策の独立性，国際資金の自由な移動，為替レートの安定性をとってある。この三角形の頂点の内，どれか２つを結ぶ辺を選択すると，もう１つの点は選択できないのである。例えば，

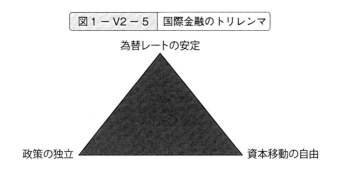

図１− V2 − 5　国際金融のトリレンマ

為替レートの安定

政策の独立　　　　　　　　　資本移動の自由

為替レートの安定性と国際資本の自由な移動を選択すると，自国の金融政策の独立性は選べない。

　CBDCが普及していく中で，通貨は徐々にいくつかの有力な代表的なCBDCに収れんする傾向を持ち始めた。さらに，無形資産の取引を含む，国際的な貿易が想定外に拡大したため，もはや自国の資本規制では資本移動を止められない状態になっていたのである。この中で，各国の政策の有効性，機動性が損なわれる場面がたびたび発生するようになっていたのである。一つの地域で起きたデフォルト等の影響が決済システムのネットワークを通じて広く波及してしまうシステマティックリスクの発生である。中央銀行関係者の中には，2XXX年までに法制度の世界統合による，5大陸地域中央銀行を傘下に持つ国際中央銀行の設立を訴える声も強まりつつあった。

3．B班（2XXX年銀行消滅シナリオへの反論）

　結論から言うと，銀行が消えることはない。

　この議論は，直観的にも前提がおかしい。結局，我々はこうした技術に100％の信頼をおくことはないはずだ。AIが誤作動を起こさない保証はどこにあるのか。ブロックチェーンは偽造不可能な暗号技術だとされるが，実際には比較的簡単に偽造されているではないか。100％ミスの起きない完璧な技術など，存在しない。

　もし仮に，偽造や誤作動が発生するのなら，地球規模の金融犯罪（過失を含む）を取り締まる国際的機関が必要になるはずである。しかし，国家を超えた権限を有する国際機関の設立など，実現不可能ではないのか。国際公共財としての金融をどのようにコントロールするのかという視点が，銀行廃止論には欠けている。

　そもそも銀行預金は，なぜ消えるのか。より高い収益性を期待できる比較的安全な資産としてのDeFiのような資産が登場するのなら，瞬時に預金が消滅すると考えているようである。しかし，はたしてそうなるのか。個人や企業は，用心深く繊細で，預金の代替資産としてのDeFiを完全に信頼するだろうか。

　結局，CBDCにしても，これが完全に通貨と代替するとすれば，国家の権威と結びついていることで信頼をえているからである。

　さらに言えば，この議論は市場の失敗や公共財としての金融機能をどのように
とらえているのであろう。世の中には，多種多様な人がいる。その人たちが，
全員，先端的な金融商品を使いこなし，CBDCや暗号資産を使いこなすとは
思えない。当然，先端金融取引についていけない多数の人たちを救済し補助す
るための制度が必要となるはずである。このための社会・行政コストを考える
と，完全な暗号資産，銀行が存在しない社会システムを補完するための公的負
担が非常に大きくなってしまうのではないのか。

　実は，銀行業には産業を育成し地域を育てていく上で，柔軟な機能が組み込
まれている。顧客と銀行との関係などは，まさに人間らしい性格のものである。
こうしたソフト面まで，先端技術がカバーしてくれるとは思えない。

第3節　投資家にとっての意義

　特に，20代〜40代の若い世代の投資家に，フィンテックや暗号資産は重要
である。これが金融だけでなく，世界の変化や国際ビジネスと関連してくると
考えられるからだ。そのため，この変化に付いていくことが必要である。フィ
ンテックがさらに発展すれば，個人レベルでも，DeFiなどを使って資金を直
接調達したり，あるいは運用したりできるようになる。その際には若干のプロ
グラムの知識が必要にはなるが，金融リテラシーが確立される中で，当たり前
にこうしたことができるようになっているはずである。

　近い将来，さらに操作性に優れ，しかもかなり高度な水準にまで自前で対応
できるインターフェースが開発されるはずである。その時点でフィンテックは
まったく新しいステージになるはずである。フィンテックに大量の技術者が
参入することで，非常に高い次元のP2P金融投資が爆発的に拡大するはずだ。
一人ひとりが，最終の資金需要者とネットを通じてつながるのである。未来の
利用者は，海外の企業や仮想空間でのNFT取引導入などの金融の変化に対応
できるよう，経験値を積むことが大切であろう。最後に若者に言いたい。

　RかPythonを触っておいた方がよい。Rって何？，絶対嫌では，大きなチ
ャンスを逃す，そういう風が吹き始めている。

Keyword　NFT ノンファンジブル・トークン（Non-Fungible Token）

　NFT ノンファンジブル・トークン（Non-Fungible Token）は，世界に一つだけの替えの効かない（Non-Fungible）デジタル資産と言われている。デジタルアートやトレーディングカード，ゲームアイテムなどのデジタル資産に，ブロックチェーンの技術を使って世界で唯一であることの証明を付ける。例えば，育成系のゲームとしてユーザー同士が猫のキャラクターを育てる。その猫を交換，交配させて，一匹何万円のキャラクターとして売買されている。

　NFT は，無形資産（nontangible）という我々が実際に触ることができない資産の取引に新しい可能性を拓いている。特に最近では，仮想空間上の不動産売買，つまり，メタバース（仮想空間上の土地）と呼ばれる所有権売買を NFT 化したものが取引され始めている。

　仮想空間上で売買するのだから，国家の枠を超える超国家的存在である。現在の国際貿易制度や国際的な規制に親和性あるシステムとして，NFT 関連の国際ルールを構築していくべきなのか。それともまったく自由な取引とするのか。今後，議論が活発化していくことで，世界貿易のあり方にも波及する議論になると予想される。

【注】

1）　日本銀行「暗号資産（仮想通貨）とは何ですか？」（https://www.boj.or.jp/about/education/oshiete/money/c27.htm，2023 年 3 月 31 日アクセス）

2）　金融安定理事会（Financial Stability Board）によると，2022 年 3 月末段階で Bitcoin の取引額は 845 兆ドルで暗号資産の 45％を占める。日本の場合，日本暗号資産取引業協会によれば，2021 年の上位 10 位の暗号資産取引に占めるビットコインの取引額は約 1 兆 5 千億円，68％を占めていた。
日本暗号資産取引業協会 HP（https://jvcea.or.jp/，2023 年 3 月 31 日アクセス）

3）　対面ではなく，かつ，取引に参加する不特定多数の人が互いに対等な立場で通信しあうことを Peer to Peer（ピアツーピア）というが，P2P レンディングとは，P2P を前提とするオンライン上でのローン契約を行う取引のこと。

4）　Akerlof（1970）や Stiglitz（1981）は，情報の非対称性という概念を導入して，なぜ顧客関係が形成されるのか，あるいは，この情報の非対称性が，金融危機などとどのように関連しているかを明らかにした。彼らによれば，金融業，特に，銀行は情報の非対称性があるがゆえに存在する。情報の非対称性とは，情報を持つ人と，持たない人とで行動に差が出る状況を指す。例えば，貸し手である銀行は，借り手の情報を100％持っているわけではない。借り手が資金を本当に返済するか否か，心の内側は借り手のみ知るので，その信用を銀行は推測するしかない。普通の人であれば，この推測は情に流されたり，噂に翻弄されたり，正確性に欠けてしまう。この結果，信用

度の高い借り手への貸出しすら行われないということも起きてしまう。特に，経済状態が悪化し，貸し倒れ（デフォルト）が頻繁に発生している状況になると，銀行は，疑心暗鬼に陥ってしまう。情報の非対称性が存在すると，どの借り手も正常にお金を返してくれないかもしれないと銀行は思ってしまうからである。この影響が案外深刻であるために，相応の借り手の信用を審査する力がないと，銀行業務はできないと考えられている。

5）暗号資産（仮想通貨）は，cryptocurrency と英語ではいうが，crypto を辞書で調べるとその源流はギリシャ語にたどりつき，地下礼拝堂というような意味である。地下礼拝堂では，秘密の宗教的儀式が行われており，その儀式に参加するには認められた者のみが使う合言葉を必要とした。

6）ブロックチェーンは，技術的に個人の所有者を定義づけ，現在の所有者を特定できる。実際，この技術は貨幣だけではなく，トレードカード，絵画，さらには個人の信用情報など，秘匿性が高い無形の資産などが，世界で一つしかない真のものであることを証明できる。

7）暗号資産を使った場合，二者間の取引であるにも関わらず，このコミュニティ（ネットワーク）に参加する全員の暗号資産の中身が書き換えられる。つまり，全部を書き換え，コミュニティ全体でその情報を共有することで，取引の信用は確保され，潜在的トラブルはコミュニティに吸収される。国ではない。

　理屈の上では，取引の行われた証拠はネットワーク全体の情報として共有され，そのコミュニティが全体の安全を保障するのである。仮に，二者間でトラブルがあった場合でも，これを裁定するのは暗号資産取引に参加する閉じたネットワーク社会であって国家ではない。

8）取引所取引という言葉を使っているが，我々が通常使うような取引所ではないことに注意を要する。仮想通貨（暗号資産）取引独特の表現である。取引に参加する個人が，P2P 取引，インターネットを通じて売りまたは買いの注文を入力し，個人と個人で取引（個人⇔個人）するものを取引所取引と呼ぶ。暗号資産取引交換業者は，個人と個人の取引の仲介に入っているにすぎない。ただし，取引手数料も安く少額で取引ができるようになっている。非取引所取引とは販売所取引と呼ばれ，個人⇔交換業者が売買する。個人は，販売業者がオファーする価格で売買するのだが，業者の手数料が比較的高い。ただし，その分，初心者にも取引しやすいとされている。

9）LocalBitcoins は取引所取引である分，匿名性も高い。実際の取引は個人⇔個人によるP2P 取引であり，暗号資産業者は間に入って仲介するだけである。また，受払いを保証するエスクロー（escrow）と呼ぶ仕組みが設定されているので，比較的安全に資金決済が可能とされている。実際，取引は容易である。まず，取引勘定を置く国を設定し，ビットコインの買いポジションか売りポジションを指定する。次に，ビットコインを購入時に支払う通貨を指定する。この時点で，取引所取引を仲介する業者の現在のビットコインと通貨の交換値がPC のモニターに表示されるので，その条件でよければ各自のPC 端末から注文を確定する。

　例えば，ビットコインを使った資金送金はどのように行うのか。ここではロシア

ルーブルで資金をA国 ⇒ B国に送金するとしよう。まず，ある人がLocalBitcoins社のビットコイン口座を，A国とB国にそれぞれ開設する。次に，この人はA国に開いた取引勘定口座を使って，ルーブル決済のビットコインの買いの注文を入れる。それと同時に，B国に開設した取引口座では同額のビットコインの売り注文を入れる。「同時」に2つの取引を行うことで，A国のビットコイン購入に充てられたルーブルは，B国のビットコイン売りによって獲得するルーブルに充てられる。つまり，ルーブルはA国 ⇒ B国に移送されている。また，この人はビットコインの売り買いを同時に行っているため，ビットコインの取引は売り買いで相殺されてしまう。ただし，この人の持っていたルーブルの所在する国がA国からB国に変わっている。こうして，ルーブルは銀行などを経由することなく，A国からB国に移送できる。

参考文献

Akerlof, Geroge A. (1970), "The Market for "Lemons" : Quality Uncertainty and the Market Mechanism," *The Quarterly Journal of Economics*, Vol.84, No.3, pp.488-500.

Feyen, Erik, Jon Frost, Leonardo Gambacorta, Harish Natarajan, and Matthew Saal (2021), "Fintech and the digital transformation of financial services: implications for market structure and public policy," *BIS Papers*, No.117.

Stiglitz, Joseph and Andrew Weiss (1981), "Credit Rationing in Markets with Imperfect Information," *American Economic Review*, vol.71(3), pp.393-410.

von Luckner, Clemens Graf, Carmen M. Reinhart, and Kenneth S. Rogoff (2021), "Decrypting New Age International Capital Flow," *NBER Working Papers*, 29337.

天草健介・増田雅史（2021）『NFTの教科書』朝日新聞出版

植田健一（2022）『金融システムの経済学』日本評論社

小黒一正（2020）『日本経済の再構築』日本経済新聞

長沼伸一郎（2020）『現代経済学の直観的方法』講談社

松浦健一郎・司ゆき（2018）『入門　仮想通貨の作り方』秀和システム

48

View 03 ロボアドバイザー

第1節　ロボアドバイザーとは

　フィンテック【キーワード】は，革新的な金融サービスであり，金融分野における一大ムーブメントとなっている。フィンテックの中ではこれまで，送金，決済，融資等，銀行業に関わりの深いサービスへの関心が先行したものの（小林 (2018b)），証券業に関わりの深いサービスへの注目も高まっている。その中には，クラウドファンディング，おつり投資などが含まれるが，本節ではとりわけ資産運用に関わりの深いロボアドバイザー（ロボットアドバイザー，ロボアドなどと呼ばれることもある）について検討する。

1. ロボアドバイザーの定義

　ロボアドバイザーは，提供するサービスによって，①アドバイス型（ポートフォリオの提案のみのサービス），②投資一任型（ポートフォリオの提案を踏まえて，実際に運用を行うサービス），という2つのタイプに分けられる。①は②の一部と考えることもできるが，ロボアドバイザーの定義に際しては，①と②の双方を念頭に置く場合と，②のみを念頭に置く場合がある。

　森下 (2020) は，①と②の双方を念頭に置いて，「金融取引において，従来は人が担当していた顧客に対する説明やアドバイス，運用等の業務を機械に代替させるようなシステムを指し，例えば，オンラインを通じた顧客とコンピュータとの応答を通じて得た顧客に関する情報をもとに，アルゴリズムを用いて顧客の属性や嗜好に応じた投資ポートフォリオ等を提案したり，そうした提案を踏まえた顧客からの指示に基づき，顧客からの預かり資産を顧客の属性・嗜好に応じて機械が自動的に運用したり，定期的にメンテナンスをして自動的に組換えを行ったりするもの」と定義している。小林 (2018a) は，②のみを念頭に置いて，「利用者がインターネット上で投資目的やリスク許容度などに関する

いくつかの質問に回答し，その情報に基づいてアルゴリズムがその利用者に適したポートフォリオを提示し，銘柄選択や取引の執行，リバランシング，税金の最適化等の運用プロセス自体を自動的に行うサービスのこと」と定義している。

　ロボアドバイザーの具体的な手順は，①アドバイス型なら，ⅰ．質問への回答（質問は，顧客の属性・選好・投資経験のほか，投資予定資金の性格に関することなど。専門知識や投資経験が無くても簡単に回答可能），ⅱ．自分に合ったポートフォリオの提案（それに加えて，「運用によって〇年後の資産が〇万円になる確率が〇％」といった将来の予測などの提示），という流れになる。②投資一任型なら，それらに加えて，ⅲ．口座開設 → 入金（口座開設の手続き，投資額，投資サイクル（毎月，毎週，毎日など），自動引落の設定などをして入金），ⅳ．自動買付開始，という流れとなる。ⅳ．自動買付開始以降は，商品選定，実際の運用，投資対象の割合を見直すリバランス（資産の値動きによって変化した投資比率を当初計画されている比率に戻すこと）まで，自動的に行われる。そのため，②投資一任型は「おまかせ投資」ということができる。

2.　ロボアドバイザーの現在・過去・未来

　ロボアドバイザーは，リーマンショックの発生した 2008 年頃，米国で登場し，拡大したサービスである。日本国内では少し遅れて登場し，2016 年頃からは，テレビ CM などによるプロモーション，最低投資金額の引き下げ，ネット銀行・証券を含む金融機関との連携なども加わって，市場は大きく拡大している。

　ロボアドバイザーはすでに，ある程度認知されているとみられる。実際，日本証券業協会（2021）の調査によると，「すでに利用している」は 4.8％にとどまるが，「利用してみたい」との回答は 21.6％に上っている（図 1 - V3 - 1）。同調査はあくまで，証券を保有している個人投資家が対象であることには留意が必要であるものの，ロボアドバイザーはすでに，ある程度認知されていることが示唆される。なお，世代別にみると，「すでに利用している」，「利用してみたい」との回答比率はいずれも，デジタルリテラシーの高い若い世代ほど高いものとなっている。

50

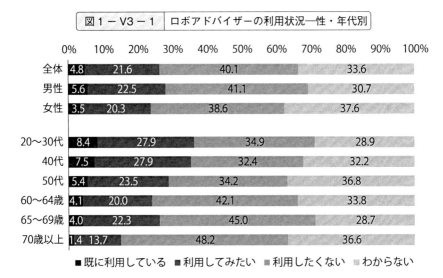

図1-V3-1　ロボアドバイザーの利用状況―性・年代別

出所：日本証券業協会（2021）より作成

第2節　なぜロボアドバイザーは重要なのか

　フィンテックはしばしば，「金融の民主化」につながると指摘される[1]。すなわち，フィンテックにより，「誰もが金融にアクセスできるようになる」と考えられている。実際，フィンテックは，特別な技術，資本，専門知識を持たないごく普通の人々に対して，高度な金融サービスが安く簡単に使える機会をもたらす。ロボアドバイザーについても，同様のことが当てはまるが，それはさらに，経済的格差の是正に寄与しうる。その点について，Braunstein and Laboure（2017）は，ロボアドバイザー（投資一任型）を念頭に置きながら，ロボアドバイザーは，低いコストで高品質な金融サービスと各種金融資産へのアクセスを提供することができることから，金融を民主化する潜在力を持っていること，経済的格差を生み出してきた一因である資産運用環境の改善を通じて，経済的格差の是正に寄与しうること，を指摘している。すなわち，ロボアドバイザーは「金融の民主化」，ひいては経済的格差是正につながる可能性を持っていることから，社会的にも重要であると考えられる。

　もっとも，ロボアドバイザーと同様のサービスは，これまで限られた人しか享受できなかったというわけではない。そのため，ロボアドバイザーの社会的意義は，金融（ないし投資）の民主化を主導するというよりも，新しい投資のオプションとして，金融（ないし投資）の民主化に寄与する，と考えるほうが適切である。

第3節　投資家にとっての意義

　ロボアドバイザーの投資家にとっての意義は，新しい投資のオプションを増やすことである。そしてその意義は，ポートフォリオの提案のみにとどまらず，実際に運用を行う投資一任型の方が，大きいと考えられる。そこで以下では，ロボアドバイザー（投資一任型）の意義について検討する。

　小林（2018a）は，先行研究に基づき，ロボアドバイザー（投資一任型）のメリットとして，ⅰ．低コストでの投資アドバイスを可能にすること，ⅱ．少額から利用可能であること，ⅲ．いつでもどこでも利用可能という高い利便性を持つこと，ⅳ．人々の資産運用サービスへのアクセスを拡大させること，ⅴ．現代ポートフォリオ理論に基づいた高度な運用サービスであること，などを挙げている[2]。もっとも，それらは必ずしもロボアドバイザー（投資一任型）に固有の意義というわけではない。

　そこで次に，ロボアドバイザー（投資一任型）の固有の意義を，同様の資産運用が可能な金融サービス・商品と比較することにより検討する。比較対象とするのは，①ラップ口座，②バランス型投資信託である。

　①ラップ口座[3]は，ロボアドバイザー（投資一任型）とは，複数の資産や市場への投資，オーダーメイド型の資産運用サービス，などの共通点がある。しかしその反面，ラップ口座は，ロボアドバイザー（投資一任型）と比較して，最低投資金額が高額であること，年間のコストが高いこと，オーダーメイドのための予備的作業である質問等が対面で行われること，などの違いがある[4]。これらの違いの中でも，ロボアドバイザー（投資一任型）のメリットとして特に指摘されることが多いのが，年間のコストの低さである。ただその点については，若干の留意が必要である。なぜなら，①ラップ口座の年間のコストが

高い理由には，アドバイスの質の違い（ロボアドバイザーでは，非対面で行われる簡単かつ限られた数の質問への回答に基づくのに対し，ラップ口座では，対面で行われる詳細な質問への回答に基づくこと），投資対象の違い（ロボアドバイザーでは，年間のコストの低い ETF やインデックス型投資信託が主な投資対象であるのに対し，ラップ口座の投資信託部分は，年間のコストが高いがより高いリターンが期待できる厳選されたアクティブ型投資信託が多くなること），などがあるからである。すなわち，両者は本質的に異なるわけではなく，違いのある資金運用商品・サービスであるということになる。

②バランス型投資信託[5]は，ロボアドバイザー（投資一任型）とは，複数の資産や市場への投資，などの共通点がある。しかしその反面，バランス型の投資信託は一般に，ロボアドバイザー（投資一任型）と比較した時，レディメイド（既製品）型であること，そのため商品，販売会社，年間のコスト等がより多様であること（年間のコストがより低いバランス型投資信託も少なくない），最低投資金額が少額であること，などの違いがある。これらの違いの中で，ロボアドバイザー（投資一任型）のメリットとして特に指摘されることが多いのが，オーダーメイド型という点である。すなわち，レディメイド型の投資信託の場合，自分に適した商品を探すのに時間や労力がかかるのに対し，ロボアドバイザー（投資一任型）ならそうした時間や労力が節約できることになる[6]。とはいえ，両者は本質的に異なるわけではなく，違いのある資金運用商品・サービスであると考えるのが適切である。

以上のように，ロボアドバイザー（投資一任型）は，資産運用の世界に，全く新しい投資方法をもたらしたというわけではない。ただ，①ラップ口座，②バランス型投資信託との比較から分かるように「オーダーメイド型としてはコストが低く，そして最低投資金額が小さい資金運用商品・サービスという選択肢が表れた」ということになる。すなわち，ロボアドバイザー登場による投資家にとっての意義は，投資手法のオプションが増えること，となる。

Keyword　フィンテック

　フィンテックは，金融（ファイナンス）と技術（テクノロジー）を組み合わせた造語。IT 技術を活用した革新的な金融サービスのことである。ただ，フィンテックという言葉が，フィンテック企業を指す場合もある。「X-Tech」（クロステックまたはエックステックと読む）は，様々な産業や業種などでもみられる，近年のトレンドである。

　金融広報中央委員会は，フィンテックが進展している背景として，①スマホの普及（スマホの普及により，金融サービスへのアクセスが容易になったこと），②新技術（人工知能（AI）やビッグデータ分析など，新技術が進化したこと），③起業家（しがらみにとらわれず，起業家がベンチャー企業を開業し，活発に新サービスを生み出していること），を指摘している[7]。

　フィンテックは新しい分野であり，色々な分類が可能である。例えば，銀行業に関わりの深いサービス，証券業に関わりの深いサービスといった分類のほか，QR コード決済，モバイルペイメントなど決済・送金などに関わるフィンテック，資金調達・資金運用など金融取引に関わるフィンテック，財務管理など金融取引を含むお金の流れ全体の記録・管理に関わるフィンテック，といった分類なども可能である。

【注】
1 ）ほぼ同様の議論であるが，フィンテックは「金融包摂」につながると指摘されることもある（経済産業省（2017））。金融包摂とは，金融サービスを受けられなかった人々が，金融サービスを利用できるようにすることであり，SDGs の中にも含まれている（8.10）。
2 ）その一方，デメリットとして，アドバイスの質について否定的な見解が少なくないこと，などが挙げられている。
3 ）ラップ口座とは，金融機関が，個人投資家の資産管理，資産運用のアドバイス，売買の執行，口座管理など，資産運用に関する様々な一ビスを包括して提供する口座・サービスのこと。ラップ（wrap）は包むという意味である。なお，ラップ口座のうち，運用商品を投資信託（ファンド）に限定したものはファンドラップと呼ばれる。
4 ）金融広報中央委員会「人生 100 年時代　今からできるシンプル投資」（https://www.shiruporuto.jp/public/document/container/simple_toshi/，2023 年 3 月 31 日アクセス）
5 ）バランス型投資信託とは，一つの資産に偏ることなく，複数の資産や市場へ投資する投資信託のこと。もっとも一口にバランス型投資信託といっても，様々なタイプがある。例えば，投資対象については，国内の株式と債券だけに限定するタイプから世界中の様々な資産に分散するタイプまで，資産配分比率については，固定するタイプと機動的に変更するタイプがある。いずれの場合でも，運用方針の決定，実際の運用

54

は運用会社によって行われる。

6） もっとも，仮に「自分に適したバランス型投資信託を探す行為が困難」と考える投資家であったとしても，販売会社あるいは IFA（独立系ファイナンシャルアドバイザー）などからアドバイスを受けることができる。また，ロボアドバイザーによるアドバイスの後，具体的なバランス型投資信託が提案されるようなサービスも存在する。そうしたアドバイスがあれば，一つの資産に投資する投資信託を組み合わせ，実質的なバランス型投資信託を新しく作り出すことも可能となる。

7） 知るぽると「なぜ，今，フィンテック？」（https://www.shiruporuto.jp/public/document/container/fintech/fintech001.html，2023 年 3 月 31 日アクセス）

参考文献

経済産業省（2017）『FinTech ビジョン（FinTech の課題と今後の方向性に関する検討会合報告）』（https://www.chusho.meti.go.jp/koukai/kenkyukai/smartsme/2019/190313smartsme11.pdf，2023 年 3 月 31 日アクセス）

小林陽介（2018a）「ロボアドバイザーをめぐる学術動向」『証券レビュー』第58巻第2号，pp.145-156.

小林陽介（2018b）「フィンテックとわが国リテール証券」『証券レビュー』第58巻第7号，pp.130-139.

日本証券業協会（2021）『個人投資家の証券投資に関する意識調査について』（https://www.jsda.or.jp/shiryoshitsu/toukei/2021ishikichousasyousai.pdf，2023 年 3 月 31 日アクセス）

森下哲朗（2020）「ロボ・アドバイザーを巡る法的問題」金融法務研究会『FinTech 等による金融手法の変革に係る法的課題と規制の在り方』，第 2 章（https://www.zenginkyo.or.jp/fileadmin/res/abstract/affiliate/kinpo/kinpo2017_1_3.pdf，2023 年 3 月 31 日アクセス）

Braunstein, Juergen, and Marion Laboure（2017），"Democratising finance: The digital wealth management revolution," *VoxEU*, November 11, 2017.（RIETI 訳（2018）「金融の民主化：電子的な資産管理革命」（https://www.rieti.go.jp/jp/special/p_a_w/095.html，2023 年 3 月 31 日アクセス）

第**2**章

気候変動

変化　各国　統合　目標　社会　研究
加速　持続　ファイナンス　先進国　地球温暖化
社会的　資金　重要　意義　通貨　設定
対応　生産　金銭的　製造業　削減　サプライチェーン
結果　経済　ドイツ　可能
転換　京都議定書　ESG投資　GAFAM　企業　米国
規制　議論　行動　維持　取り組み
天然ガス　パリ協定　地球　EU　CO2　リターン　賃金　重視
世界　利用　諸国　産業　拡大　発生　投資　エネルギー
上昇　気候変動　カーボンニュートラル
日本　動き　発展途上国　投資家　産業構造　排出　実現　環境
中国　温暖化　SDGs　分野　問題　要素
グリーン　達成　必要　影響

注：ユーザーローカル AI テキストマイニングによる分析（https://textmining.userlocal.jp/）

第1節　気候変動とは

　世界経済のすべての動きは，気候変動問題に通じている。なぜ，世界のサプライチェーンは，中国を頂点とする動きを強めたのか。我々人類は，なにゆえに，独創的で現時点では空想に過ぎない新技術を求めて「ムーンショット計画」を発動させたのか。カーボンニュートラルへの取り組みが，現在の政治経済をつき動かし，やがて100年後の未来を左右する決定的な動きとなるはずである。

1.　気候変動の考え方

　国連は，「気温および気象の長期的な変化」を気候変動と呼ぶとしている[1]。

　日本の気象庁も気候変動の説明をしている。そもそも地球が機能しているのは，源となる太陽エネルギーのおかげであるという説明から始まる。この太陽エネルギーのおかげで，地球はバランスした状態を保つことができている。地球がバランスした状態を，気候と呼ぶとしている[2]。

　逆に，何か異質な力が加わると地球はバランスを崩してしまう。このバランスを崩すことを変動と呼ぶ。ところで，地球に働く異質な力は2つある。一つは自然に発生する力。もう一つは我々人類が発生させてしまう人為的な力である。自然な力と人為的な力が働くことで，太陽エネルギーによって本来安定しているはずなのに，気候はバランスを崩してしまう。これが気候変動である。地球がバランスを崩しているのかどうかは，気温の上昇という形で判定できる。地球バランスの不安定化は，地球を温暖化させるので，温暖化が加速した場合は気候変動が激しくなっていると考えられる。

2.　気候変動問題の過去・現在・未来

　気候変動問題は，現在の世界にとって最優先に解決されなければならない問題である。このような議論は，特に1980年以降，盛んになっていく。まずは，なぜ，どのようにして気候変動問題がクローズアップされてきたのかを論じるとしよう。

2.1　気候変動の歴史

　地球温暖化に関する，科学的な研究が，やがて国際政治を動かすようになっていく過程を追ってみよう。

2.1.1　日本人研究者の貢献

　地球温暖化のメカニズムの研究は，日本人科学者真鍋淑郎博士らの1960年代の研究が大きく貢献しており，2021年にノーベル物理学賞を受賞している[3]。真鍋博士は，メカニズムを数値シミュレーション化することで，地球の温暖化によって近未来に何が起きるかを示してみせたことが受賞理由とされている。

2.1.2　生命を維持する上で欠かせない温暖化ガス

　地球温暖化はなぜ起こるのか。地球に到達した太陽からの放射エネルギーは，再び，地球から宇宙に再放出される。地球の大気圏が機能することで，宇宙から入る放射エネルギーに比べて地球から出て行ってしまう放射エネルギーは小さいため，両者に差ができる（入ってきた太陽放熱の3割が地球に残る）。この差のおかげで，地球は生命を維持するに足る一定温度を保つことができる。つまり，大気圏にある温室効果ガスが，地球の生命を維持する一定幅の温かい地球を作る上で役に立っている。そのガスの濃度が，二酸化炭素（CO_2）が放出され続けることで徐々に上昇しているらしい。

　図2-1をみると，1950年以降の気温上昇は加速している。それまでは0以下で周期的な動きをしていたが，1880年から2020年の間に，世界の平均気温は1.09度上昇したのだ。地球温暖化の加速は，CO_2の排出量の拡大によって発生しているというのが真鍋博士ら専門研究者の見解であった。真鍋博士らの研究によると，地球のCO_2濃度は21世紀半ばまでに，1900年頃の2倍になり，22世紀には4倍に達する。巨大モンスーンの発生に加え，主要河川の水位も2050年までに8cm上昇するため，河川の氾濫も頻発すると推計される。これが先端科学の推計結果であるが，地球物理学者の中にはこの結果に疑問の声もある。批判的な情報は，インターネットなどで比較的簡単に得ることができるので，興味のある読者は調べて頂きたい。

| 図2－1 | 地球の気温はどのくらい上がったのか |

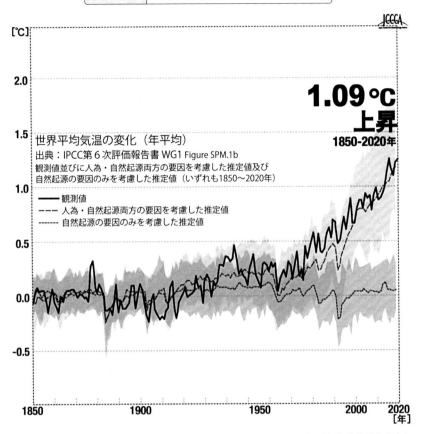

出所：全国地球温暖化防止活動推進センター「WG1 第1作業部会（自然科学的根拠）」
　　　より転載（https://www.jccca.org/global-warming/trend-world/ipcc6-wg1，2023
　　　年3月31日アクセス）

2.1.3　地球温暖化の取り組みで経済の不安定性高まる？

　本書の目的は，科学論争にはない。ともかく，人為的な要因で CO_2 濃度が
上昇し，このまま何も対応しなければ，生態系が変化し人類の生存を脅かす危
機となるという。この危機感によって，世界各国は，さまざまな取り組みを開
始している。しかし，化石燃料（石油，石炭，天然ガスなど地下から掘り出される
燃料資源）を利用して経済成長を維持してきた我々が，突然，別のエネルギー
源に転換すべきであると言われても，容易ではない。経済は，トレンドを少し

変えるような動きでも，大不況に陥ったりする敏感な性格を有しているからである。例えば，ケインズ（Keynes）は，経済成長をナイフのエッジに喩えて表現したが，ナイフの刃のような狭い回廊を綱渡りしながら進んでいるのが経済なのである。敏感な経済を抱えながら，我々は地球温暖化対策によるマイナスの影響を最小にし，効率的に CO_2 の発生を抑制するため，エネルギー転換を急がなければならない。温暖化を巡って，経済の大変革，つまり，エネルギー源のスイッチングが進行している。

2.2　カーボンニュートラルへの道

　1990年以降，世界は地球温暖化への取り組みを試行錯誤し，ついにパリ協定によってカーボンニュートラル[4]の動きを本格化させる。そのプロセスを理解することで，気候変動が世界のさまざまな変化の原点になっていることを確認しよう。

2.2.1　政府間パネル IPCC が本格的議論の場を提供

　エネルギー源を転換させるという流れが，どの辺から本格化したか。過去に遡っていくと，1990年代から，各国政府の議論は本格化したことがわかる。まず，気候変動に関する政府間パネル（IPCC：Intergovernmental Panel on Climate Change）が設置され，世界中の専門家が参加して気候変動に関する専門的知見に基づく報告書を定期的に発表する仕組みを作った[5]。

　気温や河川・海洋の問題は，そもそも1か国では対応できない。例えば，ここまでは私の国の空気だが，この先はあなたの空気ですというように，持ち分を特定することが難しい。

　ミクロ経済学で学んだように，こうした財は公共財として論じられ，フリーライダーの問題を引き起こしやすい。市場メカニズムだけでは解決できない，つまり市場の失敗を発生させるため，個人のレベルでは解決が容易ではない。まさに，気候変動問題は国連など国際機関の存在価値を高める性質の問題だということである。

　専門家の意見を受けて，気候変動が深刻化した場合に，政府や国連に対応を促す仕組みが整備されることになり，とりあえず，科学的な調査を受けて世界

表 2 − 1　地球温暖化に関する世界的な議論の推移

年	出来事	内容
1988	国連　世界気象機構（WMO）と国連環境計画（UNEP）	気候変動に関する政府間パネル（IPCC）設立で合意
1990	IPCC 第 1 次評価報告書	
1992	気候変動に関する国際連合枠組条約	政府間交渉（INC5）でまとめられた温暖化防止に向けた国際的枠組みに関する条約。154 ヶ国が署名
1995	気候変動枠組み条約第 1 回締約国会議（COP1）	2000 年以降の対策について第 3 回締約国会議（COP3）で数値目標をともなった議定書を採択することを約束
1997	京都議定書（COP3）	先進国が 6 つの温室効果ガスを削減する数値目標と目標達成期間
1998	ブエノスアイレス行動計画（COP4）	京都メカニズムや遵守制度など京都議定書に関する主要な論点について整理し、COP6 までにルール化することで合意
2000	ボン合意（COP6）	京都メカニズムや遵守制度などの詳細ルールの骨子要素に合意
2004	欧州温室効果ガスモニタリング指令採択	京都議定書に拘束力
2005	京都議定書発効	
	欧州機構変動プログラム発効	
2007	ハイリゲンダム・サミット	「2050 年までに地球規模での温室効果ガス排出を少なくとも半減させること含む、EU、カナダ及び日本による決定を真剣に検討することで一致
	IPCC 第 4 次評価報告書	
2009	気候変動枠組条約第 13 回締約国会議（COP13）	「ポスト京都」の枠組みを 2009 年までに合意
	国際再生可能エネルギー機関（IRENA）設立	
	気候変動枠組条約第 15 回締約国会議（COP15）	(1) 地球の気温の上昇を 2℃以内に抑えること。 (2) 先進国は 2020 年までに削減すべき目標、途上国は削減のための行動をそれぞれ、2010 年 1 月末までに決めて、提出すること。 (3) 先進国の削減目標と、途上国の削減行動の結果は、COP によって確立される（既存も含む）ガイドラインによって、測定、報告、検証（MRV） (4) 途上国の温暖化対策を支援するため、先進国合同で 2010-2012 年に 300 億ドル、2020 年までに毎年 1000 億ドルの支援額の目標とすること
2015	気候変動枠組条約第 21 回締約国会議（COP21）パリ協定	パリ協定　世界共通の目標として産業革命前を基準に 2 度より気温を低く抑える。5 年ごとの提出・更新
2016	ドイツ政府、温暖化防止政策 2050 を閣議了承	2030 年までに、1990 年比率で 55%削減、2050 年まで 70%削減
2019	日本政府、パリ協定に基づく成長戦略としての長期戦略を閣議決定	2050 年までに温室効果ガスの排出量を 80%削減
2020	米国、パリ協定から離脱	
2021	米国　パリ協定に復帰	
	EU　温室効果ガスを 1990 年基準で 50%削減する政策発表	

出所：全国地球温暖化防止活動推進センター「地球温暖化をめぐる日本と世界の主な出来事（年表）」などを基に作成（https://www.jccca.org/global-warming/trend-japan/history. 2023 年 3 月 31 日アクセス）

各国が話し合いをする場を作ろうということになった。条約（気候変動枠組条約）を結び，その条約国が年に 1 回，定期的に集まって，話し合いをするという形をとったのである。締約国会議（Conference of the Parties : COP）と呼ばれ，当初から 2 か国ではなく，多数の国が集まって決めるのだから，紆余曲折，じっくりとしか成果が得られない形をあえて採用したともいえる。

2.2.2　京都議定書，日本ですら離脱

　先進国が先行して地球温暖化の体制を固めていくことになり，COP の 3 回目の会合である COP3 では京都議定書が合意された。この京都議定書の理念は優れていたが，合意した先進国ですら，自国内で猛烈に反論が出てしまう。京都議定書では，参加した国の内，先進国には決められた削減目標の達成義務を課せられていたからである。結局，カナダは離脱し，ブッシュ（父）政権下の米国は京都議定書を批准しなかった。実は，日本も，京都議定書の第二段階ともいえる第二拘束期間は約束を反古にしてしまった。日本は，第一拘束期間（2008 年〜 2012 年）での基準年[6]の 6％の目標を達成し，それで終了した。

　京都議定書から，先進国が次々に離脱した理由の一つは，先進国にのみ目標達成を義務化したことにある。そのため，先進国は，排出量の上限まで余裕のある国から排出権を購入して（これを京都メカニズムという），目標数字を達成し，さらに，中国やインドなどの途上国には削減目標は設定されず，かえって CO_2 の排出量を増加させてしまった[7]。2015 年には，京都議定書の経験を踏まえて，2030 年を短期目標とするパリ協定【キーワード】がスタートした。京都議定書は拘束力のある条約という形をとったがゆえに，アメリカなどは議会を含めた承認に失敗した。京都議定書が先進国に限定して CO_2 削減を強制したことで，柔軟性が欠けてしまったことは否定できない。

2.2.3　画期的であったパリ協定

　パリ協定は，あえて協定とすることで，強制力を排除し各国の状況（＝思惑）で柔軟に対応できるようになっている。各国は，パリ協定に基づき，2030 年までの目標値を表 2 − 2 のように発表している。わずか 10 年の間に，CO_2 を大幅に削減しようという各国の意気込みが，この表からも感じとれるであろ

表2－2　各国のグリーン温暖化ガス削減目標

現時点で判明している各国の GHG（Greenhouse Gas：グリーン温暖化ガス）目標

米国	2030 年までに 2005 年比で 50 ～ 52%削減	2050 年カーボンニュートラル達成
EU 諸国	2030 年までに 1990 年比で 55%削減	2050 年カーボンニュートラル達成
日本	2030 年までに 2013 年比で 50%削減	2050 年カーボンニュートラル達成
英国	2035 年までに 1990 年比で 68%削減	2050 年カーボンニュートラル達成
カナダ	2030 年までに 2005 年比で 40 ～ 45%削減	2050 年カーボンニュートラル達成
中国	2030 年までに 2005 年比で GDP 当たり CO_2 排出量で△ 65%	2060 年カーボンニュートラル達成
韓国	2030 年までに 2013 年比で 37%削減	2050 年カーボンニュートラル達成
ブラジル	2030 年までに 2013 年比で 43%削減	2050 年カーボンニュートラル達成
ロシア	2030 年までに 1990 年比で 70%削減	
インド	2030 年までに 2005 年比で 33 ～ 35%削減	

出所：UNEP, *Emissions Gap Report 2021* より作成

う。各国の本気度は，京都議定書より数段アップしている[8]。

　パリ協定の特徴は

(1) 長期削減目標に，平均気温上昇を産業革命以前に比べて 2 度ではなく 1.5 度という，より低い値を設定したこと，5 年ごとの目標値の達成状況の報告と修正を認めたこと

(2) 削減の目標を米国，中国，インドだけでなく排出量の増加が予想される発展途上国にも設定させたこと

(3) CO_2 削減に向けた必要資金について，先進国だけでなく発展途上国も拠出する仕組みとしたこと

があげられる。さらに，特徴的なことは

(4) CO_2 削減に必要な革新的イノベーションを誘発する仕組みを組み込もうとしていること

である。日本の環境技術は世界でも進んでおり，日本企業が重要な役割を果たすものと期待される。

2.2.4　気候変動問題＝エネルギー問題

　気候変動問題は，エネルギー問題と表裏の関係にあると言ってよい。そして，エネルギーの大転換は，世界の政治経済，産業構造をも転換させてきた。気候

変動問題が重要なのは，それが化石燃料からの転換を促し，世界システムを転換させる可能性を持っているからである。2.3 で説明するが，気候変動問題はエネルギーの問題である。この点を，EU に焦点をあて論じてみよう。

　今回の温暖化対策も，エネルギーに革新を迫るもので，おそらく世界の経済システムを大変革させるであろう。これまで説明してきたように，CO_2 を削減しようという潮流は 1990 年頃から脚光を浴び始め，2015 年のパリ協定で本気モードに突入した。

　具体的には，各国は CO_2 を削減するために，石炭・石油から天然ガスへのエネルギー転換を推進し始めたのである。読者の中には，天然ガスも化石燃料であり，CO_2 削減に結びつかないのではと思われる人もいるであろう。ところが，天然ガスと石炭・石油とでは CO_2 放出量に大きな差がある。石炭を 100 とすると，石油はその 80，天然ガスでは 60 弱であり，単純計算で，石油燃料による火力発電を天然ガスに乗り換えただけで 30% 程度の CO_2 削減になる。

　さらに朗報なのは，天然ガスを燃焼する際に発生する CO_2 の放出を実質ゼロにする技術が，実用段階に向けて開発されつつあることである。例えば，二酸化炭素回収・貯留技術と呼ばれる CO_2 削減技術，電気自動車や電化住宅の普及に向けた技術，石化エネルギーに代替するエネルギー開発（核融合や水素など），さまざまな分野で技術開発が活性化している。そのための人材育成も急務であると考えられている。

　この技術獲得に向けて，各国は激しい開発競争を繰りひろげている。ただし，とりあえず，パリ協定の達成を優先するのであれば，2050 年までにカーボンニュートラル達成に向けて天然ガスへのシフトを急ぐしかない。こうして，パリ協定以降，地球温暖化問題はエネルギー問題に完全リンクしたのである。

2.3　ドイツの動きからみる EU の地球温暖化への取り組み

　EU は地球温暖化問題への取り組みに積極的である。EU 諸国が積極的にこの問題に取り組む理由を説明する。要するに，地球温暖化のイニシアチブをとることで，世界経済におけるゲームチェンジャーとしての絶対優位のポジションを確保できると見込んでいる。この点を論じていこう。

2.3.1 無理があった通貨統合

　最も鋭く反応したのが EU 諸国，特にドイツであった。なぜ，ドイツは CO_2 削減に熱心であったのか。これには，EU の経済統合が影響しているように思える。2000 年に EU は通貨統合を実施した。マーストリヒト条約では，この通貨の統合は EU の経済統合の第一段階であり，導入後の経過を見て，金融統合，さらには EU 独自の財源確保のための統一税導入などを当面の目標とし，最終的にヨーロッパ合衆国のような経済圏を目指している。

　2000 年のユーロ統合で，EU 諸国に何が起きたのか。Tirole（2016 村井訳 2018）はユーロによる通貨統合が，EU 経済に矛盾を生んでしまったことを指摘している。図は，EU 諸国の賃金と労働生産性を国ごとに示している。ドイツを除いて，両者に乖離が発生していることを確認されたい。特に，南ヨーロ

図２－２　ヨーロッパにおける賃金と生産性の推移（1998〜2022 年）

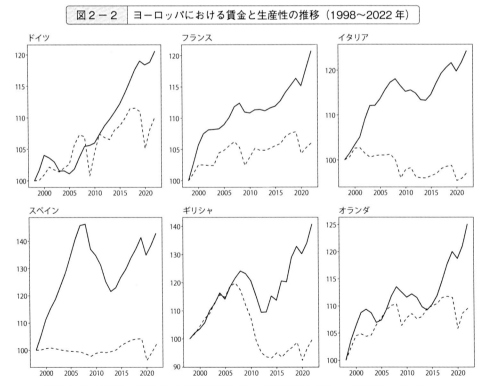

実線（―）は賃金，点線（---）は生産性を示す。1998 年を 100 として計算している。
出所：AMECO より作成

ッパと呼ぶスペイン，ポルトガル，イタリアでは，労働生産性はまったく改善しないのに，賃金が上昇し続けていることが確認される。経済学的には，労働生産性と賃金は同じになるべきである。短期的に異なっても，労働生産性を超える賃金を長期にわたって維持し続けることは不可能で，やがて，企業は赤字化し倒産するはずである。一体，なぜこのようなことが起きてしまったのか。一言で言えば，EU が通貨統合を優先し，域内の物価が同じになるような政策を強いたからである。

　では，域内の物価をどの国の物価に合わせていったのか。経済的な必然ではあるが，EU 内で圧倒的な経済力，金融力を有するドイツの物価である。とりあえず，EU 各国は，ドイツの賃金に自国の賃金を強引に合わせようとしたのである。本来なら，賃金の上昇率は労働生産性の上昇率に収斂する。ところが，通貨統合を優先する EU 諸国では，ドイツの賃金に無理やり合わせることで，域内の商品の価格を無理に一致させるようにしたのである。

2.3.2 温暖化阻止は EU 結束の大義に

　本来であれば，除くドイツで，賃金の過払いに陥った欧州企業は赤字に陥り，ヨーロッパ中に失業がまん延し，ここで EU は自壊したはずである。実際，今でも EU 諸国の大学生の就職は非常に厳しい。

　通貨統合の雇用環境にあって，賃金が生産性を上回る分，企業は雇用量を抑制せざるを得なかった（雇用コスト＝賃金×雇用量なので賃金が高い分，雇用を抑制することで，賃金コストを下げる）。しかし，それでも何とか EU が自壊しなかったのは，地球温暖化対策として，製造業の雇用量を減らさなければならないという大義があったことも一因として寄与したはずである。CO_2 は，その大部分が製造業によって排出されるためである。EU が地球温暖化に取り組むほど，域内の結束を強めるように作用したのだった。

2.3.3 移民受入れと天然ガス転換を加速させ製造業を維持したドイツ

　ドイツにも，厄介な問題が発生した。通貨統合によって，ドイツ製品への需要が拡大傾向となったのである。ドイツ以外のユーロ圏諸国の人々は，通貨統合により高嶺の花であったベンツなどのドイツ車，医薬品などが，突然，割安

に購入できるようになったからである。ユーロという同じ通貨を導入することによって，それまでのドイツ通貨（マルク）高によるドイツ製品価格押し上げ要因が弱まったためである。

　ドイツの製造業は，欧州の潜在需要の高まりに応える必要性が出てくるが，通貨統合によって新規に発生した潜在需要に応えるだけの生産体制を維持できない事情を抱えていたのである。一つは製造部門に従事する労働者の不足である。ドイツは高齢化少子化による人口減少の中で労働力の確保が難しくなっていたため，この不足を移民に頼らざるをえなくなったのである。結果，移民を源流とするドイツの労働者数は 1,600 万人程度（ドイツの人口は約 8,000 万人）に拡大している。EU 域内に入国すれば，人々の移動は自由である。やがて，ドイツが受け入れた移民は，EU 先進国であるフランス，そして英国に流れていった。そのため移民問題が深刻化し，結局，英国は EU から離脱する BREXIT を選択してしまった。

　もう一つの事情は，気候変動問題に関連する。潜在需要に応えるように製造業の生産体制を維持し続ければ，その分，ドイツは二酸化炭素を放出し続けなければならない。ドイツは，CO_2 削減どころではない製造業の拡張を余儀なくされた。さらにこの状況に拍車をかけたのは，イギリス・オランダが保有する北海ガス田が成熟期に達し生産減に転じたことである。EU 域外のガス田（天然ガスの埋蔵・産出地域）への依存を強めざるをえない状況となっていたのだ。

　世界的に見ると，2010 年頃から，CO_2 削減をタイムスケジュール化させるような検討が紆余曲折を経ながら本格化していく。この中でドイツが見出した解決策は，フランスなどが採用した原子力発電への依存ではなかった。風力発電能力を強化することと並行して，ロシアの天然ガス田を利用して天然ガスへのエネルギー源のスイッチを推進することだった。そのため，ロシア―ドイツ間に 2 つのパイプライン（ノルド・ストリーム 1，2）が猛スピードで建設され，ノルド・ストリーム 1 は 2011 年に開通，さらにノルド・ストリーム 2 が着工された。表 2 - 3 は，ドイツのロシア天然ガス依存の度合いを示している。ドイツのロシア天然ガスへの依存は 50％を超えていることがわかる[9]。ドイツがロシア産天然ガスへの依存を強める中で，ヨーロッパ全体のエネルギー源は，石炭・石油 ⇒ 天然ガスに転換され，パリ協定に示された目標達成を EU

表2-3　ロシアへの天然ガス依存（2020年）

国	ロシアからの輸入量 （億立方メートル）	総輸入量 （億立方メートル）	ロシアからの輸入が 占める割合 （%）
ドイツ	563	1,020	55.2
イタリア	197	508	38.8
ベラルーシ	176	176	100.0
トルコ	156	318	49.1
オランダ	112	384	29.2
英国	47	297	15.8
中国	39	451	8.6
カザフスタン	32	41	78.0
フランス	26	258	10.1

出所：経済産業省『通商白書2022』，p.26 より転載

諸国がどの地域よりも早く達成できる環境を形成することに貢献した。正確に言えば，そのはずであったのである[10]。

2.3.4　EU はゲームチェンジャーを目指す

　EU 諸国はパリ協定後に，温暖化対策を徹底させ，動き出している。EU の政策執行機関である欧州委員会は，石炭の利用停止，一定規模以上の域内企業に対して CO_2 削減目標の設定と達成の義務化の必要性を提案している。さらに EU 外の諸国との貿易について，EU と同等程度の CO_2 規制を設定しない国からの輸入品への課税強化を求めている（炭素国境調整メカニズム）。欧州委員会の提案は，EU が CO_2 削減の方向性で世界のイニシアチブを握るゲームチェンジャーたることを，意識したものである。一体，これは，欧州や世界に何を引き起こしたのだろう。ドイツを例に，CO_2 削減に向けた体制がヨーロッパに何を引き起こしているかを確認しておこう。

2.3.5　サービス化の加速

　産業の構造変化を見るため，製造業の全産業に占める割合を調べてみた。図2-3は製造業に従事する労働者の比率を，1995年を基準点（＝1）として，

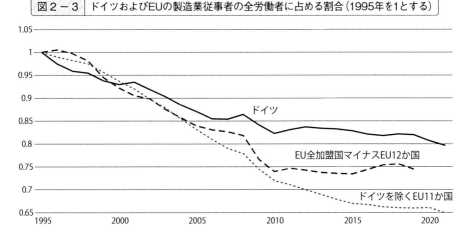

図2-3 ドイツおよびEUの製造業従事者の全労働者に占める割合（1995年を1とする）

EU12か国；Austria, Belgium, Finland, France, Ireland, Italy, Luxembourg,
　　　　　Netherlands, Portugal, Spain, Germany, and Greece
出所：Eurostat より作成

　ドイツ，ドイツ以外の EU コアメンバー諸国（11 か国），そして東欧を中心と
する 16 か国の EU 諸国（以下，中東欧 EU 諸国と呼ぶ）で見たものである[11]。先
進国は経済のソフト化，サービス化の中で付加価値のより高い商品を生産する
傾向にある。EU 諸国の製造業シェアも，低下傾向を続けたが，2010 年以降，
ドイツの製造業比率の低下は止まっている。2010 年以降とは，ドイツがノル
ド・ストリーム 1 の開通によってロシアからの天然ガスの安定供給を確立した
時期と一致する。ドイツが CO_2 削減の縛りから自由度を増し，製造業の生産
調整を強烈に推進する必要性が低下した時期である。興味深いのは，ほぼ同時
に，中東欧の EU 加盟諸国も製造業シェアの低下傾向は消滅し，むしろ上昇す
る傾向に転じていることである。

2.3.6　ドイツと東欧諸国でサプライチェーンを形成

　これは，ドイツと東欧・北欧諸国との間で，サプライチェーン網が形成され
つつあることが影響していると思われる。サプライチェーンを測る指数として
ハーフィンダール・ハーシュマン指数[12]というものが存在する。図 2 - 4 は，
ポーランド，ルーマニア，ハンガリーなど東欧諸国平均の HHI（ハーフィンダー

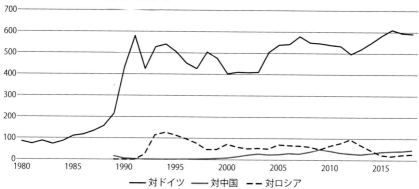

| 図2－4 | 東欧諸国のサプライチェーン（対独，対中国，対ロシア） |

東欧諸国（ポーランド，ルーマニア，ハンガリー）の対ドイツ，中国，ロシアとの
サプライチェーンの動向（3か国平均）

—— 対ドイツ　—— 対中国　-- 対ロシア

注：図は HHI（ハーフィンダール・ハーシュマン指数）
出所：IMF, *Direction of Trade* より作成

ル・ハーシュマン指数）を対ドイツ，対ロシア，対中国で示したものである。東
欧諸国は，ドイツの輸入品依存度が高く，世界的傾向として，各国の輸入に占
める中国製品の比率が高まってはいる[13]。その中で，ベルリンの壁が崩壊し
て以降，東欧諸国はドイツとのサプライチェーンを維持し，むしろ結びつきを
強めている。産業構造も，ドイツの製造業比率が一定水準で安定する中で，東
欧の製造業もドイツと同じように息を吹き返している。

　その一方で，ドイツを除く EU コア諸国（フランス，イタリアなど）の製造業
従事者比率は，1995 年を 1 とすると 35％近い急激な減少を経験している。こ
れだけ変化が激しければ，その分，社会構造や社会価値観の混沌とした状況が
発生しているはずである。

　実際，欧州を訪問するたびに，まったく異なる様相をしており驚くことも多
い。少なくとも，経済面での変化は，CO_2 削減を前提とした，EU の戦略的な
動きによって発生している。つまり，製造業はドイツを中心とする効率的で高
品質な製品への依存度を高める一方で，ドイツ以外の先進 EU 諸国は CO_2 放
出が少なく，かつ，より付加価値の高い無形財産の生産にシフトすることで，
将来を開いていこうとしているのだ。この将来ビジョンの上に，EU 諸国は微
妙なバランスを維持している。

2.3.7　ゲームチェンジャーであろうとしたことの副作用

　温暖化問題を終始リードすることによって，長年，米国やアジアの経済に押されていた欧州がゲームチェンジャーとしてレント（rent）獲得の機会を模索している。レントとは，完全競争下では得られない超過利潤のことであり，ここでは最初に始めた人ほど，多くの利益を獲得できるし，一番美味しい所をかっさらうことができるということである。地球温暖化のゲームチェンジャーになれれば，欧州が先導してさまざまなルールを設定し，自分たちのペースでCO_2削減をすることができる。

　ただし，そのスピードが加速するあまり，副作用も大きかった。移民反対運動の高まり，ギリシャ危機に象徴される銀行経営の悪化，そしてウクライナの戦争にも，こうした影響が少なからずあったはずである[14]。EUの動きは，日本経済からすると遠い経済ファクターのように思われるかもしれない。温暖化問題で経験を積むEUは，地球温暖化問題を先行しゲームチェンジャーとしての力を有していることを頭の隅に置いておくべきであろう。

第2節　なぜ気候変動は重要なのか

　気候変動問題は，それが政府レベルにとどまらず，民間企業を刺激し，そして我々の生活様式も変化させるような力を持っているために重要である。金融投資に重要な判断は，収益性とリスクの度合いをどのように判断するかである。地球温暖化への取り組みは，投資判断に新しいファクターが加わったのである。この地球温暖化が，世界の将来の諸現象につながっていることである。このような視点で議論を深めていこう。

1．画期的であったパリ協定

　パリ協定は拘束力があるわけではなかったが，画期的であったと評価してよいであろう。その後，主要国は次々に行動計画を発表し，本気度を競っている。日本政府もグリーン成長戦略（2019）を発表し，2050年カーボンニュートラルを掲げている。

　この協定の影響として特筆すべきは，想定外の拡がりである。企業が率先し

表 2 − 4	GAFAM のカーボンニュートラルへの対応

アルファベット

2017	2017 年までに操業電力の 100%を再生可能エネルギー源に転換（達成済み）
2017	データセンターのエネルギー効率を 2 倍にする（達成済み）
2019	13 億 SQ の完全 LEED 化およびサンフランシスコエリアの 4 万 metric トンの削減
	15 億ドルの sustainable bond の発行により，挑戦的な研究開発（ムーンショット）推進
	製造部門を再生エネルギーに転換。協力会社を含め再生エネルギー転換を促進
2030	世界初のカーボンニュートラル企業を目指す　24 時間 365 日カーボンフリーでの営業

アップル

2021	各オフィスでのカーボン排出量を削減（iphone pro13 11%　Mac Pro 8%）
	5 年以内に炭素排出量を 50%削減
	Supplier Clean Energy Commitments（協力会社　中国 50 社，米国・欧州（各 19 社）日本と韓国（31 社））
	地域，コミュニティ支援
2030	世界初のサプライチェインを含むカーボンニュートラル

マイクロソフト

2030	サプライチェインを含む CO_2 排出量を半分に削減
	10 億ドルの自社資産を新たな Climate Innovation Fund に利用
	CO_2 削減関連公共政策に対する意見表明
	科学の継続的発展そして数学（CO_2 の数学的評価）
	CO_2 除去への研究開発投資に 10 億ドルを投下
	世界の次のムーンショットへの大胆なかけ
	説明責任の明確化
2030	カーボンネガティブを達成

アマゾン

2025	再生可能エネルギーへの 100%転換
2040	ネットゼロ　カーボン　達成
	ミシガン州プリマスに拠点のあるリヴィアン社に電気トラック 10 万台を発注
	森林再生プロジェクトに 1 億ドル

メタ（旧フェースブック）

2020	再生可能エネルギー源に転換
	1.3 億ドルの資金で，META を利用した気候温暖化対策に支援
	7500 か所の新規風力発電システムなどの建設
2030	ネットゼロ　カーボン　達成

出所：各社 HP をもとに作成（2022 年 8 月現在）

て気候変動問題に取り組む意思を示したことだ。特に GAFAM の反応は迅速であった（表 2 − 4 参照）。例えば，アルファベット（グーグルの持ち株会社）はパリ協定の前から，地球温暖化への危機感を表明しカーボンニュートラルを企業目標に設定した。2017 年までに利用電力の再生可能エネルギーへの 100%切り替えを発表し，実際に達成してみせたのである。これは，コロナ禍でも継続

して維持されている。さらに，政府が2050年をカーボンニュートラルの目標年としているのに対し，それより20年前倒しの2030年達成を宣言している。GAFAMも，次々に第一段階で再生可能エネルギーへの転換や，政府の目標年を超える2030年前後でのカーボンニュートラル（ネガティブ）を次々に発表し，その取り組みを定期的に発表するようになっている。

2. ムーンショット計画の発動

　GAFAMはCO_2削減の革新的なイノベーションに着手し，巨額の資金調達やファンドの設立に動いている（世界全体で5,000兆円以上の研究資金が必要とされる）。例えば，アルファベットだけで75億ドルのムーンショット計画を遂行し，CO_2排出ゼロの持続可能な社会を作るとしている。2030年までにカーボンニュートラルを実現することで，2035年までに再生エネルギー分野での雇用を新たに50万人創り出すことができるとしている。

　また，CO_2削減に限定せず，ムーンショットと呼ばれるまったく新しい次元の挑戦的な研究開発を開始している[15]。この新研究は，GAFAMに限らず，世界の研究モードに新しい流れを作っている。ムーンショットと呼ぶイノベーションを誘発する試みは，人が身体，脳，空間，時間の制約から解放された社会を実現するために，従来の価値基準にこだわることのない挑戦と謳われている。国家やイデオロギーにとらわれない，まったく新しい知の創造を誘発させると期待される。

　ともかく，GAFAMの積極的な対応が，環境分野への大企業の積極的参入を，世界的に巻き起こしている。そもそも，GAFAMのビジネスがネットワーク外部性（第6章第2節）を利用し不特定多数の生産者と接続する特性を持っていた。そのため，関連企業などサプライチェーン上にある企業が，GAFAMの行動指針に倣う拡がりを有していたのである。例えば，アップルのカーボンニュートラル戦略は，iPhoneやMacPCの生産に関わる企業にもCO_2削減を迫ることになった。その中には，日本の有力電子部品メーカーであるミネベアミツミ，アルプスアルパインなど21社が含まれる。世界中の企業がカーボンニュートラルへの取り組みに関心を寄せており，日本企業も極めて積極的な対

応をみせている。

3.　民間企業の巨大プロジェクトを誘引

　パリ協定は政府レベルの議論であったが，蓋を開けてみると，民間レベルの具体的かつ実現可能性のあるプロジェクトに組み立て直した GAFAM と，それにつながる世界的なサプライチェーンの民間企業を主体とした性格のものに変貌しつつある。GAFAM の生産額は 500 兆円を超え，すでに先進国の国家レベルの GDP を超越する存在になっている。こうした巨大企業には，独占の問題などさまざまな弊害を指摘する声も出ている。しかし，巨大企業の資金を，人類最初の巨大プロジェクトに向けるという基本的な姿は，我々に新たな可能性を想起させた点で画期的である。

4.　身体，脳，空間，時間からの解放

　特に，ムーンショット計画は，さまざまな誘発効果を有している。教育への影響は大きいはずだ。例えば，計画を実行しようとすれば，相当数の優秀な技術者を養成する必要がある。現在のムーンショット計画は科学・工学系分野に限定された動きだが，身体，脳，空間，時間からの解放を目指せば，知の組み合わせが変わらざるを得ない。新しい思想を含む知の大変革が始まろうとしている。身近な例では，日本の大学も変革を模索せざるをえず，研究レベルの高い大学どうしの再編が加速されるはずである。経済や経営の分野でも，AI が思考する研究がスタートしており，有力大学の合同の必要性や国際的な再編の動きになると予想される。国家という概念を超越する教育と，それを支える価値観が生まれようとしている。

　GAFAM の存在は，市場独占の問題など課題を指摘する専門家が多い。しかしながら，彼らが参入したことで，気候変動問題はイデオロギーや政治の思惑から離れて，経済メカニズムを備えた未来創造機能を誘発するとも評価できる。

Keyword　パリ協定

　2015 年の国連気候変動枠組条約締約国会議（COP21）において，「パリ協定」
（Paris Agreement）が採択され，2016 年に発効した。日本外務省の HP をみると，
パリ協定は発展途上国を含む各国（55 か国以上）が平等・公平に合意した，歴史上
初めての温室効果ガス排出削減等のための新たな国際枠組みであることに意味がある
としている[16]。

　条約ではなく協定であるため，各国がそれぞれの議会の承認をえる作業を必要とし
ない。京都議定書ではアメリカは議会の反対があって離脱したが，そのような手続き
を必要としないなど，各国が合意して地球温暖化対策を進めていこうというコンセン
サスを形成，維持しやすいような性格になっている。

　同協定では，世界共通の長期目標を「平均気温上昇を産業革命以前に比べて 2℃よ
り十分低く保つとともに，1.5℃に抑える努力を追求すること」という具体的な数値
を取り入れている，5 年ごとの各国の進捗状況を確認すること，今世紀半ばまでに
カーボンニュートラルを実現すること，を求めている。

【注】
1）　国連「気候変動とは？」（https://www.unic.or.jp/activities/economic_social_develop
　　ment/sustainable_development/climate_change_un/what_is_climate_change/，2023
　　年 3 月 31 日アクセス）。
2）　気象庁「気候変動」（https://www.jma.go.jp/jma/kishou/know/whitep/3-1.html，
　　2023 年 3 月 31 日アクセス）。
3）　真鍋博士らが 2020 年に書いた *Beyond Global Warming: How Numerical Models Re-
　　vealed the Secrets of Climate Change* は，講談社ブルーバックスより『地球温暖化はな
　　ぜ起こるのか 気候モデルで探る 過去・現在・未来の地球』として翻訳され，出版さ
　　れている。
4）　カーボンニュートラルとは，温室効果ガス，特に CO_2 を大幅に削減しようという
　　計画である。ただし，ニュートラルの定義は，各国，各企業によって違いがある。
　　CO_2 排出をゼロにするというのをカーボンニュートラルと見做す考えもある。一方，
　　一般的には CO_2 排出量から CO_2 除去量を差し引いた量をゼロにすることだと理解さ
　　れている。最近では，カーボンネガティブ，つまり排出量マイナス除去量をマイナス
　　にすることを目標に掲げる企業もある。
5）　1990 年以降，世界気象機関（WMO）と国連環境計画（UNEP）によって設立され
　　た政府間組織，気候変動に関する政府間パネル（IPCC：Intergovernmental Panel on
　　Climate Change）は定期的に気候変動に関する報告書を発表するようになった。
6）　わが国の京都議定書の規定による基準年は，CO_2，CH_4（メタン），N_2O（亜酸化窒素）

については 1990 年度，HFCs（代替フロン類），PFCs（有機フッ素化合物），SF$_6$（六フッ化硫黄）については 1995 年。

7 ）拘束期間中（2008 年〜 2012 年）に，中国，インドは 1990 年基準年次の CO$_2$ 排出量の 2 倍以上を排出。

8 ）条約の場合，各国は自国議会の承認を必要とする。そのため，CO$_2$ 排出量の国際合意は自国内の政治的な駆け引きの道具になってしまうこともあった。特に，米国オバマ政権は京都議定書同様の議会との対立，批准とりやめという失態が起きれば，政権運営の基盤を弱めるように作用すると危惧した。そのため，議会承認の必要がなく政争の道具に利用されることのない協定という形での国際合意を形成し，CO$_2$ 削減を推進しようとした。実際，トランプ大統領は就任後，パリ協定から離脱したように，協定となっても，なお，政治的な論争になっている。さらに，京都議定書では，目標値すら設定しなかったインドや中国も，拘束力のない目標値を設定させたことを，欧米諸国はパリ協定の外交的成果として評価した。

9 ）国際エネルギー機関（IEA：International Energy Agency）によれば，2021 年の石油，天然ガスの世界最大の生産国は米国である。最大の輸出国は石油がサウジアラビア，続いてロシア，天然ガスがロシア，クエートの順になっている。石油，天然ガスの最大の輸入国は中国であった。ちなみに，石炭，風力発電の生産量は中国が世界一である。風力発電では，中国（世界一）やドイツ（世界 3 位）が輸出国にもなっている。

　　シェール革命によって，米国の石油・天然ガス生産は 2010 年前後から画期的に効率化した。この石油生産能力の技術革新の結果，米国は中東アラブ地域への関心を弱めてしまったとも言われている。

10）2022 年現在，ドイツ政府はロシアのウクライナ侵攻を受けノルド・ストリーム 2 の建設を中止，ロシア天然ガスへの依存を早期に引き下げるため，風力発電への転換を加速させる方針に転じている。

11）エストニア　キプロス　クロアチア　スウェーデン　スロバキア　スロベニア　チェコ　デンマーク　ハンガリー　フィンランド　ブルガリア　ポーランド　マルタ　ラトビア　リトアニア　ルーマニア

12）ハーフィンダール・ハーシュマン指数（Herfindahl-Hirschman Index, HHI）という。経済学者ハーフィンダールが考案したもので，市場の集中度を示すため寡占度指数とも呼ばれる。ある特定国から原材料にどの程度依存して生産を行っているかが示されるため，どのようなサプライチェーンが形成されているかを判断することもできる。全輸入額に占めるある国の輸入シェア（％）の 2 乗で示される。

　　例えば，ある国が A 国からの輸入が 70％，B 国からの輸入が 30％であったとしよう。この場合の HHI は，$60^2 + 40^2 = 3,600 + 1,600 = 5,200$ となる。次に，この国が輸入先の多様化を図り，50，10，40 のような輸入先を拡大させたとすると，HHI は $50^2 + 10^2 + 40^2 = 2,500 + 100 + 1,600 = 4,200$ に低下する。HHI は 0 〜 10000 の数字となり，高いほど市場占有率は大きいと判定される。HHI を，$0.6^2 + 0.4^2 = 0.52$，$0.5^2 + 0.1^2 + 0.4^2 = 0.42$ と計算する場合などもあるが，趣旨は同じである。一つの目

安として，HHI が 2,500 以上（小数の計算の場合は 0.25）である場合，サプライチェーンが過度に集中しすぎていると判断できる。

13) IMF の Direction of Trade をもとに計算した HHI（ハーフィンダール・ハーシュマン指数）では，ロシアの中国へのサプライチェーンの依存度は 2000 年では 8 程度であったが，ロシアのウクライナ侵攻に伴う西側からの経済制裁直前の 2018 年時点で 480 に上昇，中国に著しく傾注した対外経済関係となっている。長期データによると，プーチン大統領がロシア大統領になった 2000 年以降，中でも，2001 年の上海協力機構（SCO；Shanghai Cooperation Organization）（中国とロシアが主導する多国間協力の枠組み）を契機に中国依存の傾向を強めた。さらに，ロシアの中国依存はリーマンショック以降に急加速したことが確認される。

　　また，ポーランド，ルーマニア，ハンガリーの順で 2021 年時点での同指数を，対中国，対ドイツ，対ロシアでそれぞれ示すと（62，765，50）（28，420，14）（67，560，13）であり，ドイツと東欧諸国とのサプライチェーン網が形成されている。

14) EU におけるドイツの存在については，エマニュエル・トッド（2016）などがある。独特の歴史観ではあるが，ドイツに対する欧州の複雑な感情を理解できるはずである。

　　第二次世界大戦による欧州の課題は，ドイツ発の戦争が未来永劫発生しない制度を作ることにあった。これを踏まえ，戦後，米国は，経済・軍事面でドイツを欧州内に組み込んでしまうことで，対ソ連に対峙する経済・軍事両面での欧州安全保障を構想したのであった。ただし，この案は英仏の思惑もあり，実を結ばなかった。

　　紆余曲折の末，ドゴール仏大統領がドイツの復活は不可避であるとの判断によって，ドイツを含めた政治経済の安全保障，つまり，軍事は NATO，経済は EEC（後の EU）が確立された。この経緯はドイツも十分承知しており，ナチスへの自責もあって，経済・軍事の中核として組み込まれることへの責任感も強い。そのため，EU に問題があるからといって，EU のコアメンバーが次々に離脱する自壊作用が起きるとは考えにくい。

15) ムーンショット，月を打つなどというのは，本来ありえないことだ。ありえないようなことを実現するには，現在までの段階では SF 小説の話でしかない，実現不可能と思われるような技術を開発しなければならない。ムーンショット計画の名の付くさまざまな開発プロジェクトが世界中で始まっている。それは我が国においても同様である（内閣府「ムーンショット型研究開発制度」https://www8.cao.go.jp/cstp/moonshot/index.html，2023 年 3 月 31 日アクセス））。

　　ところで，ムーンショットには，1960 年代，アメリカのケネディ大統領が国民に提示した，月に向かう壮大な宇宙計画（アポロ計画）を連想させる。当時，米国はソ連との宇宙開発競争に敗れ，また，人々もフロンティア（前へ前へ進む）の喪失を感じていた。ケネディは，国民に向かって，かつての開拓精神を呼び起こすため，月に向かうというニューフロンティアを提供したのである。これを，思い起こさせる言葉でもある。

16) 外務省「2020 年以降の枠組み：パリ協定」（https://www.mofa.go.jp/mofaj/ic/ch/page1w_000119.html，2023 年 3 月 31 日アクセス）

参考文献

Manabe, Syukuro and Anthony Broccoli (2020), *Beyond Global Warming: How Numerical Models Revealed the Secrets of Climate Change*, Princeton Univ Press（阿部彩子・増田耕一訳（2022）『地球温暖化はなぜ起こるのか　気候モデルで探る　過去・現在・未来の地球』講談社）

Tirole, Jean (2016), *Economie du Bien Commun*, Presses Universitaires de France（村井章子訳（2018）『良き社会のための経済学』日本経済新聞出版社）

Yergin, Daniel (2020), *The New Map: Energy, Climate, and the Clash of Nations*, Penguin Books.（黒輪篤嗣訳（2022）『新しい世界の資源地図』東洋経済新報社）

Zakrzewski, Anna, Joe Carruba, Denn Frankle, Andrew Hardie, Michael Kahlich, Daniel Kessler, Hans Montgomery, Edoardo Palmisani, Olivia Shipton, Akin Soysal, Tjun Tang, and André Xavier (2021), *Global wealth 2021: When Clients take the Lead.* (https://web-assets.bcg.com/d4/47/64895c544486a7411b06ba4099f2/bcg-global-wealth-2021-jun-2021.pdf, 2023 年 3 月 31 日アクセス)

エマニュエル・トッド（2016）『「ドイツ帝国」が世界を破滅させる　21 世紀の新・国家論』（堀茂樹訳）文藝春秋

環境省『環境白書』各年号

経済産業省通商産業局（2022）『通商白書 2022』(https://www.meti.go.jp/report/tsuhaku2022/whitepaper_2022.html, 2023 年 3 月 31 日アクセス)

藤井良広（2013）『環境金融論　持続可能な社会と経済のためのアプローチ』青土社

View 01 ESG 投資

第1節　ESG 投資とは

　近年，ESG 投資という投資手法が，世界的に拡大している。本節では，ESG 投資についていくつかの観点から概観したあと，投資家にとっての意義について検討する。

1. ESG 投資の定義

　ESG 投資とは，E，S，G の各要素に配慮した経営を行う企業に投資すること，である。E，S，G とはそれぞれ，E（環境，Environment），S（社会，Social）および G（企業統治，Governance）を指す。E，S，G それぞれの要素は論者によってさまざまであり，時間の経過につれても変化しうる。現時点における代表的な要素として，E（環境）では，気候変動，大気汚染など，S（社会）では，格差，人権問題など，G（企業統治）では，情報開示，法令遵守などが挙げられる（表 2 - V1 - 1）。G は，企業統治のほか，コーポレート・ガバナンス，ガバナンスとも呼ばれるが，東京証券取引所（2021）は「会社が，株主をはじめ顧客・従業員・地域社会等の立場を踏まえた上で，透明・公正かつ迅速・果断な意思決定を行うための仕組み」（p.1）と定義している。経営に際して，株式

表 2 - V1 - 1　ESG の要素の例

E 環境	S 社会	G 企業統治
気候変動	格差	情報開示
大気汚染	人権問題	法令遵守
水質汚染	少子高齢化	取締役会の多様性
資源の枯渇	地域社会	経営の透明性
廃棄物	労働問題	監査体制

会社の所有者である株主だけでなく，さまざまな利害関係者（ステークホルダー）を考慮するのが，現代的な企業統治である。

　E，S，Gという概念は本来大きく異なるものであり，それらをESGという一つの言葉にして議論することに違和感を感じる読者は少なくないと考えられる[1]。ESGはもともと，資金の出し手である投資家行動の変化を通じて資金の取り手である企業行動が変化，ひいては持続可能な世界が実現できる，という考え方を背景に，国連によって生み出された言葉である。しいてグルーピングをするなら，EとSは企業にとっての外部環境に相当するのに対し，Gは企業にとっての内部環境に相当すると考えることができる。

2. 一般的な従来型の投資との違い

　ESG投資は，一般的な従来型の投資に類似する点と異なる点とがある。

　類似する点は，金銭や品物などの無償提供である寄付や援助とは異なり，あくまでも投資である点である。そのため，多かれ少なかれ，株価の値上がり・配当，債券の利子などの金銭的リターンを追求することになる。ESG投資の対象は，株式が中心的な存在であるが，債券，さらにはオルタナティブ資産[2]など，さまざまな資産が含まれるようになっている。なお，株式への投資が企業そのものへの投資であるのに対し，債券への投資においては，環境改善や社会貢献に資金の使途を限定した債券へ投資することが少なくない。その例としては，グリーンプロジェクトの資金調達のために企業や地方自治体等が発行するグリーンボンド（環境債）への投資などがある。

　異なる点は，一般的な従来型の投資では，財務三表（貸借対照表，損益計算書，キャッシュフロー計算書）に代表される財務諸表によって提供される，会社の財政状態・経営成績等に関する財務情報が用いられるのに対し，ESG投資では，それらに加え，財務情報以外の情報である非財務情報（経営戦略・経営課題，ESGに関する取組み・活動状況，経営者が認識しているリスクやガバナンス体制に関する情報など）が用いられる点である。実際，日本におけるESG投資をけん引するGPIF（年金積立金管理運用独立行政法人）は，「投資家が企業の株式などに投資するとき，これまでは投資先の価値を測る材料として，主にキャッシュフローや利益率などの定量的な財務情報が使われてきました。それに加え，非財

務情報である ESG の要素を考慮する投資が『ESG 投資』です」と述べている[3]。

3. ESG 投資の現在・過去・未来

　ESG 投資の起源は，「社会的責任投資（SRI：Socially Responsible Investment）」にあること，SRI の始まりは，1920 年代，英国・米国のキリスト教教会が資産運用を行うにあたって，アルコール・ギャンブル・タバコなど，宗教上の倫理に反する業種を投資対象外としたことにあること，がしばしば指摘される。SRI は，従来からあるそうした倫理的側面に加え，環境的側面や社会的側面を含む概念へと広がりをみせたものの，金銭的リターンが芳しいものではなかったことから，投資の分野においては主流にはなり切れなかったと考えられる[4]。それは，2000 年代入り後からリーマンショック前にかけて，SRI をその名に関した多くの投資信託が日本国内で設定されたものの，大きな潮流を生み出すには至らなかったことにも表れている。

　ESG という概念は，2006 年に国連のアナン事務総長（当時）が機関投資家に対して提案した，「責任投資原則」（PRI：Principles for Responsible Investment）において，初めて示された。内容は SRI に似ているものの，その後継としてではなく，新しい概念として提示されたのである。責任投資原則（PRI）は，投資に際して ESG 要素を取り込むなど 6 つの原則からなり，そこで ESG という概念が初めて示された（表 2 − V1 − 2）。PRI の狙いは，投資家が PRI を考慮するようになれば，企業の行動が変化し，ひいては持続可能な世界を実現で

表 2 − V1 − 2　PRI の 6 つの原則

1	私たちは，投資分析と意思決定のプロセスに ESG の課題を組み込みます
2	私たちは，活動的な（株式）所有者となり，（株式の）所有方針と所有習慣に ESG の課題を組み入れます
3	私たちは，投資対象の主体に対して ESG の課題について適切な開示を求めます
4	私たちは，資産運用業界において本原則が受け入れられ，実行に移されるように働きかけを行います
5	私たちは，本原則を実行する際の効果を高めるために，協働します
6	私たちは，本原則の実行に関する活動状況や進捗状況に関して報告します

出所：PRI『責任投資原則』より作成（https://www.unpri.org/download?ac=10971，2023 年 3 月 31 日アクセス）

きるという考え方が念頭にあったものと考えられる。実際，国連のアナン事務
総長（当時）は，責任投資原則（PRI）について，「金融が世界経済を活性化す
る一方で，投資の意思決定には環境，社会，企業統治への配慮，言い換えれば
持続可能な開発（sustainable development）の原則が十分に反映されていないと
いう理解から生まれた」と指摘している[5]。なお，2015 年 9 月には，責任投
資原則（PRI）と類似した目的を持つ，SDGs（Sustainable Development Goals，持
続可能な開発目標）【キーワード】が，国連サミットで採択された。ESG 投資に
おいて考慮される ESG の要素と SDGs の目標やターゲットには共通点も多い
ことから，ESG 投資は，SDGs の達成にも寄与すると考えられる。

　ESG 投資は，世界的に拡大傾向にある。実際，世界持続可能投資連合（GSIA）
によると，2019 年末（日本のみ 2020 年 3 月末）における ESG 投資残高は 35 兆
ドルまで拡大している。なお，そのうち日本の投資残高は 3 兆ドル弱と，欧米
に比べると規模は小さいものの，やはり増加傾向にある[6]。また，「責任投資
原則」（PRI）に署名する機関が増加傾向にあることも，ESG 投資拡大の証左で
ある。実際，2021 年 3 月末時点において，PRI の署名機関数は 3,826 機関，そ
れら署名機関の運用資産総額は約 121 兆ドルまで拡大している[7]。

　ESG 投資がさらに拡大していくには，企業の ESG 情報開示に関する課題，
ESG の評価に関する課題など，さらなる課題がある（森・長谷部・石川（2021））。
とりわけ大きい課題の一つは，ESG 投資の金銭的リターンに関する論点であ
る。実際，持続可能な世界の実現という目的があったとしても，金銭的リター
ンが得られなければ，拡大にはやがて限界がくると考えられるためである。

4.　ESG 投資の課題

　ESG 投資が今後，さらに拡大するかどうかという点から，金銭的リターン
はとりわけ重要な要素の一つである。もっとも，ESG 投資の金銭的リターン
については，高いという考え方と，高くないという考え方が存在する。

　高いという考え方の代表的な根拠としては，①ESG の要素に配慮した経営
を行っている企業であれば，環境問題，社会問題，不祥事に伴う下方リスクが
軽減される，②ESG の要素に配慮した経営を行っている企業であれば，今後
大きな市場拡大が見込まれる環境問題，社会問題の解決に役立つ技術やサービ

スを提供することにより，収益拡大が期待できる，などがある。一方，高くないという考え方の根拠としては，①投資家の投資ユニバース（投資対象とする銘柄群）を制約するため，リターンの低下をもたらす可能性がある，②ESGの要素に配慮した経営を行うためにコストがかかり，収益性の観点で劣後する可能性がある，などがある。

　もっとも，ESG投資の金銭的リターンについては，明確な結論はでていないと考えられる。実際，池田・小川（2019）は，「ESG投資と金銭的リターンの関係性については，学術界のみならず実務家の間でも論争は続いており，明確なコンセンサスは得られていない」と指摘している。また，いくつかの投資家を対象とするアンケート調査においても，それを示唆するような結果となっている。例えば，世界最大の資産運用会社であるブラックロックの世界の投資家を対象とするアンケート調査においては，3割近い回答者が，「サステナブル投資を導入する際の最大の課題」として，「持続的にリターンを生み出せるか確信が持てない」と回答している（表2－V1－3）。なおサステナブル投資とは，文字通り持続可能な社会の実現を目指す投資のことであり，ESG投資と同じような意味で用いられる場合が多い。

表2－V1－3　サステナブル投資を導入する際の最大の課題

ESGのデータや分析の質が低い，またはそれらの入手が困難	53%
サステナブル投資に関する報告の質が低い	33%
サステナビリティ目標に合致する商品が十分にない	31%
持続的にリターンを生み出せるか確信が持てない	29%
内部リソースの制約	22%
サステナブル投資を実行する最良の方法についての知識が不足	21%
コーポレート・ポリシーやトップダウンによるイニシアチブがない	17%
非サステナブル投資に比べて手数料が高い	16%
サステナブル目標やベンチマークに合わせてリバランスするための取引および税務コスト	5%

注：回答者は3つまで選択。
出所：ブラックロック（2020）『2020年 グローバル・サステナブル投資調査』より作成
　　　（https://www.blackrock.com/jp/individual/ja/literature/publication/blackrock-sustainability-survey-ja-jp.pdf，2023年3月31日アクセス）

第 2 節　なぜ ESG 投資は重要なのか

　ESG 投資が重要である理由には，持続可能な世界の実現を念頭においていることだけでなく，その実現に向けて金融・投資を利用するという考え方・アプローチをとること，が挙げられる。

　ESG 投資は，企業のステークホルダー（株主・経営者・従業員・顧客・取引先のほか，金融機関・行政機関・地域社会など，企業のあらゆる利害関係者のこと）のうち，株主や金融機関など資金の出し手である投資家行動の変化を通じて，資金の取り手である企業行動が変化し，ひいては持続可能な世界が実現できる，という考え方を背景にしている。企業行動を変化させる要因には，行政機関による規制の変化，顧客行動の変化など，企業のステークホルダーの行動変化がカギとなるが，ESG 投資は，それらの中でも特に投資家行動の変化を通じて，企業行動を変化させ，持続可能な世界の実現を目指そうとしていることになる。4 章で指摘したような世界的な「金融資本の膨張」を背景に，金融の実体経済に及ぼす影響力が強まっている現代において，ESG を意識した投資家行動の変化は，企業行動を変化させるために，有効かつ重要な手法の一つと考えることができる。すなわち ESG 投資は，持続可能な世界の実現を目指すという点だけでなく，その実現に向けての考え方・アプローチにおいても，現代的な重要性を持つと考えられる。

第 3 節　投資家にとっての意義

　投資家にとって，ESG 投資の意義は大きい。ESG 投資は，金銭的リターンと社会的リターンの両方を得ることができるためである。ここで，金銭的リターンとは，株価の上昇，配当，利子などによる金銭的なリターン，社会的リターンとは，環境問題や社会問題などに対するポジティブな影響のこととする。ただ，ESG 投資の意義は，投資家によってやや異なる。

1. 投資家別に意義は異なる

ここでは議論を簡単にするために，投資家を2つに分類して考えてみる。

・金銭的リターンをより重視する投資家
・社会的リターンをより重視する投資家

金銭的リターンをより重視する投資家であれば，ESG 投資によって，金銭的リターンが高くなれば，ESG 投資には意義があることになる。もっとも前述のように，ESG 投資と金銭的リターンとの関係性について，明確なコンセンサスは得られていない。そのため，金銭的リターンをより重視する投資家にとって，ESG 投資の意義は常に大きいとは言いきれない。一方，社会的リターンをより重視する投資家であれば，社会的リターンを常に挙げることができることから（ただし，真の ESG 投資であれば），ESG 投資の意義は大きいと考えられる。

もっとも，金銭的リターンと社会的リターンが一致するという投資家も存在する。そうした投資家にとっては，そのような分類は無意味なものとなる。例えば，「ユニバーサル・オーナー」（資本市場を幅広くカバーする投資家）と「超長期投資家」（世代をまたぐ投資家）という側面を持つような投資家である。そのような投資家は，経済全体に投資しているような側面があるため，ESG 投資を行うことによって，社会的リターンを上げ，経済全体の持続的成長に寄与することができれば，ひいては金銭的リターンを高めうる。すなわち，社会的リターンが金銭的リターンに一致しうる。実際，日本の公的年金のうち，厚生年金と国民年金の積立金の管理・運用を行い，世界最大の機関投資家と呼ばれる年金積立金管理運用独立行政法人（GPIF）は，「「ユニバーサル・オーナー」かつ「世代をまたぐ投資家」という特性を持つ GPIF が，長期にわたって安定した収益を獲得するためには，投資先の個々の企業の価値が長期的に高まり，ひいては資本市場全体が持続的・安定的に成長することが重要です。そして，資本市場は長期で見ると環境問題や社会問題の影響から逃れられないので，こうした問題が資本市場に与える負の影響を減らすことが，投資リターンを持続的に追求するうえでは不可欠といえます」と述べている[8]。そのような投資家にとって，ESG 投資は，ひときわ大きな意義を持つと考えられる。

2. 自分はどのタイプ？

　以上のように，どのような属性を持つ投資家であるかによって，ESG投資の意義は異なる。自らが，「ユニバーサル・オーナー」と「超長期投資家」（世代をまたぐ投資家）という側面を持つ投資家でないのであれば，ESG投資に際しては，自らが金銭的リターンをより重視する投資家なのか，社会的リターンをより重視する投資家なのかをよく考える必要がある。金銭的リターンをより重視する投資家なのであれば，ESG投資は数ある投資手法の一つとなる。しかし，社会的リターンをより重視する投資家であれば，ESG投資の意義は大きく（真のESG投資であれば），それを優先することになろう。なお，ESG投資においても，金銭的リターンをより重視する投資家が主流であると考えられるものの[9]，社会的リターンをより重視する投資家が皆無というわけではない。実際，QUICKリサーチ本部ESG研究所のアンケート調査によると，投資判断に際して，社会的リターンをより重視する投資家（リターンにかかわらず是非投資したい＋多少リターンが見劣りしても投資したい）も，一定程度存在していることが示唆される（図2-V1-1）。

| 図2-V1-1 | 投資判断に企業のサステナビリティ課題の取り組みを考慮する人の割合 |

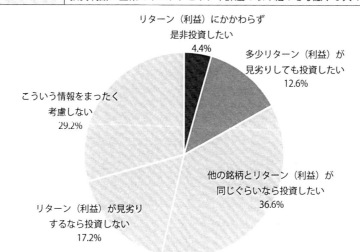

出所：QUICKリサーチ本部ESG研究所（2021）「サステナビリティ意識調査2021」より作成（https://www.esg.quick.co.jp/research/1304，2023年3月31日アクセス）

Keyword　SDGs

　SDGs（エス・ディー・ジーズ）は，「Sustainable Development Goals（持続可能な開発目標）」の略称。2030年までと期限を区切って，持続可能でよりよい世界を目指す国際目標のこと。貧困・飢餓，気候変動，差別，環境破壊など，これまでの人間活動から生じたさまざまな課題を解決するために設定された17の目標と，各目標を実現するためのより具体的な169のターゲットからなる[10]。ESG投資において考慮されるESGの要素とSDGsのゴールやターゲットには共通点も多いことから，ESG投資は，SDGsの達成にも寄与すると考えられる。SDGsは，2015年の国連総会において全会一致で採択された「持続可能な開発のための2030アジェンダ」という文書の一部であるが，その文書の中で，SDGsの目標とターゲットについて，「持続可能な開発の三側面，すなわち経済，社会及び環境の三側面を調和させるものである」と指摘されている[11]。それもまた，SDGsとESG投資の深いつながりを示唆するものであると考えられる。

【注】
1 ）　伊藤（2020）は，それらはそもそもまったく異なる性質のものであることを指摘し，「環境に取り組む姿勢が強い企業でありながら，企業統治ではワンマン経営者がすべてを掌握して取締役会が形骸化しているようなこともあり得るだろう。このような場合にESG指数はどう判断するのだろうか」と述べている。
2 ）　オルタナティブ資産とは，伝統的な投資資産である上場株式，債券に対する「代替的（オルタナティブ）」な投資資産のこと。インフラストラクチャー，不動産，プライベートエクイティ（未公開株式）などがある。
3 ）　年金積立金管理運用独立行政法人（GPIF）「ESG投資」（https://www.gpif.go.jp/esg-stw/esginvestments/，2023年3月31日アクセス）
4 ）　池田・小川（2019）はSRIについて「倫理的側面が強調されていたこともあって，金銭的リターンの最大化を求める投資家の目線とは必ずしも一致していなかった。そのため，第三者から委託された資産を運用する機関投資家などの運用方針としては定着しなかった」と指摘している。
5 ）　United Nations（2006）, *SECRETARY-GENERAL LAUNCHES 'PRINCIPLES FOR RESPONSIBLE INVESTMENT' BACKED BY WORLD'S LARGEST INVESTORS.* （https://www.un.org/press/en/2006/sg2111.doc.htm，2023年3月31日アクセス）
6 ）　GSIA, *GLOBAL SUSTAINABLE INVESTMENT REVIEW 2020*（http://www.gsi-alliance.org/wp-content/uploads/2021/08/GSIR-20201.pdf，2023年3月31日アクセス）
7 ）　PRI, *About the PRI*（https://www.unpri.org/about-us/about-the-pri，2023年3月31日アクセス）

8）　年金積立金管理運用独立行政法人（GPIF）「ESG 投資」（https://www.gpif.go.jp/
esg-stw/esginvestments/, 2022 年 7 月 2 日アクセス）

9）　日経新聞（2022）「行き詰まる理念（中）崩れた前提，苦肉の投資　防衛・化石燃
料銘柄に資金　「名ばかり」信頼揺るがす（ESG 光と影）」2022 年 9 月 2 日付朝刊，
によると，ロシアのウクライナ侵攻後，ESG ファンドが，運用成績上の観点から，
それまで敬遠する傾向があった化石燃料や防衛関連株の保有比率を高めたことが指摘
されている。

10）　農林水産省「SDGs（持続可能な開発目標）17 の目標と 169 のターゲット」（https://
www.maff.go.jp/j/shokusan/sdgs/sdgs_target.html, 2023 年 3 月 31 日アクセス）

11）　https://www.mofa.go.jp/mofaj/gaiko/oda/sdgs/pdf/000101402_2.pdf, 2023 年 3 月
31 日アクセス）

参考文献

池田裕樹・小川佳也（2019）「ESG 投資の最近の潮流」『ESG 投資の最近の潮流』『日銀レ
ビュー 2021-J-13』（https://www.boj.or.jp/research/wps_rev/rev_2019/data/rev19j05.
pdf, 2023 年 3 月 31 日アクセス）

伊藤隆敏（2020）「ESG 投資への熱気を理解するための「3 つの命題」」『Forbes JAPAN』
2020 年 02 月号（https://forbesjapan.com/articles/detail/32790/1/1/1?s=ns, 2023 年
3 月 31 日アクセス）。

東京証券取引所（2021）『コーポレートガバナンス・コード』（https://www.jpx.co.jp/
equities/listing/cg/tvdivq0000008jdy-att/nlsgeu000005lnul.pdf, 2023 年 3 月 31 日ア
クセス）

森駿介・長谷部光・石川篤史（2021）「ESG 投資の発展に向けた実務的な課題とその克
服に向けた取り組み」『日銀レビュー 2021-J-13』（https://www.boj.or.jp/research/
wps_rev/rev_2021/data/rev21j13.pdf, 2023 年 3 月 31 日アクセス）

View 02 産業構造

第1節　産業構造とは

　地球温暖化はエネルギー問題でもある。現在の企業は，利益を得るためエネルギーを効率的に利用してきたが，加えて，カーボンニュートラルにするという新たな制約を追加させられた。実はこの流れが，中国を頂点とするサプライチェーンの形成と密接に関わっている。地球温暖化問題は，産業構造を変化させ，10年前には想定できなかった新しい産業を生み出そうとしている。

1. 産業構造の定義
　生産部門を構成する産業構造は，第一次産業（農林水産業），第二次産業（製造業），第三次産業（サービス業）から成る。各部門の特徴，部門間の変動を分析することで，その国の生産部門の特質や経済の発展段階を知ることができる。最近では第四次産業などという言葉もある。これは新しい産業として AI 技術を組み込んだスマート農業や DX を振興させようという期待から出ている造語であって，一般には1～3の3つの主要産業で構成される[1]。
　産業構造は経済の発展段階と連動しており，その国が発展するにつれて第一次 ⇒ 第二次 ⇒ 第三次と移動すると考えられている。これを産業の高度化と呼び，このアイデアを考えた経済学者 Colin Grant Clark (1905-1989) の名をとってペティ・クラークの法則と呼ぶ。彼は，産業高度化の最大の理由を，より付加価値の高い生産を目指すためであると捉えている。つまり，産業構造の変化は，高い収益を求めた企業行動の結果，自然に発生する。それに対して，本書で焦点をあてる経済構造の変化は，温暖化に対して人類が人為的に半ば強制された対応の結果として発生している。従来，想定していたものとは異なる性格を帯びている。

2.　地球温暖化とサプライチェーンに関する過去・現在・未来

　環境問題は，一国の産業構造に影響を及ぼす。その波及経路においては，グローバリゼーションが進展した現代では，国境をまたぐ企業のサプライチェーンが大きな役割を担う[2)]。そこでまず，環境問題がサプライチェーンに関係があるか否かに関するアカデミックな議論を紹介する。結論は，どちらとも解釈できるような曖昧な結果になっている。既存研究をレビューすることで，欧米先進国の行動がサプライチェーンの変容に重要な役割を果たしていることを明らかにしたい。

2.1　仮説 1：地球温暖化がサプライチェーンの激変をもたらす

　まずは，サプライチェーンと地球温暖化に関する議論に若干触れることにしよう[3)]。経済学には，地球温暖化現象について研究の蓄積がある。そこで議論されてきたことは，温暖化問題と貿易との関係であり，有力な 2 つの学説がある。

　まず一つは，汚染逃避説である。先進国の企業が温暖化を抑制するため CO_2 排出量の規制が強化される中，生産拠点を比較的規制が緩い国にシフトさせている，という説である。規制をすり抜ける規制強化逃避行動が，世界の CO_2 排出量を増加させる原因であるとされている。この説を主張する研究者は，先進国が自国での生産 ⇒ 海外生産への生産シフト，特に，CO_2 排出が多い部品生産を規制の緩い国にシフトさせるサプライチェーンの変化が観察される，と主張する。実際に，1990 年以降，サプライチェーンのグローバル化が観測される。もし仮説が正しいのであれば，その結果として，CO_2 の排出も急ピッチで発展途上国に拡散しているはずだ。

　図 2 - V2 - 1 は，気候変動の解説編で利用した HHI (ハーフィンダール・ハーシュマン指数) を用いて，5 か国 (ドイツ，米国，日本，インド，韓国) が，中国との間に形成したサプライチェーンの強さの推移を示している。国によって度合いに違いはあるが，90 年代以降，すべての国で中国との関係が強くなっており，そのペースは 2000 年以降，もう一段階加速していることがわかる。特に，日米韓と中国とのサプライチェーンは，90 年を 1 とすると 20 に拡大している。

　ところで，2015 年以降 (つまりパリ協約以降) の特徴として，中国を中心として拡張してきた世界のサプライチェーンに変化が発生している。米国と中国，

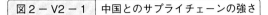

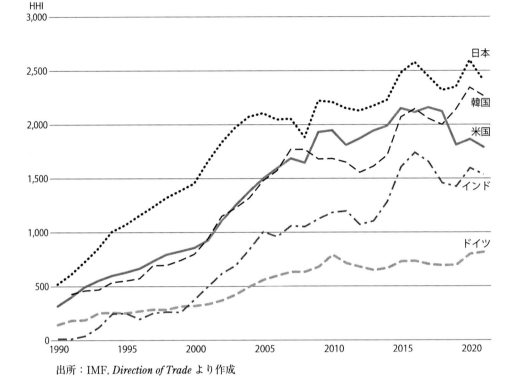

図2－V2－1　中国とのサプライチェーンの強さ

出所：IMF, *Direction of Trade* より作成

あるいはインドと中国とのサプライチェーンが弱まる気配を見せているのだ（脱中国サプライチェーンの動き）。実は，前述したGAFAMの取り組みの中には，友好関係にあるサプライチェーン下の企業を含む全CO_2排出の削減が組み込まれている。2015年のパリ協定以降，米国では海外関連企業を取り込んだ規制回避行動は許されない環境になっている。さらに，最近では，オフショアの相手国を中国からインドに徐々にシフトさせる動きがある。脱中国サプライチェーンの動きが活発化し始めているのかもしれない。

2.2　仮説2：先進国の潤沢な資本力でCO_2排出削減が実現される

回避説を否定する，有力な学説も存在する。くしゃみ仮説[4]（ATCHOというこの分野の研究者の頭文字をとったもの）などと言っているが，要するに，先進国

は CO_2 削減のノウハウを持っている，という説である。排出抑制技術の開発には相当の資本が必要であり，結局，資本集約型産業が実効性のある対策を講じるしかない，という考え方である。

　これは，貿易論の基本であるヘクシャー・オリーンの考え方とも符合する。先進国は豊富な資本を有するため資本集約型の産業に特化する。一方，発展途上国は豊富な労働を利用する分野に生産を特化するというものだ。CO_2 が問題になるほど，その削減に向けて先進国は膨大な資本を投入するはずである。それゆえ，貿易による生産物の特化は，資本を豊富に持つ国の CO_2 削減投資を拡大させ，やがて地球全体でも効果をあげるはずだというのである。ESG 投資や SDGs といった持続可能な世界を目指す潮流の盛り上がりに加え，前述したように GAFAM が刺激したことで，世界の大企業は，CO_2 削減を自社の目標に設定し，膨大な資金を使って達成に動き出した。2050 年までにカーボンニュートラルを実現するには，約 5,000 兆円の資金が必要であるとされる。これだけの資金を投入して温暖化をくい止めようという動きは，くしゃみ説の予想とも符合する。先進国の企業は地球温暖化を抑制するように行動している。

2.3　両説とも成立するという不思議な結果

　一体，どちらが正しいのか。Levinson（2015）は，実際の計測結果は両説とも否定できないとしている。まず，回避説を支持できる証拠を図 2 − V2 − 2 で確認してみよう。米国の二酸化硫黄 SO_2（SO_2 を CO_2 の代理変数として考える）は，1990 年を 100 とすると順調に減少していることが確認される[5]。これは，回避説が予想した通りである。世界の CO_2 排出量が増えていても，米国の SO_2 排出量が改善しているのは，規制回避行動の結果である。

　しかし，もう少し調べると，くしゃみ説を否定できない結果も得ている。米国の製造業の生産は減っていないどころか，90 年以降も拡大し続けている。回避行動が予想した通りではなく，むしろ米国の製造業は産出を増しているではないかと反論する。この部分をとらえると，先進国は CO_2 や SO_2 を削減する能力を発揮していると言えなくもない。

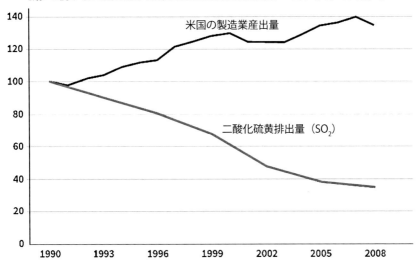

図2－V2－2 米国の製造業生産量と SO_2 排出量は増え続けている

減少し続ける二酸化硫黄の排出量と米国製造産出量　1990年を100とする

米国の製造業産出量

二酸化硫黄排出量（SO_2）

出所：NBER, "Explaining the Clean-up of U.S. Manufacturing, 1990 to 2008" より転載
（https://www.nber.org/digest/feb15/explaining-clean-us-manufacturing-1990-2008,
2023年3月31日アクセス）

2.4　規制の厳しさ次第で，先進国の対応は異なる

　この2説のどちらも成立してしまうということで，曖昧な結果に困惑している読者もいるのではないだろうか。実は，この2つの仮説はある点では，矛盾していない。導入された規制の強さによって，結論は変わるという意味を持っているからだ。

　図2－V2－3は，先進国の政府の CO_2 規制の強さ次第で，企業や発展途上国の対応が分かれることをまとめたものである。緩い設定を置いてしまえば，先進国は温暖化対策を実施するかもしれないが，全体として CO_2 排出削減は進展せず，2050年のカーボンニュートラル達成は容易ではなくなる。一方，厳しい対策を先進国に強制した場合，先進国から発展途上国へと回避行動が加速化するはずである。回避説が当てはまる場合，発展途上国の CO_2 排出拡大を防ぐには，カーボンニュートラルを達成しようというインセンティブを発展途上国に高めさせることが肝要になってくる。では，どのようにしてインセン

図2－V2－3　先進国政府のCO_2規制の強さによって変わる企業や発展途上国の対応

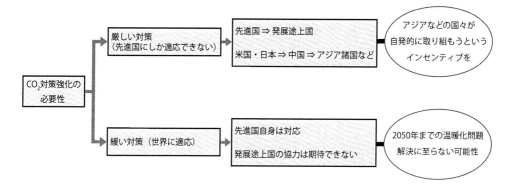

ティブを高めるのか。飴と鞭ではないが，CO_2削減を発展途上国に迫る一方で，潤沢な資金を調達できる仕組みを提供しようというのだ。これがグリーン・ファイナンスの流れを加速させた。

2.5　アジアのCO_2排出量は改善していない

　結論がはっきりしないのは米国側からみた分析であって，CO_2排出量が改善していない地域とされる側から見ると，どうであろう。

　アジアは，経済発展の中で環境を悪化させている成長段階である。つまり，産業の高度化の最中にあるのがアジアであり，アジアのCO_2排出量の改善は世界平均を下回り低調である。エール大学とコロンビア大学が共同で開発した180か国を対象にする環境パフォーマンス指数（Environmental Performance Index（EPI））でみると，アジアは世界平均55に対して50と低調である。特に，EPIは，中国のCO_2排出量が拡大し続けていることを報告している。まさに，2000年以降，中国が世界のサプライチェーンの中心に躍り出た時期に符号している。こうした状況証拠を見る限り，先進国 ⇒ 中国，あるいはさらに先進国 ⇒ 中国 ⇒ アジア諸国への回避説は否定できないように思われる。

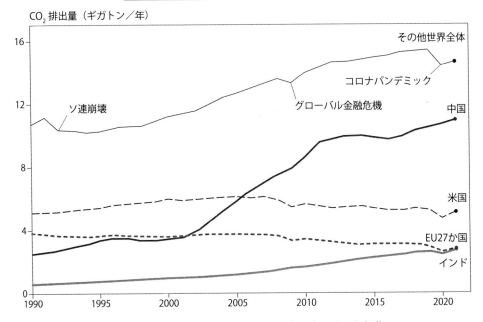

図2－V2－4 アジア諸国のCO₂削減の状況

出所：Yale Center for Environmental Law & Policy (2022), p.2 より転載

第2節　なぜ産業構造は重要なのか

　パリ協定によって世界はカーボンニュートラルへの本気モードに入った。気候変動への世界の本気の取り組み度を原因とすれば，産業構造はその結果であると言って言い過ぎではない。CO_2削減に本気であれば，産業構造が大きく変質し，中には消えていくものもあるはずである。経済への負のインパクトを吸収する上で，グリーン戦略は重要であり，また，それを資金的に支えるファイナンスの仕組みを充実させることが急務である。仮に失敗すれば，世界は混とんと対立の未来に陥るかもしれないからだ。我々はまさに，その分岐点にある。

1．グリーン成長戦略でマイナスの経済効果を緩和

　カーボンニュートラルの達成期限を決めて，早急に達成しようとすれば，世

界的な規模での想定外の変化が起きることは容易に想像される。特に，企業倒産と失業を伴う経済システムの変化は，不可避である。このショックを吸収するために各国は，グリーン成長戦略を掲げている。この戦略に一体どれほどの資金が必要とされるのか。しばしば引用される国際エネルギー機関（IEA：International Energy Agency）の報告書（2021）では目標達成に総額５千兆円〜８千兆円の資金が必要と見積もっている。これは日本のGDPの10年分に等しく，巨額すぎて想像がつかない。もし仮にこれほどの資本を必要としているなら，膨大な資金を使う際，その正当性，検証性を担保する必要が出てくる。会計的な仕組みを含む検証方法，資金を調達するための手法，など制度を整備する必要性が発生している。

2.　グリーン・ファイナンスで膨大な必要資金を調達

　例えば，日本の場合，90年以降，民間企業の設備投資が低迷し，その分は内部留保として企業内に蓄積されていると言われている。この資金を，カーボンニュートラルに利用してもらうため，法人税の制度を改革する動きもある。さらに，国の財源だけでは，これだけの資金を賄うことは不可能であり，貯蓄の担い手である我々から資金を調達しようとしている。これはグリーン・ファイナンス【キーワード】と呼ばれるもので，我々の貯蓄行動にも変化を促そうというのである。

　世界全体がカーボンニュートラルに向けた制度構築を一斉に開始している。こうした動きをどのように位置づけることができるのか。これには評価者によって違いがあろう。しかし，筆者は多くの犠牲を払ってもカーボンニュートラル技術を取得しようという挑戦には賛同する。イノベーションは神のみぞ知りえるもので，人為的には起こすことが難しいとされてきた。仮に，これが可能であるとすれば，我々人類は創意工夫をすることで，持続性のある社会を維持できることが示されたことにもなる。

第３節　投資家にとっての意義

　気候変動に関連した投資ファンドや株式や債券は，投資家にとって優れた投

資対象であるという点だけでなく，投資を通じて安全で快適な社会を実現するという，ソーシャルな動きにも結び付いている。投資を通じて，現在と未来を結び付け，現在よりも明日，明日より，さらに先の未来につながるサステナブルな社会実現の活動にも帰着するはずである。

　GAFAM が各国政府に先んじて 2030 年までにカーボンニュートラルを達成するため，画期的な対応を発表し，すでにそのいくつかは達成したと述べた。GAFAM は，自社だけでなく，そのサプライチェーン上にある関係企業の CO_2 排気量を含めて，カーボンゼロを達成しようとしている。彼らは，慈善事業ではない。カーボンニュートラルへの積極的な対応が，自社の企業価値を改善すると確信してのことである。実際，この 10 年ほどの間に，カーボンニュートラルを掲げた GAFAM の株価は 5 倍〜 20 倍超にまで上昇した。その一因として，カーボンニュートラル戦略は，企業負担ではなく，将来の企業収益性に道を拓くものと好意的に評価されたことも作用しているのかもしれない。

　民間企業の株価だけではない。いわゆるグリーンボンド発行が急増しており，世界的には 2021 年に 5,813 億ドルが世界銀行，EU および中国から発行されている（Climate Bonds Initiative）[6]。また，日本でも発行は急増しており 2020 年には 1 兆円を超え，翌年には 1 兆 8 千億円に達した（環境省）[7]。グリーン債発行が急増している理由は，機関投資家を中心にグリーン債需要が底堅いことがある。パリ協定によって，機関投資家もカーボンニュートラルを企業の経営目標に掲げる発行体をポートフォリオに組み入れることが求められているからである。例えば，Climate-action100 ＋という投資家団体に加盟する機関投資家が増えている。ここでは，気候変動リスクを軽減するよう，金融面からサポートすることを目的としている。こうした考え方に賛同する機関投資家を中心に，グリーン債需要が高まっていることがある。最近のグリーン債発行を見ていると，行き過ぎているとの懸念もある。ただし，カーボンニュートラルを前提とするグリーン成長戦略が推進されることを前提とすれば，この潜在需要は今後も長期的に継続すると考える。

Keyword　グリーン・ファイナンス

　グリーン・ファイナンスとは地球温暖化対策など，環境分野への取り組みに用途を限った資金を調達するための債券（グリーンボンド）や借入金（グリーンローン）のことである。日本でのグリーンボンドの発行は 2014 年以降，グリーンローンは 2017 年以降，それぞれ開始されている。世界の発行額は 3,000 億ドル～ 5,000 億ドル程度に大きく拡大した。サステナビリティ・ファイナンスと呼ばれるものもあるが，これは環境問題だけでなく，貧困・差別などソーシャルな問題を解決するプロジェクトに利用される。

　今後，債券やローン以外の多様な形態でのグリーン・ファイナンスの拡大が予想されている。持続可能な社会を形成するには，E（Environment）S（Social）G（Governance）の三分野の充実が必要であり，環境と社会の整備に膨大な資金需要が見込まれる。それには公的資金だけでは対応できないことから，民間からの投資を呼び込むファイナンスの手法を利用しようという発想にもとづいている。つまり，利益追求型だけではないソーシャルな機能を持つ新しい資本主義の確立を図らなければならないという考え方を背景に推進されてきた。

【注】

1）　総務省は産業について日本標準分類を設定しており，大分類 A ～ T，中分類を指定している。また，国連統計部は国際標準分類を設定している。

2）　サプライチェーンとは，直訳すると供給連鎖となる。部品・材料の調達 → 製造・在庫管理 → 配送 → 販売 → 消費という一連の流れを指す。

3）　McLaren（2020）第 13 章を参照。

4）　McLaren（2020）.

5）　燃料中の可燃分は，二酸化炭素（CO_2），水蒸気（H_2O）と二酸化硫黄（SO_2）を同時に排出する。

6）　グリーンボンドの発行によって得た資金は，CO_2 の削減に寄与しているのか。その実態を確認するため，各国の発行額と GDP を説明変数，CO_2 排出量を被説明変数として日本，米国，中国，フランス，スペイン，ドイツ，オランダ，スウェーデン，イタリア，カナダで検証してみた。統計的に有意な結果が確認され，グリーンボンドの発行額が 1％増加すると各国の CO_2 排出量は 0.2％程度削減される。ただし，中国はグリーンボンドを発行しているが，CO_2 の削減効果は確認できなかった。

7）　環境省「グリーンファイナンスポータル」（https://greenfinanceportal.env.go.jp/，2023 年 3 月 31 日アクセス）

（参考文献）

Antweiler Werner, Brian Copeland, and Scott Taylor（2001）"Is Free Trade Good for the Environment?" *American Economic Review*, 94: 1, pp.877-908.

Climate Bonds Initiative, "Climate Bonds Partner Zone"（https://www.climatebonds.net/market/data/f, 2023 年 3 月 31 日アクセス）

McLaren, John（2013）, *International Trade: Economic Analysis of Globalization and policy*. Wiley.（柳瀬明彦訳（2020）『国際貿易グローバル化と政策の経済効果』文眞堂）

Yale Center for Environmental Law & Policy（2022）, *Environmental Performance Index 2022*.（https://epi.yale.edu/downloads/epi2022report06062022.pdf, 2023 年 3 月 31 日アクセス）

International Energy Agency（2021）, *World Energy Outlook*（https://www.iea.org/reports/world-energy-outlook-2021/mobilising-investment-and-finance#abstract, 2023 年 3 月 31 日アクセス）

Levinson, Arlik（2015）"A Direct Estimate of the Technique Effect: Changes in the pollution Intensity of US Manufacturing, 1990-2008," *Journal of the Association of Environmental and Resource Economists*, vol.2, issue 1, pp.43-56.

清水聡（2022）「重要性を増すグリーン・ファイナンスの現状と課題―アジアに関する考察を中心に―」日本総合研究所調査部『環太平洋ビジネス情報 RIM』Vol.20, No.79, pp.79-128.

第 **3** 章

人口動態

購入　米国　株価　効果　投資家　自然　マイナス
地域　年齢　長寿　議論　利子　労働　減少　重要
老後　貯蓄　合計特殊出生率　実質金利　関係　我々
経済　引き上げ　比率　指標　世界
系統　退職

必要　価値　金融市場　高齢化　2050年　投資　企業
価格　長期金利　物的　金利　人口　資本　影響
資金　増加　水準　日本　長期　金融資産
生産　上昇　資産　低下　割合
今後　傾向　動態　備え　世界人口　保有　金融
過剰　高齢者　社会　高齢　債券　依存　負担　銀行
ドルコスト平均法　アクセス　蓄積　対策　予測
期間　世代

注：ユーザーローカル AI テキストマイニングによる分析（https://textmining.userlocal.jp/）

第1節　人口動態とは

　人口爆発の時代ともいわれた20世紀はもはや，遠い過去のことになろうとしている。それは，「今世紀中に世界人口はピークを迎える」という多くの予測が発表されつつあることに表れている。世界人口のピークアウトに先立つかたちで，人口増加率の鈍化，高齢化，少子化はすでに，世界的に表面化しつつある。本章では，人口動態を表す具体的な指標を用いて，日本を中心に，世界の人口動態をいくつかの観点から検討する。

1.　人口動態の定義

　岩波書店『広辞苑』によれば，人口動態とは，「出生・死亡による人口変動（自然動態）と人口移動による変動（社会動態）とによる人口数・人口構成の変化」のことである。代表的な人口動態に関する統計としては，厚生労働省『人口動態統計』に掲載されている，人口，死亡数，婚姻率，出生率，離婚率，出生性比，婚姻件数，婚姻年齢，合計特殊出生率などが挙げられる。人口動態は，「経済発展のスピードとプロセスを大きく左右しうる」（ブルーム（2020））ことから，経済・金融分野において注目度の高いテーマである。

2.　人口動態の現在・過去・未来

　日本を中心に，世界の人口動態の現在・過去・未来を検討する。用いるデータは，特に断りのない限り，世界の代表的な人口関連統計である国連『世界人口推計2022年版』とする[1]。将来の予測に関しては，同報告書における予測のベースラインシナリオである中位推計を用いる。人口動態をとらえるにはさまざまな視点があるが，本章では，①総人口，②高齢化，③少子化というオーソドックスな視点と，金融の分野において注目されることも多い，④人口ボーナス，⑤ミレニアル世代・Z世代というややユニークな視点から検討を行う。

2.1　総人口

　①総人口は，どのような国にとっても，もっとも基本的な人口動態関連統計

| 表3－1 | 2020年の総人口ランキング |

（億人）

順位	国／地域	人口
1	中国	14.2
2	インド	14.0
3	米国	3.4
4	インドネシア	2.7
5	パキスタン	2.3
6	ブラジル	2.1
7	ナイジェリア	2.1
8	バングラデシュ	1.7
9	ロシア	1.5
10	メキシコ	1.3
11	日本	1.3
⋮		
	世界合計	78.4

注：2020年7月1日現在
出所：国連，*World Population Prospects 2022* より作成

である。2020年の日本の総人口は1.3億人と，世界で14しかない1億人を超える国の1つであり，世界11位の人口大国である（表3－1）。ただし，すでに始まっている総人口の減少は今後も続き[2)]，2050年には1.0億人（17位）となる。

　一方，世界全体でみると，今世紀中に予想される世界人口のピークに向けて，伸び率は鈍化するものの，2020年78.4億人 → 2050年97.1億人（年率＋0.7％）と増加自体は続く[3)]。詳細にみてもその間，総人口が増加する国／地域は173と，減少する国／地域64を上回る。すなわち，世界の人口動態は多様である。

2.2　高齢化

　②高齢化とは，人口に占める高齢者の割合が増加すること，である。代表的な高齢化の指標としては，65歳以上人口の総人口に占める割合（高齢化率。老年人口割合ともいう）がある。高齢化率をみる場合の目処として，7％，14％，21％がある。その理由は，高齢化率が7％以上の社会を高齢化社会（aging society），14％以上の社会を高齢社会（aged society），21％以上の社会を超高齢

表3－2	2020年の高齢化率ランキング

順位	国／地域	高齢化率
1	モナコ	35.8%
2	日本	29.6%
3	セントヘレナ	24.6%
4	イタリア	23.4%
5	フィンランド	22.5%
6	ポルトガル	22.3%
7	ブルガリア	22.3%
8	ギリシャ	22.2%
9	ドイツ	22.0%
10	マン島	21.8%
⋮		
世界平均		6.9%

注：2020年7月1日現在
出所：国連，*World Population Prospects 2022* より作成

社会（super-aged society）と呼ぶことが少なくないためである[4]。2020年の日本の高齢化率は29.6%と，すでに超高齢社会に突入している。世界の国／地域における順位は2位であり，世界有数の高齢化した国である（表3－2）。日本の高齢化率は，2050年には37.5%（3位）まで高まり，今後も世界の高齢化をけん引する国であり続ける。

　世界全体でみても高齢化率は今後，2020年6.9% → 2050年16.5%と，高まることが予測される[5]。とはいえ，2050年においても，高齢化率が7%未満の国／地域は45と，アフリカの国々を中心に，全体の5分の1程度を占めるともいえる。高齢化はグローバルなトレンドであるが，やはり世界の人口動態は多様である。

2.3　少子化

　③少子化とは，出生率の低下により若年者人口が減少すること，である。代表的な少子化の指標に，合計特殊出生率（TFR：Total Fertility Rate）がある。合計特殊出生率とは，1人の女性が生涯に産む子供の数を示す指標であり，15歳から49歳までの女性の年齢別出生率を合計することによって求められる[6]。

表3－3	2020年の合計特殊出生率（TFR）ランキング（低い方から）

順位	国／地域	TFR
1	香港	0.87
2	韓国	0.89
3	英領バージン諸島	0.98
4	シンガポール	1.00
5	サン・バルテルミー島	1.01
6	マカオ	1.07
7	台湾	1.10
8	サンマリノ	1.12
9	マルタ共和国	1.17
10	アンドラ	1.18
15	中国	1.28
17	日本	1.29
⋮		
	世界平均	2.35

注：2020年7月1日現在
出所：国連，*World Population Prospects 2022* より作成

　合計特殊出生率のメドとして，人口が増加も減少もしない均衡した状態となる合計特殊出生率の水準（人口置換水準という）があり，国連ではそれを2.1と想定している[7]。この水準が約2であれば，夫婦2人から子どもが2人生まれるということになり，長期的な人口の規模は不変となる。ただ，実際に生まれてくる子どもは男児がやや多いことなどを考慮し，2をやや上回る程度が想定されていると考えられる。

　2020年の日本の合計特殊出生率（TFR）は1.29，低い方から数えて17位であり，世界の中でも有数の少子化が進んだ国である（表3－3）。2050年においても1.47（低い方から数えて21位）と，2.1を大きく下回る水準での推移が想定されている。なおアジアには日本を上回るペースで少子化が進んでいる国も少なくない。実際，2020年においてすでに，6つのアジアの国／地域（香港，韓国，シンガポール，マカオ，台湾，そして中国）が日本より低いが，2050年においては，それらに加えタイが，日本より低い合計特殊出生率となると想定されている。

　世界全体では，合計特殊出生率（TFR）は，2020年2.35 → 2050年2.15と，人口置換水準である2.1に向かって低下することが想定されている[8]。とはいえ，

104

2050年においても，合計特殊出生率（TFR）が2.1を上回る国／地域は65と，アフリカの国々を中心に，全体の4分の1程度を占めるともいえる。少子化もまたグローバルなトレンドであるが，やはり世界の人口動態は多様である。

2.4　人口ボーナス

④人口ボーナスとは，人口構造が経済にプラスになるような状態のこと，である。ボーナス（bonus）は，賞与，報償を意味する。逆に，人口構造が経済にマイナスになるような状態のことは，人口オーナスと呼ばれる。オーナス（onus）は，重荷や負担を意味する。

人口ボーナスの期間の定義には，以下のようなものがある（椎野（2015））。

---

a．生産年齢人口÷従属人口　が2以上の期間（＝1人の子供・老人の生活が，

　　2人以上の働き手（生産年齢人口）で支えられている期間）

b．生産年齢人口÷従属人口　が上昇している期間

c．aとbの両方が実現している期間

なお，生産年齢人口とは15歳以上64歳以下，いわば働き手の人口のこと，従属人口とは14歳以下の年少人口と65歳以上の老年人口を合計した，いわば働き手でない人口のことである[9]。すなわちaは働き手の人口がそうでない人口の2倍以上であること，bは働き手の人口がそうでない人口の伸び率を上回っていること，を意味している。なおaは，従属人口指数の逆数でもある。

a, b, cのうち，計算が最も簡単なaを，主要国（G20のうちEUを除く19か国）についてみたのが表3－4である。2020年の日本の水準は1.4と，主要国の中で最下位である（表3－4）。2050年には1.1（19位）と，今後さらに低下することが予測される[10]。とはいえ，2050年においても，南アフリカ，インドの2か国が2を上回る。人口ボーナスを享受する国は減少するが，それでもゼロというわけではない。

2.5　ミレニアル世代

⑤ミレニアル世代，それに続くZ世代とは，1980年代以降に生まれた世代

表３－４ 2020年の生産年齢人口÷従属人口ランキング（G20参加国）

順位	国／地域	生産人口／従属人口
1	韓国	2.6
2	サウジアラビア	2.5
3	ブラジル	2.3
4	中国	2.3
5	トルコ	2.1
6	インドネシア	2.1
7	インド	2.1
8	ロシア	2.0
9	メキシコ	2.0
10	カナダ	2.0
11	米国	1.9
12	南アフリカ	1.9
13	豪州	1.9
14	アルゼンチン	1.8
15	ドイツ	1.8
16	イタリア	1.8
17	英国	1.7
18	フランス	1.6
19	日本	1.4

注：2020年7月1日現在。G20のうちEUを除く19か国を対象。
出所：国連，*World Population Prospects 2022* より作成

のことである[11]。なお，それらの世代分類は，団塊の世代，新人類，バブル世代，就職氷河期世代，団塊ジュニア世代，ゆとり世代，さとり世代など従来の世代分類とは異なり，日本固有ではなく，世界共通である。近年，経済活動の中心になりつつあることから，経済や社会に何らかの影響を及ぼすのではないかと注目されている。

　ミレニアル世代やZ世代は，幼いころから（Z世代は生まれたときから）デジタル機器やインターネットに触れて成長した世代であるが，上の世代とは大きく異なる特有の価値観を持つと考えられている。その一つが，環境や社会問題に対する意識の高さ，現代風にいえば，サステナビリティ（持続可能性）への意識の高さである。実際，経済産業省（2021）は，ミレニアル世代やZ世代の特徴として，日本に限らずグローバルでみても，気候変動・環境保護をはじめ，失業や医療，所得格差など幅広い社会課題の分野に高い意識が見られているこ

表3−5	2020年のミレニアル世代以降人口比率ランキング（G20諸国）

順位	国／地域	ミレニアル後世代比率
1	南アフリカ	69%
2	インド	65%
3	サウジアラビア	64%
4	メキシコ	62%
5	インドネシア	62%
6	トルコ	60%
7	アルゼンチン	59%
8	ブラジル	58%
9	豪州	50%
10	米国	49%
11	中国	49%
12	ロシア	47%
13	英国	47%
14	カナダ	46%
15	フランス	44%
16	韓国	41%
17	ドイツ	40%
18	イタリア	37%
19	日本	35%

注：G20のうちEUを除く19か国を対象。1983年以降
生まれをミレニアル世代以降生まれとした。
出所：国連，*World Population Prospects 2022* より試算

と，そのため，それら世代の増加が社会に，従来の資本主義的価値観からサス
テナビリティを重視する価値観への変化をもたらすこと，を指摘している。

　2020年の日本のミレニアル世代以降生まれの比率は35％に達しているもの
の，主要国（G20のうちEUを除く19か国）の中では最下位である（表3−5）。
2050年には66％（18位）へと上昇するが，上昇スピードは相対的に緩慢である。
一方で，南アフリカのように，2050年には92％（1位）の国民がミレニアル世
代以降生まれとなると予測される国もある。このように，人口構成の変化にお
いても，世界は多様である。

第2節　なぜ人口動態は重要なのか

　人口動態が重要なのは，それが経済や社会に大きな影響を及ぼすと考えられるからである。ただし，その影響に関する議論は一様ではない。例えば，とりわけ大きな論点である人口減少についてさえ，プラスの側面とマイナスの側面があるという議論がある。プラスの側面としては，人口密度低下による過密問題の解消，資源・エネルギー消費減少による環境への負荷の低減，マイナスの側面としては，厚生労働省（2015）が指摘しているように，経済の縮小，地域社会のより顕著な縮小，社会保障・財政への悪影響，などがある[12]。

　もっとも，どのような立場に立ったとしても，人口動態への対応の選択肢はないわけではない。なぜなら，世界全体では，人口増加率の鈍化，高齢化，少子化という大きなトレンドが継続するとはいえ，個々に見ると，世界の人口動態は多様であるからである。かりに，自国の人口減少による自国の経済成長の低迷を悲観するような場合でも，企業であれば，輸出や直接投資を通じて，人口が増加する国へのアクセスが可能であるほか，投資家であれば，人口が増加する国への株式・債券投資が可能である。

Keyword　年齢３区分別人口

　人口の年齢構造を表す指標として，年少人口（15 歳未満），生産年齢人口（15 〜 64 歳），老年人口（65 歳以上）の年齢３区分別人口がある。年少人口と老年人口を合わせた人口（すなわち，全人口から生産年齢人口を除いた人口）は，従属人口と呼ばれる。

　総人口に占める割合はそれぞれ，年少人口割合，生産年齢人口割合，老年人口割合（＝高齢化率）と呼ばれ，人口構造の分析に用いられる。そのほかにも，年齢３区分別人口を用いて，以下のようにさまざまな統計指標が算出され，それらもまた，人口構造の分析に用いられる[13]。

表３−６　人口構造の分析に用いられる主な指標

年少人口割合	総人口に占める年少人口の割合。
生産年齢人口割合	総人口に占める生産年齢人口の割合。
老年人口割合	総人口に占める老年人口の割合。
年少人口指数	働き手である生産年齢人口 100 人が，何人の年少人口を扶養しているかを示す指数。年少人口指数＝年少人口÷生産年齢人口×100。
老年人口指数	生産年齢人口 100 人が，何人の老年人口を扶養しているかを示す指数。老年人口指数＝老年人口÷生産年齢人口×100。
従属人口指数	生産年齢人口 100 人が，何人の子供と老人を扶養しているかを表す指標。従属人口指数＝（年少人口＋老年人口）÷生産年齢人口×100。
老年化指数	年少人口に対する老年人口の大きさを示す指数。人口高齢化の程度を知る指標の一つ。老年化指数＝老年人口÷年少人口×100。

【注】
1）国連独自の推計データであることから，各国当局の公表する人口データ（日本では，総務省統計局『国勢調査結果』，同『人口推計』）や将来人口推計（日本では，国立社会保障・人口問題研究所『日本の将来推計人口』）と異なる場合がある。
2）国連『世界人口推計 2022 年版』では日本の人口ピークは 2009 年，総務省統計局『人口推計』では 2008 年となっている。

3）世界人口のピークは 2086 年（104 億人）であり，それに向けて人口増加率は徐々に鈍化することが予測されている。世界人口のピークについては，Bricker and Ibbitson (2019) は 2050 年頃，米国ワシントン大学保健指標・保健評価研究所（IHME）は 2064 年と予測している（https://www.healthdata.org/news-release/lancet-world-population-likely-shrink-after-mid-century-forecasting-major-shifts-global, 2023 年 3 月 31 日アクセス）。

4）国連日本政府代表部（https://www.un.emb-japan.go.jp/jp/statements/okamura071316.html, 2023 年 3 月 31 日アクセス）

5）詳細にみてもその間，高齢化率が 21％以上の国／地域は 2020 年 15 → 2050 年 102 へと増加する反面，高齢化率が 7％未満の国／地域は 2020 年 105 → 2050 年 45 へと減少する。

6）各年齢別の出生率は，それぞれの年齢の 1 人の女性が過去 1 年間に生んだ子供の数と考えることができる（例えば，30 歳の女性の出生率とは，30 歳の 1 人の女性が過去 1 年間に生んだ子供の数と考えることができる）。合計特殊出生率とは，15 歳から 49 歳までの女性の過去 1 年間の年齢別出生率を足し合わせた値を，あたかも 1 人の女性が生涯に産む子供の数と見なしたもの，と考えることができる。

7）日本では，2.07 程度が想定されている（「選択する未来」委員会 (2015)「選択する未来—人口推計から見えてくる未来像—」）（https://www5.cao.go.jp/keizai-shimon/kaigi/special/future/sentaku/s2_1.html, 2023 年 3 月 31 日アクセス）

8）詳細にみてもその間，合計特殊出生率（TFR）が 2.1 を下回る国／地域は 2020 年 122 → 2050 年 171 へと増加する反面，2.1 を上回る国／地域は 2020 年 114 → 2050 年 65 へと減少する。

9）人口を年齢で分類する場合，14 歳以下（年少人口），15 歳から 64 歳（生産年齢人口），65 歳以上（老年人口）の 3 つに区分することが多い（年齢 3 区分別人口【キーワード】）。これらのうち，年少人口と老年人口の合計が，従属人口である。

10）国／地域別にみても，2020 年から 2050 年にかけて，19 か国すべてで低下する。

11）経済産業省 (2021) はそれぞれについて，「ミレニアル世代の定義については様々あるが，ここでは 1983 年 1 月〜 1994 年 12 月生まれと定義」，「Z 世代の定義については様々あるが，ここでは 1995 年 1 月〜 2003 年 12 月生まれと定義」している。もっとも Z 世代については，もう少し長く，1990 年代の中頃から 2010 年代序盤までに生まれた世代を指す論者も少なくない。

　なお，ミレニアル世代は，ミレニアム（新千年紀）が到来した 2000 年前後かそれ以降に成人あるいは社会人になった世代であることから，そのように呼ばれている。ミレニアル（Millennial）は「千年の」という意味の形容詞で，ミレニアム（Millennium）は「千年間」という意味の名詞である。また，Z 世代以降の世代，すなわち概ね 2010 年代序盤から 2020 年代中盤（あるいは終盤）にかけて生まれた（る）世代は α 世代と呼ばれることが多い。

12）もっとも，吉川 (2016) のように，「先進国の経済成長は，人の数で決まるものではなく，イノベーションによって引き起こされる」(p.91) といった指摘もある。

13) 厚生労働省「厚生労働統計に用いる主な比率及び用語の解説」(https://www.mhlw.go.jp/toukei/kaisetu/index-hw.html, 2023 年 3 月 31 日アクセス)

参考文献

経済産業省 (2021)『通商白書 2021』(https://www.meti.go.jp/report/tsuhaku2021/pdf/2021_zentai.pdf, 2023 年 3 月 31 日アクセス)

厚生労働省 (2015)『平成 27 年版厚生労働白書』(https://www.mhlw.go.jp/wp/hakusyo/kousei/15/dl/all.pdf, 2023 年 3 月 31 日アクセス)

国際協力事業団・国際協力総合研修所 (2003)『第二次　人口と開発　援助研究』(https://openjicareport.jica.go.jp/pdf/11712056.pdf, 2023 年 3 月 31 日アクセス)

椎野幸平 (2015)「人口ボーナス期で見る有望市場は」『ジェトロセンサー 2015 年 3 月号』, pp.58-59

内閣府 (2003)『平成 15 年度 年次経済財政報告』(https://www5.cao.go.jp/j-j/wp/wp-je03/pdf/03-00302.pdf, 2023 年 3 月 31 日アクセス)

ブルーム, デイビッド E (2020)「世界人口の今」IMF『ファイナンス&ディベロップメント』2020 年 3 月 (https://www.imf.org/external/japanese/pubs/ft/fandd/2020/03/pdf/bloom.pdf, 2023 年 3 月 31 日アクセス)

吉川洋 (2016)『人口と日本経済』中公新書

Bricker, Darrell and John Ibbitson (2019), *Empty Planet: The Shock of Global Population Decline*, Robinson (倉田幸信訳 (2020)『2050 年 世界人口大減少』文藝春秋)

View 01 高齢化への備え

第1節　高齢化への備えとは

　高齢化は今や，日本のみならず，世界的なテーマでもある。本節では，平均的な日本の家計の経済的な側面に焦点を当て，我々はなぜ，そしてどのように高齢化へ備えるべきなのか，について検討する。

1. 高齢化への備えとは

　高齢化への不安の一つは，経済面にある。実際，金融広報中央委員会（2021）によると，経済面から老後の生活を考えた場合，年齢を問わず，「心配である」が「それほど心配していない」を上回っている（図3 − V1 − 1）。「心配である」

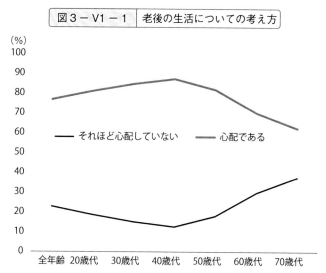

図3 − V1 − 1｜老後の生活についての考え方

注：世帯主年齢別。調査対象：全国5,000世帯（世帯主が20歳以上80歳未満で，かつ世帯員が2名以上）。質問：「あなたのご家庭では，老後の暮らし（高齢者は，今後の暮らし）について，経済面でどのようになるとお考えですか」。
出所：金融広報中央委員会（2021）より作成

	全体	20歳代	30歳代	40歳代	50歳代	60歳代	70歳代
十分な金融資産がないから	66.7	63.8	69.5	71.8	70.2	60.6	60.2
年金や保険が十分ではないから	54.8	44.2	47.4	50.8	55.0	61.5	61.4
現在の生活にゆとりがなく，老後に備えて準備（貯蓄など）していないから	24.4	27.5	24.8	29.3	25.4	20.5	19.4
生活の見通しが立たないほど物価が上昇することがあり得ると考えられるから	23.3	24.6	28.1	23.2	20.5	23.3	22.3
退職一時金が十分ではないから	22.4	18.1	21.8	33.3	29.7	15.3	6.8
再就職などにより収入が得られる見込みがないから	10.1	5.8	7.9	11.5	10.7	11.1	8.9
こどもなどからの援助が期待できないから	9.3	5.1	6.4	10.1	9.8	8.4	12.7
家賃の上昇により生活が苦しくなると見込まれるから	3.7	9.4	6.4	4.7	2.8	2.5	0.9
マイホームを取得できる見込みがないから	3.5	9.4	5.4	3.5	3.5	2.7	1.0
その他	7.9	5.8	6.5	7.5	8.1	7.4	11.0
無回答	0.0	0.0	0.0	0.0	0.0	0.0	0.0

表3－V1－1　老後の生活を心配する理由（老後を心配している世帯）（複数回答）

注：世帯主年齢別。調査対象：全国5,000世帯（世帯主が20歳以上80歳未満で，かつ世帯員が2名以上）。
出所：金融広報中央委員会（2021）より作成

という回答は，60歳代以降，大きく低下するものの，70歳代でも依然，「それほど心配していない」を上回っている。

　経済面における老後の生活についての心配の一因は，金融資産が不十分という認識である。実際，図3－V1－1で「心配である」と回答した人のうち，「十分な金融資産がないから」との回答は，年齢を問わず，概ね最大の割合を占める（表3－V1－1）。60歳代以降，「十分な金融資産がないから」を挙げる割合は大きく低下し，「年金や保険が十分ではないから」とほぼ同程度となるものの，それでもやはりそれが最大の心配材料の一つである点には変わりない。もっとも，「十分な金融資産」とは，いったいどの程度なのであろうか。

2. 高齢化への備えの現在・過去・未来

　「十分な金融資産」については，多くの議論が行われるようになっている。その大きなきっかけとなったのは，いわゆる「老後2,000万円問題」である。老後2,000万円問題とは，金融審議会（2019）による「老後20～30年間で約

1,300 万円〜 2,000 万円が不足する」という試算に対する，さまざまな議論や
報道のことである。そしてそれは，国民の間に，「老後の資金としては，年金
収入だけでは足りず，2,000 万円が必要」というイメージをもたらすこととな
ったのである。そこで示された金額は，ごく簡単な試算に基づくものであった
と考えられるが[1]，2,000 万円という金額は，60 〜 65 歳頃までの資産形成期
のうちに（あるいは，資産取り崩し期までに），世帯で蓄積すべき一つの目安であ
ることを示唆する調査は少なくない。

　例えば，金融広報中央委員会（2021）によると，目標とする金融資産残高（中
央値）は，年齢ごとに異なるものの，資産取り崩し期が視野に入る 50 歳代以
降は 2,000 万円となっている（図 3 − V1 − 2）。また，内閣府（2019）による，
60 歳以上を対象とした調査においても，「これからの生活に必要な貯蓄額」と
して「2,000 万円以上は必要」との回答が 33.7％と最大となっている[2]。家計
ごとの目標額の違いが大きいこと，インフレなど今後の経済情勢次第では目標
額が増加する可能性があること，などには留意が必要であるが，資産形成期の

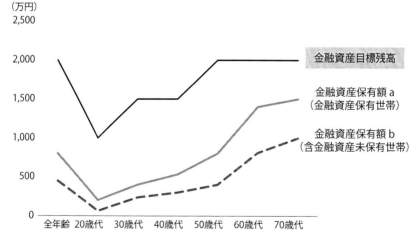

図 3 − V1 − 2　金融資産残高の目標と現実（中央値）

注：世帯主年齢別。調査対象：全国 5,000 世帯（世帯主が 20 歳以上 80 歳未満で，
　　かつ世帯員が 2 名以上）。質問：「あなたのご家庭では，現在どのくらいの金融
　　資産残高を目標にしていますか」。
出所：金融広報中央委員会（2021）より作成

うちに（あるいは，資産取り崩し期までに）蓄積すべき金額として，2,000万円は一つの目安となっているように窺われる。ただし，現実の金融資産残高保有額（中央値）[3] は，金融資産保有世帯だけに限っても，2,000万円には及ばない。ましてや，金融資産を保有していない2割程度の金融資産未保有世帯を含むと，乖離はより鮮明になる。

第2節　高齢化への備えはなぜ重要か

　個人にとって，高齢化への備えは，高齢化への不安を緩和するために重要である。代表的な備えとしては，金融資産の蓄積がある。もっとも高齢化への備えが重要なのは，個人に限ったことではない。

　企業にとって，高齢化への備えは，企業の成長ないし存続にとって重要である。代表的な備えとしては，従業員の高齢化，顧客の高齢化を見据えた経営戦略が挙げられる。

　政府にとっても，高齢化への備えは重要である。とりわけ，市場取引に任せる形では難しい「高齢化に対応する社会システムの形成」という目的にとって重要である。政府はすでに，1995年，高齢社会対策を総合的に推進し，経済社会の健全な発展と国民生活の安定向上を図ることを目的として「高齢社会対策基本法」を制定したほか，同法に基づき，内閣府に特別の機関として「高齢社会対策会議」を設置，1996年には「高齢社会対策大綱」を作成している。このように，高齢化への備えは，政策面においても進展しつつある。そしてそれは，高齢化への備えの重要性を示唆するものでもある。

第3節　投資家にとっての意義

　高齢化への備えのために金融資産を蓄積することは，投資家にとって大きな意義がある。そもそも投資家が金融資産を蓄積することの大きな目的の一つは，高齢化への備えであるためである。実際，金融広報中央委員会（2021）によると，金融資産の保有目的は，「老後の生活資金」が，年齢を問わず最大となっている（表3－VI－2）。同調査には，証券を保有する投資家だけでなく，

| 表 3 － V1 － 2 | 金融資産の保有目的（金融資産保有世帯）（3 つまでの複数回答） |

	全体	20歳代	30歳代	40歳代	50歳代	60歳代	70歳代
老後の生活資金	68.5	41.1	53.7	59.4	70.8	80.4	75.1
病気や不時の災害への備え	50.9	40.2	44.1	42.9	50.7	54.8	60.9
こどもの教育資金	20.9	30.8	50.0	42.6	18.8	2.9	1.1
旅行，レジャーの資金	19.6	17.8	18.4	12.1	16.9	25.8	23.2
とくに目的はないが，金融資産を保有していれば安心	15.3	24.3	17.3	15.3	14.1	12.4	17.7
耐久消費財の購入資金	12.6	13.1	11.8	12.2	11.8	14.1	12.3
住宅の取得または増改築などの資金	9.8	22.4	17.5	10.2	8.9	7.0	6.7
遺産として子孫に残す	6.6	1.9	2.6	3.3	3.9	8.5	13.7
こどもの結婚資金	4.8	7.5	7.9	5.6	6.3	4.2	0.8
納税資金	2.4	3.7	1.8	2.3	2.3	2.7	2.4
その他	4.0	3.7	3.3	4.5	4.2	3.9	3.9

注：世帯主年齢別。調査対象：全国 5,000 世帯（世帯主が 20 歳以上 80 歳未満で，かつ世帯員が 2 名以上）。
出所：金融広報中央委員会（2021）より作成

証券を保有していない個人も含まれているものの，投資家に限ってみても，「老後の生活資金」は金融資産を蓄積することの大きな目的の一つとなっているのではないかと考えられる。

1.　長期・積立投資の効果

　高齢化への備えのために金融資産を蓄積するなら，個人投資家の望ましいスタンスと考えられている「長期・積立・分散」投資のうち，少なくとも「長期・積立」投資の効果を享受することが可能となる[4]。積立の効果を享受するには，一定の時間を必要とするが，高齢化への備えのための投資は一般に，長期的な観点から行うことができるためである。

　ここで長期・積立投資の効果を，日経平均株価を用いて紹介してみたい[5]。図 3 － V1 － 3 の上図は，史上最高値を記録した 1989 年 12 月末日以降の日経平均株価の推移，下図は，その史上最高値を付けたタイミングで長期・積立投資を開始，それ以降 30 年超にわたって，毎月末 1 万円の投資を続けたシミュレーション結果である[6]。シミュレーション結果は，日経平均株価が今なお史上最高値に及ばないにも関わらず，累積購入額（時価）が累積購入額（簿価）

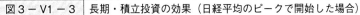

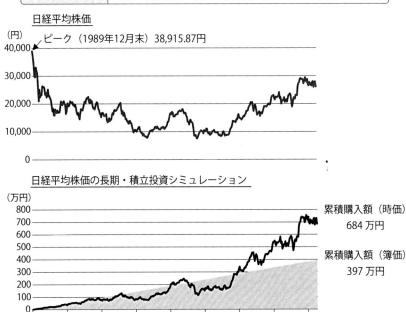

図3-V1-3　長期・積立投資の効果（日経平均のピークで開始した場合）

日経平均株価

ピーク（1989年12月末）38,915.87円

日経平均株価の長期・積立投資シミュレーション

累積購入額（時価）
684万円

累積購入額（簿価）
397万円

注：1989年12月末以降，2022年12月末まで，毎月末1万円積み立てた場合。配当，
　　手数料等のコストは考慮していない。
出所：日本経済新聞社，St. Louis Fed, *FRED* より作成

を上回っている（すなわち利益が生じている）ことを示している。このいささか
狐につままれたような結果こそまさに，長期・積立投資の効果を端的に示すも
のである。そのため日経平均株価を用いた同様の試算は，さまざまな金融経済
教育の場で利用されている。

　なお，ここで行ったシミュレーションのような，定期的（ここでは，1か月に
1回）に，同じ購入額（ここでは，一回当たり一万円）で買い付ける方法はドルコ
スト平均法【キーワード】と呼ばれ，積立投資の代表的手法である。長期にわ
たって行うことで，1株当たりの購入単価を引き下げることが可能となり，利
益を出しやすくする方法として知られている。

2. 資産取り崩し期の資産管理も重要

　もっとも，60〜65歳頃までの資産形成期のうちに（あるいは，資産取り崩し期までに），「長期・積立・分散」投資の恩恵を十分享受し，2,000万円を蓄積することができたとしても，もう一つ大きな問題が残る。それは，資産取り崩し期における資産管理の問題である。なぜなら，生存中に資産が払底してしまえば，それまでの取り組みの意義が失われるからである。資産取り崩し期は，資産形成期と同じくらい長くなる可能性があることも，その重要性を高めている。

　資産取り崩し期の資産管理について有名な考え方に，「4%ルール」がある。同ルールは，米国の先行研究をもとに，「金融資産残高を毎年4%のペースで取り崩すなら，金融資産残高は枯渇しない」といった意味で用いられることが多い[7]。資産取り崩し期の資産管理については，そうした取り崩しのペースのほか，資産構成（ほとんどを債券などリスクの低い資産で保有すべきか，ある程度は株式などリスクのある資産を保有すべきか）など重要な論点がある。にもかかわらず，少なくとも日本においては，資産取り崩し期の資産管理について確立した手法・考え方は存在しないと考えられる[8]。資産取り崩し期の資産管理方法については今後，さらなる議論が進展することが期待される。

Keyword　ドルコスト平均法

　ドルコスト平均法とは，「今は安いので買い」とか「今は高いので売り」といった
タイミングの判断を行わず，定期的（例えば1か月に1回）に，同じ購入額（例え
ば1回当たり1万円）で買い付ける方法である。購入額を一定に保つことで，価格（株
式なら株価，投資信託なら基準価額）が低いときには購入量（株式なら株数，投資信
託なら口数）が多くなる一方，価格が高いときには購入量は少なくなる。そのため，
購入単価の平準化と平均購入単価の引き下げ効果があり，長期的な資産形成を行って
いくうえで有効な投資方法の一つと考えられている。ただし，ドルコスト平均法とい
えども，常に収益を上げることができるわけではない。例えば，購入する金融商品の
価格が下落し続けるような場合には，損失を被る場合がある。

　ドルコスト平均法を一括投資と比較すると，リターンについては，投資対象が大き
く上昇する場合には，一括投資＞ドルコスト平均法，横ばい～下落の場合には逆に，
ドルコスト平均法＞一括投資となりやすいと考えられる。しかも，先の日経平均株価
の例のように，投資対象が下落，一括投資ではマイナスとなる場合でも，投資期間等
によってはプラスのリターンとなることがありうる。また，リスク（リターンの振れ
幅）については，購入単価の平準化の効果によって，相対的に安定しやすい（あるい
は，リスクが低下しやすい）と考えられる[9]。すなわちドルコスト平均法は，一括投
資と比べ，リターンについては投資対象が横ばい～下落の場合に，リスクについては
局面を問わず強みを発揮する，という傾向があるといえる。

【注】

1）　総務省『家計調査』（2017年）において，高齢夫婦無職世帯（夫65歳以上，妻60
　　歳以上の夫婦のみの無職世帯）では毎月約5.5万円（54,519円），支出が収入を上回
　　る（不足する）結果となっている。それに基づくと，今後20年間では約1,320万円（＝
　　約5.5万円×12か月×20年），30年間では約1,980万円（＝5.5万円×12か月×30年）
　　が必要となることから，「老後20～30年間で約1,300万円～2,000万円」と試算され
　　たと考えられる。

2）　内閣府（2019）によると，60歳以上の対象者に対し，「あなたは，これからの生活
　　を考えた場合，貯蓄はどのくらい必要だと思いますか。この中から1つ選んでお答え
　　ください。配偶者と一緒に暮らしている方は，あなたと配偶者お二人の状況について
　　お答えください。」という問いに対し，「2,000万円以上は必要」が33.7％と最大，次
　　いで「1,000～2,000万円くらいは必要」の23.8％，「500～1,000万円くらいは必要」
　　の17.5％の順となっている。

3）　金融資産残高保有額の中央値とは，調査対象世帯を保有額の少ない順（あるいは多い順）に並べたとき，中位（真ん中）に位置する世帯の金融資産保有額のこと。

4）　分散投資の効果は，長期でなくとも，その恩恵を享受できる。

5）　長期・積立投資に分散投資を加えた効果についての検証は，金融庁（2016）を参照のこと。

6）　日経平均株価は，1989（平成元）年12月末（正確には，その年最後の取引日である大納会の12月29日），取引時間中に38,957円44銭，終値は38,915円87銭を記録した。それぞれ，史上最高値，終値としての史上最高値である。

7）　同ルールを説明する際，しばしば引用される論文に，Cooley, Hubbard and Walz（1998）がある。同論文では，1926年〜1995年の期間で，1,000ドルの資金を，S&P500と米国の高格付社債（長期）のさまざまな組み合わせで保有する一方，さまざまな取り崩し率（当初資金1,000ドルに対しての取り崩し率）で取り崩し続けるというシミュレーションを実施し，毎年4％の取り崩し率（したがって毎年40ドル）なら，30年後もほとんどのケースにおいて資産が枯渇しなかったという結果を提示している。もっとも同論文では，インフレを考慮（取り崩し額をインフレ率分増やす）すると，枯渇する可能性が高まるという結果も同時に示されている。

8）　さらに，実際の資産管理においては，家計・個人ごとの違いが大きいこと，高齢化に伴う判断能力の衰退なども考慮する必要がある。

9）　工藤（2012）は，2000〜2010年の世界の株価指数を用いた実証分析に基づき，ドルコスト平均法と一括購入の比較を行っている。その結果，リターンの面では，株価の平均リターンが高いときは一括投資が優位であるが，平均リターンがゼロ近辺，またはマイナスの時は，ドルコスト平均法が優位であること，リターンの変動（リスク）の面では，どのような場合でも，ドルコスト平均法が優位であること，を指摘している。

参考文献

上田憲一郎（2022）「老後資産取り崩しに関する包括的・多角的な検討—確定拠出年金の検討を契機として—」『年金研究』No.17, 18-32頁。

金融広報中央委員会（2021）『家計の金融行動に関する世論調査2021年（二人以上世帯調査）』（https://www.shiruporuto.jp/public/document/container/yoron/futari2021-/2021/pdf/yoronf21.pdf, 2023年3月31日アクセス）

金融審議会（2019）「市場ワーキング・グループ報告書『高齢社会における資産形成・管理』」（https://www.fsa.go.jp/singi/singi_kinyu/tosin/20190603/01.pdf, 2023年3月31日アクセス）

金融庁（2016）『平成27事務年度 金融レポート』（https://www.fsa.go.jp/news/28/20160915-4/01.pdf, 2023年3月31日アクセス）

工藤清美（2012）「ドルコスト平均法の有効性の分析：リスクの視点から」『ファイナンシャル・プランニング研究』No.12, 19-38頁。

内閣府（2019）『令和元年度 高齢者の経済生活に関する調査結果』（https://www8.cao.
　go.jp/kourei/ishiki/r01/zentai/pdf/s3.pdf，2023 年 3 月 31 日アクセス）
Cooley, Philip L., Carl M. Hubbard, and Daniel T. Walz（1998），"Retirement savings:
　Choosing a withdrawal rate that is sustainable," *AAII journal*, Vol.20, No.2, pp.16-21.

View 02 高齢化が株価・債券価格に与える影響

第1節　高齢化と株・債券とは

　人口動態は，資産価格の長期の波動を知る上で重要であると考えられてきた。しかしながら，金融資産の価格形成と人口動態との経済メカニズムは十分には解明されていないように思われる。ただし，直感的には，90年以降の日本株の不振は，日本の高齢化やそれに伴う社会保障費の増大などと関係しているように感じている投資家も多いのではなかろうか。ここでは，直観と理屈とのバランスに注意しながら，高齢化が，株や債券，そして金利にどう影響しているのか考えてみよう。紙面の関係もあり，主に金利と高齢化の関連を議論していく。人口と金融資産の関係には前提が置かれている。結局，その前提を変えてしまえば，結論は変わってくることに注意が必要であろう。

1.　高齢化と資産価格の長期的な関連性

　高齢化は世界共通の現象であり，それが金利を下げ，株価にマイナスの影響を持つと考えられている。我々は，この議論を理解することから始める。

　日本の高齢化のスピードは，先進国の中で突出しており，対応すべき緊急性の高い課題であることは間違いない。また，同じような高齢化現象は，日本に倣い欧米先進国に急速にキャッチアップした中国や韓国，アジア諸国全般で深刻化している課題である。つまり，高齢化は世界共通の現象であるといってもよい。ここが我々の議論の出発点になる[1]。

1.1　高齢化が金利や株価に関係しているのかどうかは，時間軸による

　まず，高齢化は株価や債券価格（裏を返せば金利）に影響しているとして議論したい。視点が長く，時間軸はできれば50年位の期間が理想である。

　なぜ，この点を強調するのか。

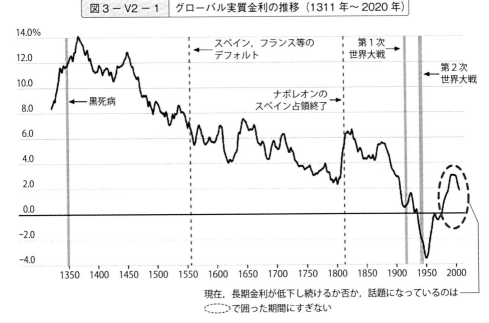

図3-V2-1　グローバル実質金利の推移（1311年～2020年）

スペイン，フランス等の
デフォルト

第1次
世界大戦

第2次
世界大戦

黒死病

ナポレオンの
スペイン占領終了

現在，長期金利が低下し続けるか否か，話題になっているのは
で囲った期間にすぎない

出所：Rogoff, Rossi and Schmelzing（2022）より作成

　実は，両者には関係が無いという研究もあるからだ。例えば，Rogoff, Rossi and Schmelzing（2022）は，1300年頃から2020年という約700年の期間の長期実質金利（名目金利マイナス実質金利）を観察した。図3-V2-1を見れば明らかだが，実質金利は1300年以降，低下し続けている。このトレンドは，人口の動きとは関係ない。思い込みで，金融資産と高齢化の壮大な長期的関係などを連想してしまうのは，危険すぎるということである。

2. 高齢化と株価や金利に関する過去・現在・未来

　経済学は，高齢化と金融資産の価格でもある金利との関係についてどのように捉えているのか。経済学者の一部は，長期的な金利低下現象が高齢化によって発生していると主張している（Kopecky and Taylor（2022））。

2.1　基本となる発想：物的資本の価値（収益性）＝金利

　（長期）金利の低下に，なぜ高齢化が関連してくるのか。とりあえず，議論

を深める予備知識として，金利と生産の関係を説明したい。

　生産は，「労働（人的資本とも言う）」と「物的資本（工場や機械などの生産設備など）」，そして「技術」の３つの要素で行われる。この３要素のうち，ここでは説明の都合上，「労働」と「物的資本」に絞ってみる。

　「労働」だが，通常，労働というと労働力人口（15歳以上のうち，就業者と失業者の合計）である。

　とりあえず，高齢化は労働者の数，つまり労働力人口の減少であると解釈できる。労働力人口が減少するほど，労働者の希少性（我々の身近な感覚だと有難さ）は高まり賃金に上昇圧力が加わることになる。希少性とは，日常用語でいえば「ありがたみ」のことであり，何かに対してありがたみがあるという点で，相対的なものだ。ここでは，「物的資本」に比較してということである。労働力人口の減少による労働者の希少性UPは，その裏返しとして，「物的資本」の希少性をDOWNさせてしまう。「物的資本」は相対的に「ありがたく」なくなるので，価値を下げてしまう。

　労働の価値は賃金である。資本の価値は何であろう。結論から言うと「物的資本」の価値は，金利に等しい。ただし，資本の価値が金利だということをイメージすることは難しいかもしれない。我々の身近な言い方では，物的資本の「収益性」のことである。

物的資本の価値（収益性）＝金利

　1980年代以降の金利の低下トレンドは，高齢化により「物的資本」の希少性が減少，その収益性が低下したために発生したと考えられる。

　ところで，80年代の金利低下については，いくつかのさらに尖った２系統の議論があると，筆者は思っている。いずれも，高齢化が長期金利の低下をもたらすのは同じだが，考え方が異なる。それらを解説することで，高齢化が金融資産に与える影響をさらに深く考えることができるはずだ。

系統１：世界経済の長期停滞が金利低下を引き起こした説

　一つは，世界経済が長期停滞に陥っているという考え方である。Summers（2014）などが主張している米国の長期停滞説も，この考え方にもとづいてい

る。1980年ごろから，世界は長期停滞に入ったために，自然利子率が低下し続けており，それに追い付くように長期金利も低下し続けているというのだ。自然利子率という難しそうな用語が出てきたが，簡単に言うとその国の実力である。例えば，日本は0.5％前後の経済成長を続ける実力はあると言われている。経済の実力を示す自然利子率【キーワード】が，世界的に低下し続けたというのである。なぜ，長期にわたって低下したのか。その理由の1つは，グローバルエージングと呼ばれる世界的な高齢化である。

さらに，長期停滞論は，需要の拡大テンポが徐々に衰えているとして，経済的格差拡大の中で中間層の比率が低下していることや，AIなどの技術進歩が雇用を奪っていることをその理由にあげている。

（相対的ではあるが）物的資本価値が低下するというのは，生産設備の生産性が落ちてきた証拠でもある。ともかく，自然利子率も低下したため，市場金利も下がっていったのである。

系統2：高齢化が世界的な過剰貯蓄を発生させている説

長期金利が低下傾向を続けていることを説明する，もう一つの系統がある。過剰貯蓄（Saving Glut）によって長期金利が低下し続けているという考え方である。Saving Glutという言葉は，2022年にノーベル経済学賞を受賞したバーナンキ前FRB議長（2005）が使った言葉だが，世界中の貯蓄資金が米国に投資されている状態をいう。バーナンキは，過剰に米国に流入する資金が，不動産や金融投資に向けられたために米国で金融バブルが発生する可能性を危惧し，Saving Glutという言葉を使ったとされている。

過剰貯蓄は，世界的な高齢化が影響している。世界は全般的に高齢化（これもグローバルエージング）しており，どの国の人々も老齢化に備えて貯蓄を増やす必要性を感じている。しかし，世界の金融市場，とりわけ新興国の金融市場は，先進国のように透明性，安定性が高いわけではない。さらに，金融規制が厳しいために，自国の金融市場が魅力に欠ける国も多い。多くの国が，金利の過剰な上昇を防ぐために，金利規制などを設定している。仮に資金を運用したくても，自国にはそれを運用する投資適格な金融商品が存在しないのだ。この場合，ある水準を超える資産を持つ人々は，自国ではなく，世界で一番自由に

取引可能な米国市場や米国ドル建ての金融資産を保有したがる。グローバルエージングは，こうして過剰貯蓄を引き起こしているとされる。

系統２の進化形：人口逆転説？

　世界的な低金利現象を説明する二系統の議論だが，共に高齢化が金利の低下と関連している点では同じである。しかしながら，第１系統とした世界の長期停滞論では，資本を使っていくと次第に物的資本の生産性や効率性が減衰していくという経済の原理を使っている。一方，第２系統の過剰貯蓄論は，高齢化が老後に備えた貯蓄を促すという点にある。旺盛な貯蓄，つまり大量に貯蓄資金が金融市場に流入することで，資金の需給は緩和され金利は低下傾向を続ける。もっとも第２系統の議論は，我々が，どこまで高齢化に備えた貯蓄を続けるかによる。貯蓄の行方次第では，金利の低下傾向に歯止めがかかり，逆に反転したりする可能性すらある。この考え方をさらに極端に突き詰めていくと，Goodhart and Pradhan（2020）が主張する人口動態が引き起こす逆転現象という考え方に行き着く。系統２の進化形である。

　まず，何が逆転なのか。今後，グローバルエージングが急速に進む中で，低下傾向を続けた金利は上昇に転じ，物価も70年代のようにインフレーションを経験するという仮説である。これまでの高齢化が長期金利の低下を招くという考え方とは全く逆の考え方である。

　逆の流れが起きるのは，依存人口比率（従属人口指数と同じ意味である）の激変である。依存人口比率は，従属人口（＝年少人口と老年人口）を，生産年齢人口で割ったものであり，生産年齢にある人々が子供や老齢者を支える負担度を判断する指標とされている[2]。生産年齢にある人々が，一定の水準を超える負担を強いられた場合に，合理的な判断として貯蓄をストップしてしまう可能性があるとされる。例えば，生産年齢層が，親や子の経済的な負担を強いられた時，彼らの貯蓄は減少せざるを得ない。さらに，子の世代が負担できないほどの大きさになれば，最終的に，国が面倒をみることになる。社会保障経費の増加は財政を悪化させるはずである。

　ところで，実際の依存人口比率を見ると，1980年頃から依存人口比率は低下に転じていた。この1980年というのは，まさに金利が低下トレンドに転じ

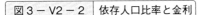

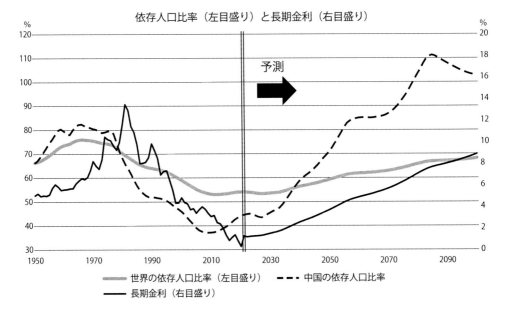

図3-V2-2 依存人口比率と金利

依存人口比率（左目盛り）と長期金利（右目盛り）

予測

━━━ 世界の依存人口比率（左目盛り）　━ ━ ━ 中国の依存人口比率
━━━ 長期金利（右目盛り）

出所：依存人口データは，UN, *World Population Prospects 2022*, 長期金利データは *JST Macrohistory Dataset* を利用（https://www.macrohistory.net/database/，2023年3月31日アクセス）。2021年以降の長期金利は試算。

た時期と一致する。ところが，世界レベルでみると，依存人口比率は2010年頃にボトムとなり，次第に増加すると予想されている。特に，こうした上昇傾向が強くなるのは中国である。

　参考までにこの逆転仮説を使って，依存人口比率と長期金利の関係を回帰式にかけて推計してみた。依存人口比率のデータは国連の推計予測値が公開されているので，それを使って（長期）金利の推移を予想したのが図3-V2-3である。2020年前後に反転した金利は，今後上昇トレンドを維持し続け，2100年には10％の水準に達する。もちろん，この予測がどの程度妥当かは慎重に考えてみる必要がある。

第２節　なぜ高齢化は株価や債券価格，金利に重要なのか

　高齢化が株価や債券価格，金利に重要な理由は，これまで議論してきたように，何らかの影響を及ぼすと考えられるからである。ただし，明確な結論がない。重要なのは，金融マーケットの大変化が高齢化によって起きるというナラティブ（世間に広まる感染力ある重要な物語）が生んでいることである。高齢化という要因が，金融市場にナラティブを提供していることを理解していくことは重要である。

　これまでの議論を使って，我々も高齢化と金利との関係に関して実証的に議論し，現時点で一つのナラティブを作ってみるとしよう。

1. 退職年齢の引き上げ効果と寿命に関する世界の現状

　高齢化への一つの現実的な対応として，各企業が退職年齢を引き上げるものとしよう。企業の退職年齢引き上げは，高齢者の非労働期間を短縮することにつながる。高齢化が深刻化するほど，各国・各企業は高齢者の退職年齢を引き上げざるを得ない。それだけではない。高齢化が深刻なのは，日本だけでなく世界的な現象である。政府もさまざまな対策を講じており，年金給付時期の引き上げなど，年金資金原資の枯渇や社会保障費の肥大化を回避するための制度改革を実施している。我々も，これに手をこまねいているのではなく，金融資産の形成を計画的に進める必要性などを痛感している。つまり，高齢化が進むと我々はその効果を減殺しようとして努力する。そのため，むしろ，高齢化は金融資産形成を促す効果を持っている面がある。これを，以下では退職年齢の延長と金融資産の蓄積を加速させる効果と呼ぼう（効果1）。

　一方で，高齢化は長寿化を促し，日本の平均寿命は，90年代には80歳を突破した。こうした平均寿命が長くなるほどに，非労働期間は長くなり，退職前に蓄積した金融資産を取り崩さざるをえなくなるはずだ。高齢者が全人口に占める割合が高い中で長寿化が進めば，非退職年齢の引き上げなど人為的な努力では吸収できない，金融資産の取り崩しが進むと考えられる。これは金利を上昇させる。この効果を非労働期間の長期化効果と呼ぶとしよう（効果2）。

効果1：退職年齢引き上げなどの対策効果：退職年齢の引き上げなどさまざまな対策が講じられ，人々も高齢化に備えて債券などの資産運用を活発化させる効果 ⇒ 金利低下

効果2：非労働期間の長期化効果：長寿化で非労働期間が長期化し，金融資産の取り崩しを行わざるを得ない効果 ⇒ 金利上昇

　世界6か国（日本，米国，英国，ドイツ，フランス，イタリア）を対象に実質金利（長期金利−消費者物価上昇率）が，効果1と効果2でどの程度説明できるのか計測してみよう。

　計測の結果のみを示したのが表3−V2−1である[3]。

　まず，確認されるのは，対策効果と呼ぶことにした効果1は，金利を低下させるように作用する一方で，非労働期間を長期化させる長期化効果2は金利を上昇させるように作用していることが確認される。ちなみに，全分析期間70年間（1950〜2020の累積）での効果1が実質金利の変化に与える影響は6か国平均で−33bp，効果2は10bpであり差し引きすれば高齢化・長寿化は−23bp（＝−33＋10）の金利引き下げ効果を持っている。なお，ベーシスポイント（bp）は，0.01％のことを指す。

　興味深いのは，その効果の大きさである。ここでは，実質金利に与える効果が，せいぜい20bp程度であったことを示している。つまり，高齢化は金融市場に今後も影響するようだが，そのインパクトは言われているよりかなり小さいことを示唆している。

表3−V2−1　高齢化が過去70年間に与えた実質金利への影響

(単位 bp)

		日本	米国	独	英国	仏	伊	世界平均
退職年齢引き上げ効果	効果1	-65.0	-24.6	-30.3	-19.6	-22.0	-38.1	-33.3
非労働期間長期化効果	効果2	17.4	6.2	9.4	7.7	10.4	11.0	10.4
総合効果	1+2	-47.5	-18.4	-20.9	-11.9	-11.6	-27.1	-22.9

出所：長期金利，高齢化率，平均寿命データを用いて試算。データ出所は *JST Macrohistory Dataset*。詳細は注3参照。

2.　日本も移民を積極的に受け入れるべきなのか

　高齢化対策の一つとして，日本も欧米諸国のように労働市場を外国人に開放すべきなのか。間もなく世界は移民の奪い合いを始めると予想される[4]。世界的な高齢化傾向の中で，移民可能な外国人労働者は急速に減少してしまうからだ。日本の人口減少と高齢化を埋めるほどの移民はまったく期待できない。少なくとも，新しい雇用を生むはずの DX などの新産業の育成が急務であり，そのための外国人技術者の受け入れを優先すべきであろう。

第3節　投資家にとっての意義

　投資家にとって，高齢化は重要である。その理由は，高齢化が金融市場の流れを決めるかもしれないからである。これまで述べてきたように，高齢化の影響については明確な結論がないものの，経済学者や投資家の関心は高い。そのため，説得力のあるナラティブ（物語）が登場した場合，市場が大きな影響を受ける可能性がある。

　さまざまな物語が現実に成立しえることを，我々は気に留めておくべきであろう。ナラティブは1つではないし，金融市場への影響も複数の経路を通じて波及するため，確定しにくい。投資家は，ナラティブの意図を注意深く観察する必要がある。

Keyword　自然利子率

　スウェーデンの経済学者 Wicksell（Johan Gustaf Knut Wicksell，1851 年 −1926 年）が提唱した概念上の金利であり，金融市場から直接得られる金利ではない。つまり自然利子率とは，モノを生産する市場の需要と供給を均衡させる，理論的に考えられる金利のことである。ヴィクセルは，この自然利子率と金融市場で決まる利子率との乖離が原因で，経済の混乱が発生すると考えた。彼のこの発想は現在でも通じる斬新なものであったが，同時期に Keynes が活躍し注目されていたため，長い間埋もれていた面がある。ただし，戦後の日本の経済学者には，彼を高く評価する人も多数い。金融政策の妥当性を判断する上で自然利子率の重要性が認識されており，FED や日銀は理論モデルを使って自然利子率を推計し公表している。

【注】

1）大泉（2007）は面白く，アジアも深刻な高齢化にあることを解説した名著である。一読をお勧めする。

2）グローバルエージングが注目されている。世界的高齢化は，先進国特有の問題ではなく，発展途上国でも進んでいる。国連の推計によれば，世界の人口動態は驚きの展開となる。まず，移民問題は深刻な問題ではあるが，間もなく解決に向かう。なぜなら，移民が急速に減少するからだ。さらに，国連の予想より前倒しの2050年に世界人口90億人でピークとなり減少に転じるとの見方もある（Bricker and Ibbitson（2019））。
　　グローバルエージングの中で，世界規模で依存人口比率が悪化する。特に，中国の依存人口比率は急速に悪化する（アフリカのみ改善）。最終的に，依存人口比率の上昇により世界各国は財政負担を強いられ，財政赤字による債務不履行（default）を発生させる可能性がある。
　　＜依存人口比率の定義＞
　　　　　依存人口比率；依存人口（0歳〜14歳＋65歳以上）÷
　　　　　　　　　　　生産年齢人口（15歳〜64歳人口）

3）計測で使ったデータは，効果1を代理変数として65歳以上の高齢者の全人口に占める比率（％），効果2の代理変数として各国の平均寿命年齢（実際の数値）を利用した。また安全資産の名目金利から消費者物価指数の増加率を引いたものを利用した。

4）ドイツを参考にすると，日本の高齢化を埋める目的で移民を受け入れた場合，2050年までに1千万〜2千万人程度と考えられる。現在の日本の移民は累積で300万人弱程度なので，けた違いの数となる。移民は周辺国から流入する傾向にあるため，日本に流入する移民の多くはアジア諸国からとなろう。しかし，アジア全体が高齢化しており，2030年ごろをピークに生産年齢層は減少に転じるため，大規模な移民流入は期待できない。

参考文献

Bernanke, Ben (2005) "The global saving glut and the us current account deficit", At the Sandridge Lecture, Virginia Association of Economists, Richmond, (https://www.federalreserve.gov/boarddocs/speeches/2005/200503102/, 2023年3月31日アクセス)

Bricker Darrel and John Ibbitson (2019) *EMPTY PLANET*, Crown.（倉田幸信訳（2022）『2050年世界人口大減少』文芸春秋）

Goldin, Claudia (2016) "How Japan and the US Can Reduce the Stress of Aging," *NBER working paper*, No.22445.

Goodhart, Charles, and Manoj Pradhan (2021), *The great Demographic Reversal*, Springer.（澁谷浩訳（2022）『人口大逆転—高齢化，インフレの再来，不平等の縮小—』日本経済新聞社）

Kopecky, Joseph and Alan Taylor (2022), "The Savings Glut of the Old: Population Aging, the Risk Premium, and the Murder-Suicide of the Rentier," *NBER working paper*, No.29944.

Poterba, James (2001), "Demographic structure and asset returns," *Review of Economics and Statistics*, 83(4), pp.565-584.

Rogoff, Kenneth, Barbara Rossi, and Paul Schmelzing (2022), "Long-Run Trends in Long-Maturity Real Rates 1311-2021," *NBER working paper*, No.30475.

Summers, Laurence (2014), "Reflections on the 'new secular stagnation hypothesis," in Baldwin, Richard and Coen Teulings(eds.), *Secular Stagnation: Facts, Causes and Cures*, CEPR Press.

大泉啓一郎（2007）『老いゆくアジア─繁栄の構図が変わるとき─』中公新書

第**4**章

金融資本の膨張

実施　ソーシャル　IMF　債券　流入　風船　製造業　取引　変化　監督
自由化　資金　投資ファンド　バーゼル　株式
ギリシャ　膨張　商品　価格　金融商品　発生　影響
投資　金融市場　可能　DeFi　拡大　貨幣
リスク　資産　米国　制度　**金融**　金融資本　アメリカ
中心　証券　企業
課題　アジア
Rodrik　金融危機　金融機関　証券化　バブル
日本
必要　住宅　国際　残高　融資　ドル　リーマンショック
技術　銀行　危機　規制　世界金融危機　還流　GDP　購入
現在　経済　システム
グローバルな　投資家　世界　金融資産　低下　存在
重要　政策　通貨　不安定　動き

注：ユーザーローカル AI テキストマイニングによる分析（https://textmining.userlocal.jp/）

第1節　金融資本とは

　現在は，カネ余りの時代である。実際，金融経済の拡大ペースは，実体経済の拡大ペースを凌駕している。それは，金融化，金融の膨張，金融資本主義，カジノ資本主義などとも称され，良くも悪くも現代世界経済の特徴の一つとなっている。本章では，金融資本膨張のメカニズムについて，米国を中心に検討する。

1.　金融資本の定義

　本章では，金融資本の膨張現象について議論を深める。その事前準備として，金融資本について定義しておこう。

1.1　金融資本とは

　金融資本について定義する前に，まず，資本（capital）という概念を押さえておきたい。資本とは，じっくりと時間を掛けて蓄積していくもの，あるいは取り崩していくものを指す。例えば，生産設備や建物などの物的資本は長期の計画を建てて，設計から完成まで数年の年月を要する。さらに，完成した建物は，徐々に摩耗したり破損したりしていく。適切なメンテナンスが必要となり，これを怠ると劣化が進み，使用に耐えられなくなる。

　金融資本も同様にじっくりと時間をかけて変化する。さらに，金融資本は，貨幣あるいはそれに近い金銭的な資産のことで，非金融資産（non-financial asset）とは区別される[1]。

　次に，貨幣とは何かについてみていこう。現金は貨幣であるが，貨幣は現金だけではない。例えば，最も現金に換えやすいものとして，預金がある。預金は支払いの手段としての便利さや換金性から貨幣であると考える。

貨幣の定義；貨幣＝現金＋預金

　金融資本とはこの貨幣への換金が比較的容易な資産のことである。例えば，債券や株式は金融資本であるが，その価格が変動する点で預金にはない価格変

動リスクのある金融資本である。また，銀行や証券会社で扱う投資信託も，最近では重要な金融資本の一つである。

1.2　非金融資本とは

　金融資本には属さない，非金融資産と呼ばれる資産がある。例えば，不動産や金などの貴金属を資産蓄積の手段とする投資家も多い。文字通り，「金融にあらざる資本」の一つが不動産である。実際，世界的に見ると，中国人の投資家は金融資産より非金融資産での資本蓄積に熱心である（第6章 View02　中国を参照）。

　しかし，中国でも，近い将来，不動産のような非金融資産から金融資産への投資のスイッチが発生するであろう。また，不動産は，金融資本の膨張に密接に関連していると考えられている。さらに，そのメカニズムは解明されていないが，金融バブルに繋がる資産価格の急激な上昇の際，不動産取引が活発化する現象が発生する[2]。

2.　世界的な金融資本の膨張の過去・現在・未来

　ここでは，金融資本が膨張していることを，確認しておく。図4－1は，世界の金融資産残高を，経済の規模（名目 GDP）と比較したものである。近年，明らかに，世界の金融資産残高の拡大スピードが速いことがわかる。実体経済と比較した金融部門の拡大は，カネ余り，金融化（financialization）[3]，金融の膨張，金融資本主義，カジノ資本主義などとも称され，良くも悪くも現代世界経済の特徴の一つとなっている。

　金融資産残高の拡大は，とりわけ世界金融危機以降，ノンバンクあるいは影の銀行（シャドーバンキング）と呼ばれる部門の拡大によってもたらされている（図4－2）[4]。その規模はすでに，銀行を大きく上回っている。ノンバンクの中には，投資ファンド，保険会社，年金基金，証券会社・投資銀行[5]など，さまざまな金融機関が含まれるが，近年，とりわけ拡大しているのは，投資ファンドである。投資ファンドの規模はすでに，保険会社や年金基金の規模を上回り，ノンバンクの中で最大のセクターになっている。

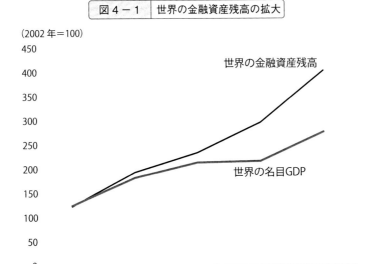

図4−1　世界の金融資産残高の拡大

（2002年＝100）

世界の金融資産残高

世界の名目GDP

注：対象：日米英のほか中印など主要新興国を含む21カ国・地域＋ユーロ圏
出所：FSB, *Global Monitoring Report on Non-Bank Financial Intermediation*, IMF, *WEO*
　　　より作成

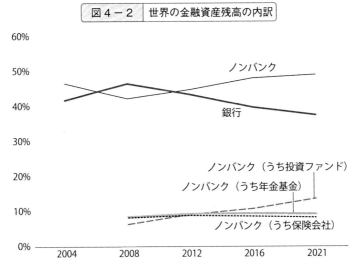

図4−2　世界の金融資産残高の内訳

ノンバンク

銀行

ノンバンク（うち投資ファンド）
ノンバンク（うち年金基金）
ノンバンク（うち保険会社）

注1：中央銀行，公的金融については，シェアの計算には含まれているが，グラフには
　　　描かれていない。
注2：投資ファンドには，MMF，REIT，ヘッジファンドは含まれていない。
出所：FSB, *Global Monitoring Report on Non-Bank Financial Intermediation*, IMF, *WEO*
　　　より作成

第2節　なぜ金融資本の膨張は重要なのか

　金融資本の膨張は，金融市場にとっても，実体経済にとっても，重要である。実際それは，通貨・金融危機やバブルの発生・破裂の頻発など，金融市場の変動を拡大させるとともに，金融市場の実体経済に対する影響の強まりをもたらす，大きな要因となっていると考えられる。

1.　金融資本はなぜ膨張しているのか～いくつかの考え方～

　金融資本の膨張はなぜ生じているのか。その原因として挙げられることが多いのは，先進国の経済成長率の鈍化である。すなわち，高成長期から低成長期への移行に伴って，最大の資金の向け先であるはずの設備投資の伸びが鈍化したことが，金融資本の膨張につながった，という考え方である（例えば池尾(2013)）。また，先進国を中心とする世界的な高齢化の進展に伴う金融資産の蓄積が金融資本の膨張につながった，といった考え方などもある。

　さらに，そうした標準的なメカニズムだけでなく，米国を中心とする資金循環の拡大もまた，その一因となっている可能性がある。そのことを理解するにはまず，現代の国際金融システムがドルをコアとして取引されていることを理解する必要がある。

1.1　ドルが圧倒する現状の国際金融

　ここでは，現在の国際金融取引においてドルが圧倒的に強いという事実を確認する。つまり，世界資本が米国に吸収されている。なぜ，それほどまでにドルやドル資産は強いのか。この点を，さらに正しく理解しておく必要がある[6]。

　まず，データで確認しよう。表4－1は，BISが3年ごとに発表する国際通貨取引の通貨別内訳である。横にすべての通貨を足していけば200％になる。BISが200のままで数値を公表しているのには意味がある。通貨は必ず相手があって取引成立となる。例えば，ドルを為替取引するとすれば，必ずその受け手に他の通貨がなければならない。ドル vs 円，ドル vs ユーロ，などである。1取引に2通貨が必ず取引されると言えば，理解できるかもしれない。2019年

138

表4－1 国際通貨取引の通貨別内訳

単位%

	ドル	ポンドシリング	ユーロ	円	香港ドル	人民元	その他
1989年	90	15	—	27	NA	NA	—
1995年	83	9	—	24	1	0	—
2004年	88	16	37	21	2	0	36
2010年	85	13	39	19	2	1	41
2019年	88	13	32	17	13	7	30

出所：BISより作成

の為替取引のうち，一方の相手がドルであるのが88%ということである。つまり，全体の国際金融取引の88%がドルなのだ。これを，200が分母なので，100に直すと44%，つまり世界の為替取引の44%がドルであると考えてしまうと，まったく意味が違う。100のうち，44%がドルであるという理解では本質を捉えそこなう恐れがある。実は，世界の国際通貨取引の88%，つまり十中八九はドルvsドル以外のその他通貨なのである。そういう意味でドルが圧倒している。これは案外，見過ごされがちなので注意を要する。ドルは国際通貨取引において，圧倒的なボリュームであり，しかもその傾向はほぼ変わりがない。

　我々は，ドルが圧倒的な存在であるのが戦後の国際金融のレジームであることをしっかり認識しておくべきである。おそらく，この傾向はかなり頑強であろう。逆に，もし仮にBISが発表する通貨別取引量データに大変化が起きたなら，国際金融に重大な地殻変動ありというシグナルが送られていると判断してよい。

1.2 戦後の国際金融システム；ドルが，米国に還流する国際金融の仕組みを理解する

　戦後の国際金融システムは，第二次世界大戦以前の金本位制度から，金・ドル本位制度に変更された。金・ドル本位制度に移行した理由は，金本位制度の崩壊が2つの世界大戦を引き起こしたと，当時の経済学者たちが理解していたからであろう。金本位制度が機能停止する前に，世界の政治・経済情勢の悪化

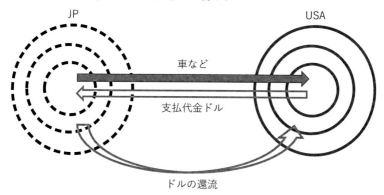

図4－3　米国を中心とする資金循環の仕組み

還流し続ける限り，2つの風船は膨らみ続ける

JP

USA

車など

支払代金ドル

ドルの還流

で，各国は有事に強い金（ゴールド）を手元に確保しようとした。そのために，金の流動性は低下し，国際決済通貨としての機能を著しく低下させていたのである。

　戦後の金・ドル本位制度は，形式的に，ドルと金とをリンクさせている。実際には，ドルでしか貿易を決済できない制度としてスタートした。ドルは，金とは違い，滞留しにくく，かつ米国に還流しやすい。これを，風船の例で説明しよう。図4－3では，アメリカの風船（実線），日本の風船（点線）が示されている。本来，日本（JP）の風船は貿易黒字国を示す黒色，逆に赤字国の米国（USA）は赤色で示すのが望ましい。なお，風船の大きさは，ドル資産の規模のイメージを表している。

　米国が日本から車を購入し，代金5万ドルをドルで日本企業に支払ったとしよう。そうすると，JPはこの代金5万ドルをドルで受け取ることになり，JPの風船が膨らむことになる。ただし，この代金をドルで受け取る日本の国内企業は，ドルを持ち続けていても仕方がない。従業員に給料を支払ったり，材料費の支払いを行ったりするには，円が必要だからだ。そこで，このドルを，日本の国内銀行で両替（ドル⇒円）する。この国内銀行も，所詮，日本の銀行であり，ドルはさほど必要がない。そこで，この国内銀行はNY支店に送金し，NY支店は米国の銀行を使って，ドルを円に換えてもらう。ともかく，日本に

140

支払われたドルは国内で使い勝手が悪いために，ドル⇔自国通貨の両替を通じて，米国に還流していく。さらに，（換金性・受容性に優れた）金であれば，還流するとは限らないことも容易に想像されよう。なぜなら，日本の企業や投資家は，金を自国内に留めてしまうかもしれないからだ。

　現在では，金・ドル本位制度は消えている。そのように理解して正しい。ただ，米ドルは世界の基軸通貨であり，戦後導入された国際金融の特徴は続いていると考えられる[7]。そのため，これまでの議論は今もなお当てはまる。この仕組みこそが，安定的かつ持続的に貿易取引を拡大させる上で極めて重要なのだ。繰り返すが，金（ゴールド）では還流しない。

　さらに，米国に還流したドルを使って，米国の銀行が新規融資を行い，日本製の商品を購入したいと思う人にドル資金を融通するとしよう。その資金を使って，国に居住する誰かが，もう1台，5万ドルの車を追加購入する。そうすると，さらに米国から代金が日本に送金され，米国の風船はさらに膨れ上がることになる。そのドルが再び日本から米国に還流して…。というのが繰り返されることで，両国の風船はどんどん膨らんでいくことになる。

　金・ドル本位制度に組み込まれたドルを中心とする国際通貨制度が，米国の赤字を持続的に拡大させた。それでも，国際金融市場がサステナブルであったのは，米国へのドル還流が衰えなかったからである。それには，黒字国と赤字国の2つの風船が，対として同時に膨らむことが求められる。1980年代〜90年代，その役割は日本であった。1990年代以降は，その役割は中国に移りつつある。

　以上のような仕組みは，米国の輸入だけでなく，どのような形で米国からドルが流出した場合でも当てはまる。例えば，米国の対外証券投資など金融収支面での資金流出を起点に考えても当てはまる。ドルは米国に還流し，還流させた国と米国双方の風船を膨らませることになる。ただ，このメカニズムが滞りなく作動するには，資金の還流先である米国の金融市場がある程度は魅力的なものでなければならない。

1.3　米国を巡る資金循環の実際
　実際に，米国への国際資金の流入が拡大している点について確認しておこ

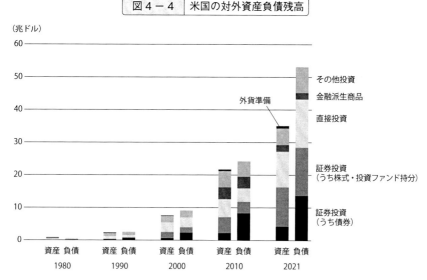

図4－4　米国の対外資産負債残高

注：2000年末以前のグラフには，金融派生商品は含まれていない。
出所：BEAより作成

う。図4－4は，米国の対外資産残高と対外負債残高であり，米国への資金の
流出入を概ね捉えることができる。概ねというのは，同統計が，資金の流出入
のほか，株価などの価格の変動によっても影響を受けるためである。資産・負
債両建てで拡大しているが，とりわけ，概ね米国への資金流入を表す対外負債
残高の拡大は著しく，2021年末には53兆ドルに達している。その結果，対外
資産残高と対外負債残高の差である対外純資産残高は2021年末にはマイナス
18兆ドルに達している。
　なお，対外負債残高の内訳をみると，証券投資，とりわけ，株式・投資ファ
ンド持分の拡大が顕著である。逆に，銀行の融資や預金の動きを強く反映する
その他投資の拡大は緩慢であり，シェアを低下させつつある。証券形態での資
金流入と銀行を経由した資本流入との大きな違いは，最終的なリスクをどこが
吸収するかにある。

2.　なぜ米国へ証券形態で資金流入するのか
　米国への資金流入においては，証券形態でのルートがメインであり，その傾

向は強まりつつある。

　証券形態での資金流入拡大に際し，とりわけ，1980 年代後半以降，NY のマネーセンターに位置した投資銀行群が重要な役割を果たすことになる。これら投資銀行群は，日本では証券会社に相当する金融機関であり，さまざまな金融イノベーションによって，銀行に代わってドル資産あるいはドル資産が化体した金融商品を世界に供給した。その一つが証券化である[8]。それは，図 4 - 4 では主として債券の拡大に強く表れていると考えられる。

　世界金融危機のインパクトが消えかかった頃から，債券以上に，株式・投資ファンド持分への投資が資金流入の中心になっている[9]。すでに述べたように，世界的な投資ファンドの隆盛を踏まえると，それは，世界的な投資ファンドのプレゼンスの高まりを反映していると推察される。日本の投資ファンドにおいても，近年その傾向は著しいものとなっている。例えば，日本の公募投資信託における米国株人気は，顕著なものとなっている。

　米国株式・投資ファンド持分，とりわけ米国株への投資は，なぜ顕著なものとなったのであろうか。その魅力はどこにあるのであろうか。

2.1　収益性の高さ

　世界の投資家は，米国株式・投資ファンド持分，とりわけ米国株式への投資は何を求めたのか。一つは，収益性である。金融マクロデータセット（*JST Macrohistory Dataset*）によると，米国株の過去 149 年間（1872 〜 2020 年）の配当を含む収益率（トータルリターン）は 9.0％であった。この長期の間には，大恐慌，2 つの世界大戦などショッキングなでき事があったはずだ。高すぎると言ってもよいのだが，こうしたプレミアムが付いた状態を株式プレミアムとも呼ぶ。

　実は，なぜ，米国で株式プレミアムが発生するのかはわかっていない。経済学的には，この 100 年間，米国企業は淘汰を繰り返しており，この程度のプレミアムが付かなければ，米国株へ投資する気になれないはずであると解釈できるかもしれない。

　ともかく，米国株の平均利回りは高い。70 の法則（ちなみに金融では 72 の法則を使う。72 ÷ 金利，何年で 2 倍になるかが簡単に計算できる。経済学の教科書レベルでは 70 の法則という（Krugman and Wells（2018））。覚えやすい方でよい）というも

のがあり，2 倍になるのにどの程度の時間が必要かを簡単に計算することがで
きる。多くの経済学者が 2 倍になることに関心がある。なぜなら，2 倍になる
と，過去のシステムは時代遅れになり，何らかの修正が必要になる。例えば
GDP が 2 倍になると，その国に大きな変革が起きる可能性も高くなる。

　株価の利回りが年率 7％であるとしよう。この場合，約 10 年（＝ 70 ÷ 7）で
2 倍になる。その国の株に投資すれば平均 10 年で資産を倍増できることを意
味している。つまり，米国株式に投資をしていれば，相当に大きなショックが
あったとしても，それを吸収し新しい変化にも対応できる可能性が高まるの
だ。世界の投資家は，米国株に投資することで，新しい変化を乗り越えようと
しているのかもしれない。

2.2　ソーシャルな動き 1　持続可能な社会

　世界の投資家は，米国株式への選好を強めるに際し，収益性以外の要因も求
めたのではないだろうか。例えば，社会をよい方向に変化させる「ソーシャル
な動き」への投資，という側面である。

　近年の米国企業の特徴とされるのが，年々増加傾向にある企業の知的財産投
資である。GDP ベースでみた，米国の民間レベルの知的財産投資は約 1 兆ド
ル（2020 年）で民間粗投資総額（住宅投資を除く）の約 40％に達している。いわ
ゆる，経済のサービス化，無形資産（Intangible Assets）化が拡がりを見せてお
り，結果，S&P500 と呼ぶ米国の株価指数は，指数の 9 割以上が無形資産の価
値で説明可能であるという報告もあるほどである [10], [11]。

　無形財産への投資を強める米国企業の株を保有しようというインセンティブ
はどこから生じているのか。結論から言えば，研究開発などに力を入れる米国
企業の成長性に投資をした，ということである。その背景にあるのは，実際の
収益拡大に加え，ムーンショット計画に象徴される，米国企業群の経営の方向
性への世界の投資家の共鳴であるように思われる。ムーンショット計画は，そ
の実態はよくわからない面も多いが，社会をよい方向に変化させる「ソーシャ
ルな動き」に関連している。人々の善意によって，実際の収益の拡大に加えコ
ミュニティを活性化させ，脱 CO_2 の新しい持続可能な社会を生み出そうとす
る考え方である。

　ただし，米国の企業，特に，GAFAM[12] がこの動きを強めるのは慈善を目的としているのではない。その背景には，国家を上回る規模に達した米国の成長企業が，今後，どのように事業を継承し生き残りを図っていくか。ここに米国の巨大企業は最大の関心を持っているからである[13]。

　我々は，投資の方向性の変化を気に留める必要がある。一企業が競争に勝ち残るだけではない，社会とのバランスを考えた新しい価値観が生まれつつあると考えた方がよいであろう。

　ところで，ソーシャルな考え方は，東洋人がすでに心底で共有しえるものである[14]。日本人にとって，労働は精神を含む鍛錬の場でもあった。また，過度に富を占有することを恥とし，「足るを知る」という言葉を戒めとしてきた。時代は変わってはいるが，この価値観は現在の若者ですら完全に否定する人はいないであろう。ソーシャルな考え方があるからこそ，日本には100年以上の持続性を有する企業が2万社以上存在する。この企業数は，世界的にも類を見ない。日本企業には，自己改革能力の低さなど課題も多い。しかし，ソーシャルな動きを体現しようとする先端的な企業風土を，多くの日本企業はDNAとして保有している。このことは，いずれ日本企業の再評価につながるはずである。

2.3　ソーシャルな動き2　中間層の再生

　米国の「ソーシャルな動き」には，新しい潮流が生まれつつある。先進国に共通する大きな課題となっている中間層の再生に関する議論である。

　Rodrik（2020）は「新しい製造業」という概念を登場させ，雇用を生み出す製造業を再構築することで，消えつつある中間層を再結集すべきだと論じている。Rodrik は，著名な経済学者を巻き込んで，公と民間が結託（Public-Private Partnership）した製造業復活プロジェクトを提言している（Blanchard and Rodrik（2021））。

　図4－5は，米国の製造業のシェアを，GDPと雇用に占める割合で示したものである。この図には製造業の時価での付加価値（current price value-added）と実質付加価値（real value-added）を示している。実質付加価値は，基準時点の価格で付加価値を計算したもので，数量的な大きさを示している。米国で，GDPに占める実質付加価値の比率は長期的（ほぼ100年）に安定している。

図4-5 米国の製造業従事者および生産量の全産業に占める割合（1930〜2020）

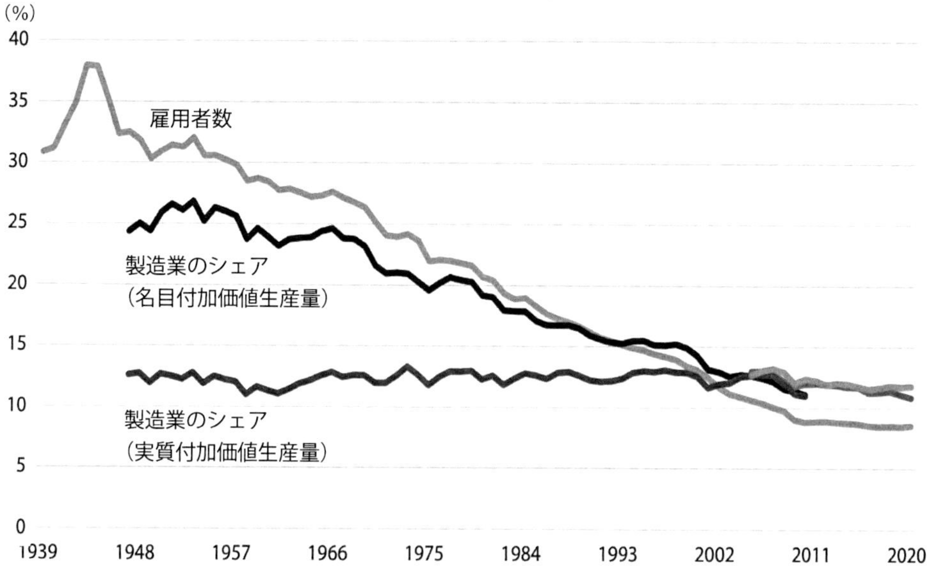

（%）

雇用者数

製造業のシェア
（名目付加価値生産量）

製造業のシェア
（実質付加価値生産量）

出所：Rodrik（2020），p.7 より転載

　一方で，時価評価の付加価値の GDP 比率は，低下トレンドを継続している。つまり，製造業の衰退として映る姿は，生産の量的減少ではなく，製品価格の低下を反映したものである。製品価格が低下しても，なお製造業の量的な大きさを維持できたのはなぜか。それは，製造業が雇用を削減することで，価格減少のショックを緩和し続けてきたからである。

　製造業は CO_2 排出量も多く，もはや経済全体における役割は終えたかのように思っている人も多いのではないだろうか。しかし，実は製造業は衰退していないし，再生可能なのである。

　では，具体的にはどうするのか。Rodrik（2020）が主張するのは，我々個人を含む公の意識を刺激し，利益最優先ではなく公の発想で「新しい製造業を創る」というのである。利益優先の結果，製造業を担う地域が衰退し職が消えるのは誤りである。これを，Public-Private のパートナーシップと呼んでいるようだが，現場密着型の中小企業による新規事業と既存の公的サポートシステムとの連動を推奨している。また，人工知能を活かした事業，ヘルスケアや仮想

空間関連の事業など有望分野であり，地域密着で雇用を創造できる新しい製造業の再生を訴えている。

Rodrik（2006）では，なぜ一連の経済自由化が所期の目的を達成できなかったかについて論じている。特に金融の問題を指摘する。自由化を推進し失敗した新興国は，市場からの資金調達が十分にはできなかったことを指摘している。同じことが，新しい製造業を造るという生産主義でも発生しえる。だからこそ公の仕組みを使って，資金を潤沢に調達することが必要であると主張している。

こうしたソーシャルな動きの強まりは，単なる収益性だけでなく，米国株式の魅力を高め，資金流入環境を整備しているという側面があるのではないだろうか。

近年において，金融資本の膨張が目覚ましい。その原因が，先進国の経済成長率の鈍化や高齢化の進展のほか，米国を中心とする資金循環の拡大なのであれば，金融資本の膨張は続くのではないかと考えられる。そして金融資本の膨張が続くのなら，通貨・金融危機やバブルの発生・破裂の頻発など，金融市場の変動の拡大，金融市場の実体経済に対する影響の強まりもまた，続く公算が大きい。

もっとも，そうした動きに対して，変化をもたらす要因がある。例えば，規制強化，あるいはフィンテック，とりわけ DeFi（分散型金融）【キーワード】など，候補は少なくない。金融資本の膨張の行方には注目が集まる。

Keyword　DeFi（分散型金融）

　分散型金融 DeFi（ディファイ：Decentralized Finance）と呼ばれ，伝統的な銀行を仲介する金融機能に代わる金融イノベーションとして注目されてきた。DeFi の普及は，デジタル技術に通じるフィンテック企業の参入や合併など，金融再編を促すであろう。その他にも，さまざまな潜在的な可能性を秘めていると期待される[15]。

　技術としてはブロックチェーンの暗号技術を用いており，取引者間の履歴もこの技術を使って記録されている。我々は，DeFi に自分が望む運用手法を事前にプログラムし，後は DeFi が世界に存在するさまざまな資産から自動で運用対象を見つけ出し，投資させる。今の所，プログラム言語をマスターしないと，DeFi での取引はできないが，近い将来には簡単に操作できる簡易言語が登場するはずである。それを使って，24 時間自動管理の運用を組み込み，P2P（Peer to Peer：不特定多数の端末がサーバーを介さずに，端末同士で直接ファイルを共有することができる技術）で世界中の資金とつながることができる。

　次の未来，分散型金融，いわゆる DeFi（ディファイ）は未来の国際金融の核になるはずである。完成した DeFi は投資家自身の意志で，ライフスタイルに合ったオーダーメードの投資を可能にする。他人に活かされる人生でなく自分の人生を生きる。そのための資産形成を，創意工夫し低コストで行えるはずだからである。DeFi では，ブロックチェーンの革新性のある技術が組み込まれている。分散型台帳の取引管理は，複雑化する金融取引のコストを大幅に低下させる。現在の伝統的金融業の課題の一つは，拡大するシステム開発コストにある。これを大幅に低下させる技術なのである。さらに，その結果，コスト低下分を顧客の利用条件の改善に結び付けることも可能となっているはずである[16]。

　これまでの国際金融投資が，金融機関を仲介として行われていたのに対し，DeFiでは仲介する金融機関は存在せず，自分たちで相互に直接に結び付いて取引を行う。これを使って，世界中のプロジェクトや金融資産に，自分たちの意志で，直接，速やかに，投資することが可能となっている。

　もっとも，どのような運用を組み込むのか。世界への資産投資となると，膨大な情報を的確かつ短期間に判断して行うことは困難である。その場合，DeFi は簡易プログラミング付きの金融商品であり，投資家が自分でプログラムを書き込んで指示しておけば，その指示に従って世界の情報の大海原から目的に合致した運用資産の選別，調整を自動化することも可能であるとされている。イメージできないかもしないが，プログラム機能付きの金融資産の運用ツールと考えてもらってよい。

　本来，我々はこうした役割を金融仲介業に任せ，その分を手数料などの形で支払ってきた。手数料の妥当性も検証できなかったが，DeFi が使えればこのような取引コストを圧縮することできる。

　さらに，各国通貨との連動性の高い複数のステーブル通貨が仮想通貨として存在することになれば，資産価値の保全も容易であるとされてきた。

　しかし，現時点では課題も多い。まず技術的に改ざんが難しいとされるが，実際には改ざんされてしまうことである。第1章でも述べたが，要するに，完璧な技術を導入しただけでは使い勝手が悪く，競合する他の金融商品との利便性が魅力的ではないため，やがて駆逐されてしまう。つまり，DeFiのような商品には安全性と利便性の間でトレードオフが生まれてしまう。完璧な安定性は理屈の上では可能だが，実際にはどこかで妥協せざるをえない。

　さらに，ブロックチェーンの技術は世界中に瞬時に資金を送金することができるが，それが詐欺などの犯罪に利用されていることである。DeFiに限らず，この技術は匿名性があるものが多い。そのため，詐欺を発見しても，直接の犯人を見つけ出すことが容易ではない。このように，現時点でのDeFiにはさまざまな課題があり，本格的な普及にはDeFiの規制整備や強化が必要であり，そのためのさらなる技術革新が求められている。

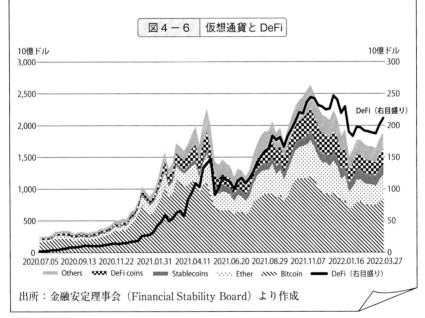

図4－6　仮想通貨とDeFi

出所：金融安定理事会（Financial Stability Board）より作成

【注】
1）　非金融資産として，不動産をあげたが，不動産の売買取引は金融機関も行っている。本来，銀行業務とは異なるものだが，住宅ローンなど金融取引に付随して発生することが多いため，不動産取引に関連した部門は，銀行組織に併設される。例えば，日本の信託銀行には不動産部がある。

2）　スイスバーゼルにある BIS（Bank International Settlement）と米国の中央銀行である Fed は，バブルの発生を防ぐために，不動産取引をコントロールすべきか議論したことがある。BIS は金融価格の高騰による経済の混乱を未然に防ぐ上で，不動産取引への介入の必要性を主張した。しかし，Fed は，介入に懐疑的で慎重であった。Fed は，不動産価格と金融資産との関係性が明らかになっていないため，過剰に介入しすぎる恐れがあると主張したのである。結局，雇用に悪影響を与えるなどマイナス効果の方が大きすぎると，介入慎重論の立場をとった。ところで，2022 年現在，世界的なインフレーションが懸念されており，その原因の一つが Fed の対応の遅れにあったとされている。どのようにこの批判が収斂していくのか興味深い。例えば，金融バブルと不動産価格との議論に興味があれば，Reinhart and Rogoff（2009）を参照されたい。

3）　金融化（financialization）の定義はさまざまであるが，例えば Epstein（2019）は，国内・国際レベルでの，経済・統治機関における，金融市場，金融的動機，金融機関，および金融エリートの重要性の増大であると指摘している。

4）　金融安定理事会（FSB：Financial Stability Board）は，シャドーバンキング（shadow banking）ではなく，ノンバンク金融仲介（non-bank financial intermediation）という用語を用いるようになっている。

5）　投資銀行とは，主に法人向けに証券業務を行う金融機関で，日本の証券会社の事業内容に近い。銀行とは異なり，預金業務を行わない。

6）　興味があれば田端（2020）第 10 章を参照されたい。

7）　71 年 8 月，米ドルの金交換性が停止されてからは，金・ドル本位制度は単なるドル本位制度となり，さらに 73 年春以来，主要国は変動為替相場（フロート）制に移行したことで，ドル本位制度も崩壊した。しかし，現在もなお米ドルは世界の基軸通貨の地位を維持していることから，ドル本位制度は続いていると考える専門家が多い。

8）　証券化の特徴は，広く保有者を分散することによって，リスクを分散することにある。非常に簡単な例で示せば，倒産確率がある程度高くても，保険の原理を使って，リスクを散らすことができるというアイデアである。例えば，ある企業が倒産しデフォルトを起こしそうだとしよう。この確率が 50％（＝ 1 ／ 2）でかなり高い。しかし，世の中，これほど貸し倒れリスクの高い人ばかりではないはずで，他の安全な人の貸し倒れ率は 0.001（＝ 1 ／ 1000）だとしよう。こういう正常で安全な人と，危険な人を混ぜて多種多様な人に貸し出すとしよう。この場合，同時に全員が貸し倒れるリスクはかなり小さくなる。1 人のリスクの高い人と 99 人の安全な人が同時に貸し倒れてしまう確率はどうなるか。$(1 ／ 2) \times (1 ／ 1000)^{999} ≒ 0$ である。この方式でリスクを大きく低下させることができるのだが，一方でリスクを嫌う企業や個人は存在する。リスクを嫌う人にたいして，リスクを分散して実質ゼロにすることができる金融機関は，保険料を徴収して倒産時にカバーするような保険を発売する。これが証券化の原理に組み込まれている。デフォルトリスクのある証券化商品にたいしては，保険会社が間に入って，デフォルト発生時の損失を保証する。もし何もなければ，保険会

社は保険料を回収することができる。

　証券化のもう1つの特徴は，高利回りの金融商品を組成できることにある。例えば，100億円の銀行ローンを，証券化によって小口に分け投資家に販売するとしよう。単純化のため，銀行のローン金利を5%とする。また，このローンを信用度に応じて，3つの区分に分けることにする。絶対に信用のおける部分（＝シニア）が全体の60%，ほどほど普通の信用度（＝メザニンと呼ぶ）の部分が全体の20%，信用度の低いもの（＝エクイティと呼ぶ）のが全体の20%であるとしよう。証券化したあとの金融商品の金利について，普通の信用度のものは5%で証券化し投資家に販売する。次に絶対安全なシニアは，5%よりも低い金利でも投資家は買ってくれる。そこで，この絶対安全なシニアは2%で証券化する。結果的に，この銀行の抱える最も危ない資産は，14%の高利回り商品として投資家に販売することも可能になる。なぜなら，原資産である銀行ローンから得られる金利は5億円で，理論的には，それを小口化するのだから，投資家に販売する証券化商品の金利は5億円まで出すことができる。証券化する商品に付ける金利の内訳をみると，2%×60億円＋5%×20億円＋14%×20億円で合計5億円になっている。こうして，金融機関は，リスクはあるが高利回りの商品を組成し，世界の投資家に販売できる。

9）　つまり，米国の株式や米国の投資ファンドに対する米国外からの投資が拡大している，ということである。

10）　Ocean Tomo, "Intangible assets"（https://www.oceantomo.com/insights/tag/intangible-assets/，2023年3月31日アクセス）

11）　無形資産とは，ソフトウエアやデータベースの情報化資産，特許権や著作権，ブランド，研究開発ストックなど実際に触れることのできない財全般を指している。近年，経済のサービス化と呼ばれる現象が進んでおり，先進国の産業構造は第三次産業が中心となっている。この中で，企業の投資対象も変化しており，従来型の設備投資から研究開発などを中心とする無形資産への投資に比重が移っており，米国の場合，2000年代前半に両者が逆転するような状況となっている（内閣府（2011））。

12）　FacebookがMETAになったことに伴い，最近ではGAMMAなどと呼ばれることもある。

13）　経済に貢献するか否かではなく，巨大化し市場での占有率が高くなれば，政府は介入し取り締まるべきという考え方が台頭してきている。こういう考え方を新ブランダイス派（The New Brandeisians）という。

14）　東洋独特という表現をしたが，西欧においても，健全な経済取引の発展に精神的要素が求められるとしてきた。例えば，Adam Smith（1723 - 1790）は自己の利益だけを追求するだけでは，経済活動は機能しないとして，道徳の果たす役割を説いている。『国富論』（原著は1776年）より前に出版された『道徳感情論』（原著は1759年）では，共感という概念が使われている。

15）　①直接型金融による取引コストの大幅削減，②管理システム構築の大幅な期間短縮とコスト削減，③金融商品間の裁定の活発化（市場の効率化），潜在的な利用者の発掘，ボーダレスな消費者金融，特に，発展途上国向け個人金融取引，④ドルに代替す

る国際通貨への移行促進，⑤為替レートが実質的に消え，為替変動に伴うマクロ経済の異常変動を回避，などが考えられる。

16）　金融安定理事会（Financial Stability Board）によれば，2022 年 3 月段階で取引高は 2,000 億ドル，この 2 年間で 100 倍に拡大した。DeFi は仮想通貨（主にイーサリアム）を組み込んでおり，仮想通貨のボラタイルな動きに影響されやすく，黎明期特有の取引上の課題も多いとされる。しかし，無視できない存在ではある。

参考文献

池尾和人（2013）「金融拡大の 30 年間を振り返る」池尾和人・21 世紀政策研究所編『金融依存の経済はどこへ向かうのか：米欧金融危機の教訓』日本経済新聞，第 1 章

田端克至（2020）『みんなが知りたいアメリカ経済』創成社

内閣府（2011）『平成 23 年度　年次経済財政報告』（www5.cao.go.jp/j-j/wp/wp-je11/pdf/p02033.pdf，2022 年 9 月 30 日アクセス）

Bank International Settlement Monetary and Economic Department（2019）, *Triennial Central Bank Survey Foreign exchange turnover in April 2019*（https://www.bis.org/statistics/rpfx19_fx.pdf，2023 年 3 月 31 日アクセス）

Blanchard, Olivier and Dani Rodrik（2021）, *Combating Inequality: Rethinking Government's Role*, The MIT Press.

Bordo, Michael and Robert McCauley（2019）, "Triffin: Dilemma or Myth?" *IMF Economic Review*, Vol.67, No.4, pp.824-851.

Epstein, Gerald,（2019）, *The Political Economy of Central Banking*, Edward Elgar Publishing.

Financial stability Board（2019）, *Global Monitoring Report on Non-Bank Financial Intermediation 2021.*（https://www.fsb.org/wp-content/uploads/P161221.pdf，2023 年 3 月 31 日アクセス）

Krugman, Paul and Robin Wells（2018）, *Macroeconomics*, Worth.（大山道広他訳（2019）『クルーグマン マクロ経済学 第 2 版』東洋経済新報社）

Reinhart, Carmen M. and Kenneth S. Rogoff（2009）, *THIS TIME ID DIFFERENT*, Princeton university press.（村井章子訳（2011）『国家は破綻する　金融危機の 800 年』日経 BP 社）

Rodrik, Dani（2021）, "An Industrial Policy for Good Jobs," *The Hamilton Project, Brokings.*（https://drodrik.scholar.harvard.edu/files/dani-rodrik/files/rodrik_-_an_industrial_policy_for_good_jobs.pdf，2023 年 3 月 31 日アクセス）

Rodrik, Dani（2006）, "Goodbye Washington Consensus, Hello Washington Confusion? A Review of the World Bank's Economic Growth in the 1990s: Learning from a Decade of Reform," *Journal of Economic Literature*, Vol.XLIV, pp.973-987.

Sheng, Andrew（2009）, *FROM TO GLOBAL FINANCIAL CRISIS*, Cambridge University Press.

┌View┐
│ 01 │ 金融の不安定性
└──┘

第1節　金融の不安定性とは

　金融の不安定性とは，ハイマン・ミンスキーが提唱した金融不安定化説によると，資本主義社会においては，不安定性が内在しており，金融の存在がその不安定性を助長しているというものである[1]。したがって，資本主義経済の下では，持続的で安定した雇用をもたらすことはできないし，景気には循環があるため，好景気はいつまでも続かず，やがては不景気に陥るというものである。

1.　金融の不安定性の現在・過去・未来

　金融の不安定性仮説は，ハイマン・ミンスキーが提唱したものであるが，彼が経験した金融危機は，1966 年の信用崩壊に始まり，1970 年代，1980 年代の金融不安が主なものである。

　ミンスキーの名前にちなんだミンスキー・モーメントは，金融危機を説明する際によく使われる概念である。サブプライムローン危機から 2008 年 9 月のリーマンショックによって起こった世界金融危機に至るまでの過程を説明する際にも頻繁に使われた。ミンスキー・モーメントとは，バブル的な信用（債務）膨張に支えられていた経済において，長く隠れていたリスク（問題）が突然顕在化し，慌てふためいた投資家による資産の投げ売りがマーケットの暴落を誘発する瞬間を指す。世界金融危機として知られるサブプライム・ショックは，住宅取得ブームの下，変動金利で住宅ローンをしていた債務者にとって，当初低かった金利が高騰し，その上，住宅価格が下落したことで起きた。債務者の借金（元本に対する金利）の返済が滞ったことで危機が発生した。その意味では「ミンスキー型危機（ミンスキー・クライシス）」と呼ばれている。

　ヤルタからマルタへという掛け声のもと，冷戦が終焉した 1990 年代以降，世界経済は度重なる通貨・金融危機に見舞われることになる。例を挙げれば，

1992年の欧州通貨危機，1997年のアジア通貨危機，1998年から1999年のロシア金融危機，2008年のリーマンショックによる世界金融危機，2012年から2015年までに起きたギリシャの債務問題から端を発した欧州債務危機などがある[2]。ここでは，金融の不安定性がもたらした通貨・金融危機について，簡単に整理しておこう。

2.　アジア通貨危機

　アジアの通貨危機は，1997年に起きている。アジアの世紀とかアジアの時代と言われた1990年代初頭において，日本やアメリカをはじめとした先進国はアジアへの投資を活発化させた。大量の先進国通貨がバブル崩壊で疲弊していた日本を除くアジアの国々に流入したことで，当時のタイやインドネシアは，1980年代後半の日本同様，バブル経済が形成されていた。

　1990年代初頭のアジアにおいて，欧米の投機筋は，固定相場制の下，為替変動リスクなしで低金利通貨であるドルを売り，高金利通貨であるタイバーツやインドネシアルピアを購入することで，利鞘を稼いでいた。この時期，アジアでキャリートレード（高金利の通貨を購入し，低金利の通貨を売却することで利益を得る取引）が活発に実施されていたのである。さらに，投機家によっては，レバレッジ（実質的に借金をすることで，少ない元手で大量の金融商品を売買すること）を効かせた取引をしていたため，取引量が莫大に膨らんでいったのである。

　タイは，自国の通貨であるバーツをこれまでのドルにペッグするという固定相場制から，1997年7月に変動相場制へ移行した。そのため，変動相場制の下でタイの通貨であるバーツが大量に売却されることになる。加えて，インドネシアやマレーシアの通貨も大量に売却され，アジア諸国の通貨の価値は大きく下落した。タイバーツの下落から始まった通貨危機は，その後，シンガポール，香港，韓国へ波及し，アジア経済全体に大きな影響を及ぼした。特に，貿易収支が大幅に赤字であった韓国の経済は深刻で，韓国の通貨であるウォンが大きく下落，デフォルトに陥るかもしれないという状況に直面する。このようなアジアを震源とする通貨危機は金融の取引が自由化されるという状況下で起こったともいえよう。

3. ロシア金融危機

　1998 年 8 月，ロシアは IMF（国際通貨基金）による厳しい緊縮財政政策に耐えることができず，同国の通貨であるルーブルの切り下げが行われ，ルーブルの大幅な下落が起こった。加えて，ロシア政府は短期国債の債務繰り延べと民間支払い債務の返済停止を宣言した。これにより，ロシアを震源とする金融危機が勃発する。

　金融危機が起こる約 6 年前の 1992 年に急進改革派が実施した「ショック療法」によって，ハイパーインフレーションが発生したことで，国内経済が疲弊した。経済の回復を急いだロシア政府は 1995 年から 1998 年の 4 年間において IMF の管理下に置かれ，厳しい金融引き締め及び緊縮財政政策の下，経済の回復を目指した。ロシア政府が IMF の厳しい金融財政政策を受け入れた背景には，IMF から巨額の資金を融資してもらうことがあった。そのため，ロシア政府は IMF の要請に従い，資本市場の自由化と国有企業の民営化を推進する。その結果，インフレは抑制されたものの，厳しい財政政策の下，国内景気が低迷し，資金の逼迫という状況に陥った（小川（2000））。

　ロシア金融危機は，ロシアの株式や債券を大量に購入していた米国のヘッジファンドである LTCM（ロングターム・キャピタル・マネジメント）の破綻をもたらした。したがって，ロシア金融危機は，LTCM 危機とも呼ばれている。

4. リーマンショック

　米国では，同時多発テロが起こる 1 年前の 2000 年まで経済成長率は 4％程度の成長を確保していたが，2001 年，2002 年の成長率は 1％台に低下している。しかしながら，その後経済は緩やかに回復し，2003 年から 2006 年までは成長率が 2％台後半から 3％台で推移し，景気が徐々に回復し始める。景気の回復を受け，資産価格の上昇もみられた。特に，この間，米国では住宅価格が上昇し続けており，住宅バブルが起きていた。

　住宅バブルの最中，金融機関の住宅取得のための融資が緩慢になり，借金をして住宅を購入する人が急増した。金融機関としても，住宅を担保に所得の低い人にまで住宅購入資金を貸し付けた。住宅価格が上昇し続けている限り，住宅ローンを返済できなくても住宅を差し押さえれば融資した資金は回収でき

る。このような状況の中，低所得者のみならず，仕事をしていない人にまで住宅資金を融資する金融ブローカーも現れ，サブプライムローンと呼ばれる住宅ローンが莫大な金額に膨れ上がった。

　サブプライムとは，低所得者あるいは仕事に就いておらず資産もないような人たちで，本来なら住宅ローンを組むことができない階層の人たちを言う。このような人たちに対して最初の数年間のみ低金利での融資を行うことで，誰もが住宅を取得できるという夢を実現させたのである。サブプライムローンは低所得者向けのローンである。

　サブプライムローンを多額に抱える金融機関は，証券化という技術を使って，高格付けの債券として投資家に売却することで，融資資金の回収を可能としていた。証券化とは，サブプライムローンのような貸し付けたお金（貸出金）を債券などの金融商品に変えて投資家に売り，貸出金の回収を可能にするための技術である。サブプライムローンなどのローンを証券化した金融商品のことを証券化商品【キーワード】という。MBS（住宅ローン担保債券）のような証券化した債券は 1980 年代から存在していた。大量に出回ったサブプライムローン関連の証券化商品は，米国だけでなく，世界中で大規模な取引がなされることになる。

　2007 年には住宅価格が明らかに下落していたこともあり，差し押さえた住宅の価値は融資した金額を下回ることになる。サブプライム関連商品を保有していた投資家は，損失を恐れて保有している金融商品を一気に売却したので，金融市場は大混乱することになる。このような金融商品を大量に保有していたリーマン・ブラザーズやその他の投資銀行は，立ちどころに経営を悪化させてしまったのである。そして遂に 2008 年 9 月にリーマン・ブラザーズは倒産する。負債総額は 6,130 億ドル（約 60 兆円）という莫大な金額だったため，リーマン破綻（リーマンショック）の影響は大きく世界金融危機の引き金となった。

5. 欧州債務危機〜ギリシャ債務危機から南欧・ユーロ圏の危機にまで発展〜

　欧州では，米国でリーマンショックが起こる 1 年前の 2007 年 8 月にパリバショックが起きている。パリバショックとは，フランスのパリに本拠地を置く，

156

世界規模の金融グループ BNP パリバ（通称：BNP Paribas）が引き起こした問題である。

　ヨーロッパの金融環境が不安定な時に，ギリシャの総選挙で新たな政権が 2009 年 10 月に発足する。新たな政権下で，これまでの政権下で公表されていた財政収支の赤字の額が過小評価されていることが発覚する。ギリシャによる財政収支の赤字の上方修正（2009 年の財政赤字は GDP 比 3.7％から同 12.5％まで拡大）は，ギリシャという国の信用を失墜させ，ソブリンリスク（国に対する信用リスク）が顕在化し，2009 年末から 2010 年にかけてギリシャ国債の格下げが継続する。2010 年 5 月 2 日にユーロ参加国と IMF による融資プログラム（第 1 次支援策）が合意され，ユーロ圏が 800 億ユーロと IMF が 300 億ユーロの合計 1,100 億ユーロの融資によって，財政再建及び金融システムの安定化を図ることとなる。さらに，セイフティネットである欧州金融安定ファシリティ（EFSF）が 7,500 億ユーロの規模で設立された。

　しかし，問題が山積していたのはギリシャだけに留まらず，イタリア，アイルランド，ポルトガル，スペインにおいても巨額の財政赤字を抱えており，ソブリンリスクが高まった。したがって，PIIGS（ポルトガル，イタリア，アイルランド，ギリシャ，スペイン）に対しても，支援が必要となる。欧州債務危機は 2010 年から 2012 年にわたって続いた。

　欧州債務危機は，ECB（欧州中央銀行）の第三代ドラギ総裁によるドラギ・マジックと呼ばれる危機対策によって，2012 年 9 月以降，沈静化に向かった[3]。

　グローバルな金融資本主義が世界中で浸透し，同時に金融規制が撤廃されたこともあり，金融バブルが形成され，リーマンショックや欧州債務危機をもたらしたのである。さらに自由な貿易の場が形成されたことで，新興国は世界の工場となり，人々の暮らしぶりは良くなるが，新興国の人たちが借金をして身の丈以上の消費を行ったことで，貿易収支の赤字，財政収支の赤字が拡大していく。

　表 4 - V1 - 1 は欧州諸国の政府債務の対 GDP 比の推移である。債務危機は 2012 年頃から沈静化し，各国の債務は 2012 年，2013 年をピークに縮小を辿り，2016 年以降，ドイツ，オランダでは財政収支が黒字化した。しかし，コロナショックのあおりを受け，2020 年以降，ヨーロッパ各国で軒並み財政

表４－V1－1　政府債務の対 GDP 比の推移

(%)

	2012年	2013年	2014年	2015年	2016年	2017年	2018年	2019年	2020年	2021年
EU加盟27か国	-3.7	-3.0	-2.4	-1.9	-1.4	-0.8	-0.4	-0.6	-6.8	-4.7
ドイツ	0.0	0.0	0.6	1.0	1.2	1.3	1.9	1.5	-4.3	-3.7
フランス	-5.0	-4.1	-3.9	-3.6	-3.6	-3.0	-2.3	-3.1	-8.9	-6.5
オランダ	4.0	3.0	-2.3	-2.1	0.0	1.3	1.4	1.7	-3.7	-2.5
ベルギー	-4.3	-3.1	-3.1	-2.4	-2.4	-0.7	-0.9	-2.0	-9.0	-5.5
ギリシャ	-9.1	-13.4	-3.6	-5.9	0.2	0.6	0.9	1.1	-10.2	-7.4
スペイン	-11.6	-7.5	-6.1	-5.3	-4.3	-3.1	-2.6	-3.1	-10.3	-6.9
アイルランド	-8.5	-6.4	-3.6	-2.0	-0.8	-0.3	0.1	0.5	-5.1	-1.9
イタリア	-2.9	-2.9	-3.0	-2.6	-2.4	-2.4	-2.2	-1.5	-9.6	-7.2
ポルトガル	-6.2	-5.1	-7.4	-4.4	-1.9	-3.0	-0.3	0.1	-5.8	-2.8

出所：Eurostat より作成

収支の大幅な悪化がみられる。

第２節　金融の不安定性はなぜ重要か

　金融の不安定性によって引き起こされる金融危機は，経済の低迷や失業を引き起こすというデメリットを抱えている。しかし，金融が不安定であるがゆえに，金融危機が起こることを予想して，事前措置としてさまざまなリスク管理手法が開発されていることも見逃せない。金融の不安定性や金融危機の歴史を学び，その対策について考えることは重要な意味を持つと言える。

第３節　投資家にとっての意義

　金融の不安定化や金融危機は，株式や債券など金融商品を売買する投資家にとって重要な意義がある。金融危機が起これば，株式や不動産などの資産価格が暴落するため，投資家にとっては安値で資産を購入するチャンスが到来することになる。金融危機ではファンダメンタルズが良好な銘柄も価格を下落させるため，財務的内容が優れ，将来性がある銘柄に投資する投資家にとっては絶

好の買い場となろう。

　マネー経済が叫ばれて久しい。国際金融市場の拡大により，マネー経済の規模が実体経済を大きく上回ったことで，金融が不安定化した。また，グローバルに展開された金融の自由化が，投資活動の活発化，レバレッジを利用した投資の拡大，金融の投機化が金融の不安定化を招き，金融危機をもたらしたともいえる。

　金融が不安定であれば，それを管理監督する組織の役割が重要となるのは言及するまでもない。金融システムを安定させるためには，当局およびゲートキーパー（金融取引が円滑に行われることを目標に企業やファンドの評価や監視に携わる専門家や組織のこと）などが重要な役割を担うことになる。金融が不安定であれば，それが原因で国際的な金融危機が起こる確率が高くなり，危機が長引く可能性もある点には十分な注意が必要であろう。

Keyword　証券化商品

　リーマンショックのような世界金融危機をもたらしたのは，仕組債に代表される証券化商品の内容が複雑化し，格付け機関でさえリスクの測定ができなかったことにあると言われている。証券化商品は，1970 年代アメリカで住宅モーゲージ・ローンを対象に貸出債権を商品化したことに始まる。MBS（モーゲージ担保証券）や ABS（資産担保証券）は住宅ローンや自動車ローンなどの貸出債権を集めて証券形態にパッケージ化し，そこから生み出されるキャッシュフローを投資家に配分する仕組みである。MBS も ABS も債券の範疇に入るものの，流動性の低い資産をパッケージ化して流通市場で売却できるので，資産の流動性が高まるというメリットがある。また，売上債権のような資産を証券化できれば，金利リスクの回避や資金調達コストを下げることも可能となり，新たな資金調達手段として，さまざまな仕組みが検討され，開発されている。なお，仕組債に代表される証券化商品は高度な技術によって複雑化しているのが現状である。

【注】
1）　Minsky, H. P.（1986）*Stabilizing an Unstable Economy*, New Haven: Yale University Press.（吉野紀・浅田統一郎・内田和男訳（1989）『金融不安定性の経済学　歴史・理論・政策』多賀出版）

2)　通貨危機とは通貨の暴落に端を発する経済危機，金融危機とは銀行の経営悪化など金融に端を発する経済危機のことである。近年の通貨危機は，金融危機を伴うケースが多い。

3)　ドラギ・マジックとは，欧州中央銀行総裁であったマリオ・ドラギ氏（当時）の発言によって，株価や為替レートが市場にとって良い方向へ推移したことをいう。

(参考文献)

井上智夫・大重斉・増田篤（2021）「ギリシャ財政危機の波及とユーロ圏国債市場の構造変化」『フィナンシャル・レビュー』財務省財務総合政策研究所，3 月，pp.97-121.

小川和夫（2000）「ロシア経済：1999 年の実績と 2000 年の見通し」『敬愛大学国際研究』第 5 号，3 月，pp.1-15.

外務省（2009）『わかる国際情勢〜紛争後の国づくりを支える〜平和構築の文民専門家〜』（2009 年 5 月 29 日），（https://www.mofa.go.jp/mofaj/press/pr/wakaru/topics/vol37/index.html，2022 年 9 月 1 日アクセス）.

証券経済学会・日本証券経済研究所編（2017）『証券辞典』きんざい.

田中素香・長部重康・久保広正・岩田健治（2022）『現代ヨーロッパ経済　第 6 版』有斐閣アルマ.

田中理「欧州債務危機の今後の焦点」『月間資本市場』No.328，12 月，pp.22-30.

中井誠・依田孝昭・大倉真（2022）『新版　ファイナンシャル・プラン』創成社.

日興アセットマネジメント（2018）「金融クライシスを振り返る〜イギリスポンド危機（1992 年秋）」『日興 AM ニュースレター』，2018 年 7 月 9 日号.

服部茂幸（2012）『危機・不安定性・資本主義 ハイマン・ミンスキーの経済学』ミネルヴァ書房.

宮崎成人（2022）『教養としての金融危機』講談社新書.

山内英貴（2001）『グローバル投資入門』同友館.

Minsky, Hyman P. (1986), *Stabilizing an Unstable Economy*, Yale University Press.（ハイマン・ミンスキー著，吉野紀・浅田統一郎・内田和男訳（1989）『金融不安定性の経済学 歴史・理論・政策』多賀出版）

Minsky, Hyman P. (1992), "The Financial Instability Hypothesis," *Working Paper No.74, The Jerome Levy Economics Institute of Bard College*, pp.1-9.

Rogers, Jim (2022), *The World Cataclysm -How I See the World Today and What I am Doing About It-*, Audible Studios on Brilliance audio.（ジム・ロジャーズ著・花輪陽子訳（2022）『世界大異変』東洋経済新報社）

View 02 金融規制

第1節　金融規制とは

　金融規制は，グローバル経済の下では，各国が独自に行うことができるようなものではなくなり，国際的に実施されるようになっている。経済のグローバリゼーションが進んだ現在において，金融規制は，国境を越えたグローバルな規制を実施しなければ，規制の意味がなくなってきている。グローバルな社会において，金融規制とは，バーゼル銀行監督委員会で合意された，国際的な活動を行う金融機関に対して実施される，統一的な規制（以下ではバーゼル規制と言う）のことである。

　バーゼル規制は，世界の金融システムの健全性を維持するための国際的なルールとして機能している。バーゼル規制は 1988 年に銀行の自己資本比率の測定方法や達成すべき自己資本比率（8％以上）などを定めた（バーゼルⅠ）ものであるが，2004 年にバーゼルⅡ，リーマンショック後の 2010 年にバーゼルⅢが制定されている。バーゼルⅢは，2013 年から段階的に実施されており，2028 年からは完全適用される予定になっている。

1.　金融規制の定義

　金融規制とは，金融市場や金融機関への公的介入の一つの形であり，主として金融システムの安定（信用秩序の維持）を目的とする[1]。

　なお，金融システムの安定を目的とする政策は，プルーデンス政策と呼ばれる。そのため，金融規制はプルーデンス政策と密接な関わりを持つ。プルーデンス政策は，ミクロ・プルーデンス政策（個々の金融機関の健全性を監督・検査し，破綻を未然に防ぐ政策）とマクロ・プルーデンス政策（すべての金融機関に対して規制・監督を行うことで，金融システム全体の安定を確保する政策。バーゼル規制，預金保険制度など），事前的政策（金融機関の経営悪化を防ぐ政策。自己資本比率規制な

ど）と事後的政策（金融機関の破綻後にとられる政策。日銀の最後の貸し手機能，預金保険制度など）といった区分がある。

2.　金融規制の現在・過去・未来

　リーマンショックに端を発する世界金融危機の勃発以来，国際金融を業とする金融機関は，バーゼルＩ，バーゼルＩＩに次いで 2010 年に公表されたバーゼルⅢなど新たな国際金融規制のもとで，自己資本比率を引き上げてきた。これらの規制は，国際的な金融システムの強化および向上に貢献している。黒田（2019）によれば，金融危機は，歴史的にみて，新たな金融技術や金融商品の出現とともに，従来とは異なる形で繰り返し発生している[2]。金融のグローバリゼーションとそれによってもたらされる金融の不安定化や金融危機に対処するため，金融規制はこれまでも，また将来的にも金融の複雑性に対処できる強固なものになる必要が出てきている。

　以下では，これまでの金融規制についてみていくことにする。

3.　金融自由化と金融規制

　1980 年代以降の金融の自由化・国際化は，金融の技術革新を急激なスピードで後押しした。米国を中心にそれまで存在しなかったような新しい金融商品が生まれることになる。これら新しい金融商品の中には過度なリスクを内包しており，誤って取り扱うと金融市場を不安定にする可能性がある商品も存在した。しかしながら，リスクが高い金融商品を取引することは，上手くいけば高いリターンをもたらすので，金融機関，とりわけ欧米の投資銀行などを中心に，過度なリスクを取ることで，高収益の確保を目指すようなビジネスが活発に行われるようになった。さらに，金融機関の中には，リスクの高い金融商品の取引を増やすものの，リスク管理を怠ったりするところも現れ，金融市場の不安定化を誘発した。このような，過度なリスクテークによって膨れ上がった金融市場は，いったんバブルが崩壊すると，大きな危機をもたらす危険性をはらんでいる。

　日本でもバブルが崩壊して数年たった頃，これまでの厳しい規制を緩和し，自由でグローバルな金融市場を目指す動きがみられた。とりわけ，1996 年の

金融ビッグバンでは，フリー，フェアー，グローバルの掛け声のもと，自由な取引と活発な商品開発を促す機運が高まった。金融ビッグバンをきっかけに，日本でも金融の自由化が進み，それ以前に存在した多くの金融規制が撤廃されるか，あるいは規制の緩和が進むことになった。

3.1 金融の過度な自由化がもたらした世界金融危機

2008年9月のリーマンショックとは，米国の投資銀行であるリーマン・ブラザーズが6,000億ドルもの負債を抱えて倒産したことで起きた世界金融危機のことである。この米国史上最大の倒産は，世界中の金融・経済に大きな影響を与え，世界金融危機に発展した。したがって，リーマンショック以降，米国では金融機関を中心に自由に取引されていた高いリスクの金融商品について，規制する動きが高まった。また，金融機関のビジネスに対しても，レバレッジを効かせた取引や空売りに対して規制が適用された[3]。金融機関には，さらに，資本の充実や流動性の強化が求められるようになった。

3.2 リーマンショック以降の金融規制の強化

2010年代以降，米国で施行された金融規制は，米国の金融機関の相対的な地位が高まったことで，米国の金融規制というよりも，グローバルな金融規制へと姿を変える。グローバルな金融規制は，世界共通の金融規制の枠組み作りに加えて，世界的に大きな影響力を持つアメリカの金融制度を見直すことから始まった（藤田 (2021)）。

リーマンショック以前の金融規制は，主にIMF（国際通貨基金），BCBS（バーゼル銀行監督委員会），G7（先進7か国による財務大臣・中央銀行総裁会議）などが担ってきた。しかし，2010年代以降は，先進7か国だけでは，世界金融危機に対処できないという経験からG20（主要20か国による財務大臣・中央銀行総裁会議）やG20サミット（20か国による首脳会議），FSB（金融安定理事会），BCBSによってグローバルな金融規制の枠組みが形成されることとなった。しかしながら，世界の金融市場において，現時点で絶大な影響力を持っているのは，米国の金融市場および米国の金融機関であることを踏まえて，グローバルな金融規制といっても，それは米国主導の金融規制であることが多い（藤田 (2021)）。

さらにシャドーバンキング【キーワード】など銀行としての規制を受けない金融機関の監督や監視をどうするのかも今後の検討課題である。

3.3　ドッド・フランク法とボルカールール

　ドッド・フランク法（Dodd-Frank Act）とは，米国の金融規制改革法のことで，2011 年に第一次オバマ政権下で成立，適用が開始された。同法は，2008 年 9 月のリーマンショックのような世界的金融危機の再発防止を目的に，後述のボルカールールを中核に，FRB 内の消費者金融保護局の設置，店頭デリバティブの標準化とその集中的な市場の創設，巨大金融機関の破綻スキームなどを規定しているが，解釈をめぐる対立，介入などもあり，施行状況は条文によってまちまちである。

　ボルカールールとは，商業銀行（Commercial Bank）によるヘッジファンドやプライベート・エクイティ（未上場企業）への出資や自己勘定の取引の制限など，銀行が過度のリスクを取って市場取引を行うことを規制するルールであり，金融規制改革法（ドッド・フランク法）の中核となるものである。当該規制は，ポール・ボルカー元米連邦準備理事会（FRB）議長が提唱したことで，この名称がつけられた。ボルカールールは，預金者の預金を危険にさらすような銀行の投機的投資の実施は制限されるべき，との考え方に基づいて導入された。

3.4　大きくて潰せない（Too Big to Fail（TBTF））

　リーマン・ブラザーズの倒産が招いた世界金融危機では，巨大金融機関の経営が悪化し，倒産することは，世界経済に大きな影響を及ぼすことを金融当局に知らしめた。金融機関は，どの国においても，合併や経営統合等を繰り返し，巨大化している。巨大化した金融機関に対して，リスク管理を徹底させることは，金融規制で最も重要なこととなる。

　巨大金融機関は，取り扱っている資金が莫大であることに加えて，金融機関相互の取引も大きく，これら巨大金融機関が倒産すると，経済・社会に甚大な影響が及ぶため，経営難に陥った場合，国有化が実施されることもある。国有化されれば，経営難の金融機関を政府が国民の税金を使って支援しなければいけなくなる。国際金融業務をグローバルに展開している巨大金融機関は，その

| 表4－V2－1 | SIFI システム上重要な金融機関（30機関） |

JPモルガン（米国）	ステート・ストリート（米国）
シティグループ（米国）	ウニクレディト（イタリア）
バンク・オブ・アメリカ（米国）	三菱UFJフィナンシャルグループ（日本）
ゴールドマン・サックス（米国）	みずほフィナンシャルグループ（日本）
モルガン・スタンレー（米国）	三井住友フィナンシャルグループ（日本）
ウェルス・ファーゴ（米国）	ロイヤルバンク・オブ・スコットランド（英国）
HSBC（英国）	バンク・オブ・ニューヨーク・メロン（米国）
バークレイズ（英国）	クレディ・アグリコル（フランス）
BNPパリバ（フランス）	ING（オランダ）
ドイツ銀行（ドイツ）	ノルディア（スウェーデン）
UBS（スイス）	サンタンデール（スペイン）
クレディ・スイス（スイス）	ソシエテ・ジェネラル（フランス）
中国農業銀行（中国）	BPCE（フランス）
中国工商銀行（中国）	スタンダード・チャータード（英国）
中国建設銀行（中国）	バンク・オブ・チャイナ（中国）

注：2022年11月現在。ただし，2023年，クレディ・スイスはUBSに吸収された。
出所：金融庁総務企画局総務課国際室より作成

ため，大きくて潰すことができない。

　この経験を踏まえて，金融安定理事会（FSB）によって，国際的なレベルでの規制が必要な金融機関が，グローバルなシステム上重要な金融機関（G-SIFIs：Global Systemically Important Financial Institutions）として，そのリストが公開されている（適宜見直しされる）。システム上重要な金融機関については，国際的な監督を担う組織によって[4]，金融危機を防止し，危機が起こりそうなときには事前に警告を行い，危機に関して徹底した管理をすべき等，管理および指導され，厳しい金融規制を順守することが求められている。

3.5　ベター・レギュレーション

　金融庁によれば，「ベター・レギュレーション」とは，「より良い規制環境を実現するための金融規制の質的な向上」である[5]。金融庁は，このベター・レギュレーションをこれからの金融行政における大きな課題として位置付けている。また，金融規制の質は，規制の適用されるマーケットの競争力を左右する重要な要素である。金融規制の質的向上によって金融市場の競争力が強化さ

れ，ひいては金融機関の活躍の場の拡大，利用者利便の向上につながるとしている。

金融庁は，ベター・レギュレーションの４つの柱として，

① ルール・ベースの監督とプリンシプル・ベースの監督の最適な組合せ

② 優先課題への効果的対応

③ 金融機関の自助努力尊重と金融機関へのインセンティブの重視

④ 行政対応の透明性・予測可能性の向上

を挙げている[6]。

第２節　なぜ金融規制が重要なのか

金融規制は個々の金融機関が経営破綻に陥ることを防止するため，対策および措置として重要である。とりわけ，金融機関に限って破綻を未然に防ぐことができなければ，国の経済活動は深刻なダメージを受けるはずである。至極当然，銀行破綻を未然に防ぐうえで規制を整備することは重要である。しかし，金融ビジネスの視点で言えば，規制は新ビジネスのチャンスを提供しているという側面がある。ルールがあるがゆえに，投資手法やそれを応用した金融商品が開発され，金融イノベーションが生まれる場合がある。

例えば，バーゼル規制は自己資本比率の充実と，経営の効率化の両方をどのようにバランスさせた経営を行うかという課題を，銀行に与えた。これに対する一つの答えが，証券化という金融イノベーションである[7]。さらに，現在，暗号資産取引にさまざまなトラブルが発生し規制強化が求められている。この規制は，暗号資産をより安全に確実な取引手段とするための，新しい金融技術を開発させるインセンティブを金融機関にあたえるはずである。

第３節　投資家にとっての意義

金融規制というルールがあるからこそ，投資家は，金融機関を自由に選択することができ，魅力的な金融商品を選択でき，選択肢が広がる。もっとも，金融環境の変化の中でさらなる金融規制の強化が求められている。金融規制は，

環境や時代の変化によって強化されることも緩和されることもある。いずれの方向への変更であっても，そうしたルールの変更は，これまでにない新しい金融取引や資金の流れを生み出し，投資家にとって新しい収益チャンスを生み出すことが期待される。一方，この規制の変化の本質を見誤った金融機関は，敗者となり，市場から駆逐されるリスクが発生することも考えられる。

　例えば，金融規制の緩和・金融の自由化が進むことに加えて，情報技術革新によって預金金利も手数料も自由化されると，できるだけ手数料は節約したいと考える投資家にとっては，インターネットで取引できる金融機関など手数料の安い金融機関を選択することが可能となった。また，きめの細かいサービスを提供してくれる金融機関であれば，手数料が少々高くても良いと考える投資家は，大手金融機関の窓口で金融商品を購入することもできる。ただ，金融の自由化・国際化に伴い，世界中の金融機関が高収益を獲得するために熾烈な競争をしていることを忘れてはならない。

　投資家にはこれまで以上に金融リテラシーを高めて，自己責任で金融商品に投資するという姿勢が求められる。

Keyword　シャドーバンキング

　シャドーバンキング（影の銀行）とは，銀行同様，資金の貸借や投資を行うものの，銀行としての規制を受けない金融機関のことを言う。投資銀行，ヘッジファンドや特別目的会社など証券化のための特殊な運用会社や FRB による直接の規制を受けない金融業の総称でもある。金融危機発生の遠因になったとされ，そのグローバルな監督，規制の方法が世界中の金融当局の課題となっている（下山（2013））。

　このような金融規制の対象外となる金融機関は，タックスシェルターと呼ばれる課税逃れ商品などを利用して租税裁定取引を行い，租税支払いの減少を図っている点にも注目しておく必要がある。このような課税逃れ商品は，表面的には投資商品等のかたちをとって販売されており，1970 年代から 1980 年代にはアメリカにおいて，個人納税者をターゲットにして開発されていたが，1990 年代以降，法人の納税者に対してより複雑で効率的な商品が開発され，販売されるようになった（中里（2002））。タックスシェルターを利用した金融取引は，節税対策として世界各国の金融機関において広く利用されており，これら取引を規制する仕組みについても，将来的に検討が必要とされている。

【注】

1）　内田（2016）は，金融市場や金融機関への公的介入は主に，法制度の整備，法制度に従うように行う民間の経済活動への制限である金融規制，政府関係機関による介入の3つの形があること，それらの主な目的は，金融システムの安定，民間金融の補完，マクロ経済の安定という3つがあること，を指摘している。

2）　黒田東彦（2019）「国際的な金融規制・監督：これまでの成果，現在の論点，将来の課題（パリ・ユーロプラス主催フィナンシャル・フォーラム，2019年11月28日）」．（https://www.boj.or.jp/about/press/koen_2019/data/ko191128b.pdf，2023年3月31日アクセス）．

3）　レバレッジとは，借入を利用することで，少ない元手で高い収益を獲得する効果のこと。空売りとは，レバレッジと同じように，借入を利用して，保有していない株式を売却することをいう。

4）　例えば，危機を防止するための組織として，BISやIOSCOの活動やFSB（金融安定化理事会）などが責任を持つ。また，国際協調を図ることでグローバルな監督や指導を行うことに加えて，各国レベルでは各国当局（日本では金融庁）などが管理・監督・指導を行う。

5）　金融庁「金融規制の質的向上—ベター・レギュレーション—」（https://www.fsa.go.jp/policy/br-pillar4/index.html，2023年3月31日アクセス）。

6）　金融庁はさらに，ベター・レギュレーションに向けての5つの当面の具体策としては，①金融機関等との対話の充実，②情報発信の強化，③海外当局との連携強化，④調査機能の強化による市場動向の的確な把握，⑤職員の資質向上を挙げている。なかでも，金融のグローバル化に対応し，規制・監督の国際的な整合性の確保や，グローバルなマーケットの動向の把握が重要となっているため，各国の規制当局や国際機関と連携し適切に対応していく必要があるとしている。

7）　自己資本比率を高めるだけであれば，資本を増強すればよい。資本を増やし，資産である銀行ローンを抑制すれば自己資本比率は改善し，経営は健全化する。しかし，ローンを減らすのでは利益が上がらないため，経営は非効率になってしまう。自己資本比率の改善ばかり努力すれば，経営の効率は失われるという意味で，効率性と健全性は銀行経営にとってトレードオフの関係になっている。両者の同時達成は無理であり，2つのバランスをどの程度に維持するかが経営課題となったのである。そのために，銀行は資産を帳簿から消し去る（オフバランスと言う）ことができる証券化という金融イノベーションを，誘引せざるをえなかったという評価も可能である。

【参考文献】

池尾和人（2010）『現代の金融入門』ちくま新書
伊藤亮太（2021）『金融のしくみがしっかりわかる教科書』技術評論社
内田浩史（2016）『金融 Money, Finance, and Financial System』有斐閣
翁百合（2010）『金融危機とプルーデンス政策』日本経済出版社
金融庁「金融規制の質的向上—ベター・レギュレーション—」（https://www.fsa.go.jp/

policy/br-pillar4/index.html，2023 年 3 月 31 日アクセス）。

黒田東彦（2019）「国際的な金融規制・監督：これまでの成果，現在の論点，将来の課題（パリ・ユーロプラス主催フィナンシャル・フォーラム，2019 年 11 月 28 日）．（https://www.boj.or.jp/about/press/koen_2019/data/ko191128b.pdf，2023 年 3 月 31 日アクセス）．

下山明子（2013）『英語で学ぶ！金融ビジネスと金融証券市場』秀和システム

中里実（2002）『タックスシェルター』有斐閣

服部孝洋（2022）「バーゼル規制入門―自己資本比率規制を中心に―」（https://www.mof.go.jp/public_relations/finance/202210/202210e.html，2023 年 3 月 31 日アクセス）．

藤田勉（2021）「進化するグローバル金融規制と金融機関の経営」『月刊資本市場』，No.425, pp.56-65.

Acharya, Viral V. and Matthew Richardson（2009），*Restoring Financial Stability -How to Repair a Failed System-*, New York University Stern School of Business, Wiley First Edition.（大村敬一監訳，池田龍哉・増原剛輝・山崎洋一・安藤祐介訳（2011）『金融規制のグランドデザイン』中央経済社）

第5章

グローバリゼーション

グローバル化

衰退 分野 銘柄 状況 現在 通貨 世界 1990年代
国内 工場 経済 日本企業 要因 今後
中心 上場 国境 各国 市場 製造業 貿易 行方 経営 中国
政府 輸出 存在 ICT 進展 世界経済 本国 コロナ
グローバル 株式 資本
国家主権 影響 コスト
アメリカ 重要 金融 国際 企業 情報通信
政策 技術 民主主義 産業 投資家 生産 先進国 売上
拡大 投資 グローバル企業 環境
米国 株主 グローバルな 金融危機 競争 海外 メリット
移動 日本
成長 株価 インターネット 取引 低下 発達 必要

注：ユーザーローカル AI テキストマイニングによる分析（https://textmining.userlocal.jp/）

第1節　グローバリゼーションとは

　グローバリゼーション，あるいは反グローバリゼーションは，複雑な現代の世界経済を読み解くうえで，重要な切り口となっている。実際，Brexit，トランプ政権の誕生，所得・地域格差，あるいは頻発する通貨・金融危機などの重要テーマは，多かれ少なかれグローバリゼーションとかかわりを持っている。本章では，グローバリゼーションについての定義に加えて，これまでの大きな流れ，考え方の枠組みなどを検討することにより，現代世界経済の一側面を明らかにしたい。

1.　グローバリゼーションの定義

　グローバリゼーション（Globalization）と似た表現に，国際化（Internationalization）がある。しかし，この2つは異なる概念である。翁・白川・白塚（1999）は，「『国際化』とは何らかの対外依存度が高まる状況を指すのに対し，『グローバリゼーション』とは各国の市場が一体となって1つの市場を形成することを指している」（p.55）と指摘している。また，内閣府（2004）は，グローバリゼーションについて「資本や労働力の国境を越えた移動が活発化するとともに，貿易を通じた商品・サービスの取引や，海外への投資が増大することによって世界における経済的な結びつきが深まること」（p.149）と定義している。それらの定義から明らかなように，国際化（Internationalization）が，国民や国家を前提とする概念であるのに対して，グローバリゼーションは，地球規模での結合の強まりを指す集合的な概念である，ということである。端的に言えば，国境，あるいは国民や国家への意識の差が両者の違いであるといえよう。

　グローバリゼーションが進展する中，企業は，自国でだけ通用するルール・規格だけでなく，グローバル・スタンダード【キーワード】に適応したり，場合によってはそれを新しく創出したりすることが重要になっている。

2.　グローバリゼーションの現在・過去・未来

　以下では，グローバリゼーションの現在・過去・未来について検討する。

2.1　概　観

　現代に至るグローバリゼーションは，1970年代から緩やかに進展してきた。もっともグローバリゼーションは，東西冷戦が終結，グローバリゼーションが本格的にスタートした1990年頃を境に，

- ・冷戦期のグローバリゼーション[1]
- ・冷戦後のグローバリゼーション

とに分けることができる。冷戦期と冷戦後のグローバリゼーションを隔てる大きな違いは，そのスケールである。冷戦期のグローバリゼーションは，G7に代表される先進諸国間のテーマであったのに対し，冷戦後のグローバリゼーションは，発展途上国も巻き込み，世界規模でのテーマになったのである。

2.1.1　冷戦期と冷戦後のグローバリゼーション

冷戦期

　1973年の第4次中東戦争をきっかけとした第1次オイルショック，1979年のイラン革命をきっかけとした第2次オイルショックは，先進諸国に，スタグフレーションをもたらした。スタグフレーションとは，インフレーション（inflation）と経済活動の停滞（stagnation）が同時に起きている状況のことである。政府が経済政策によって経済を調整するというケインズ主義では，インフレと経済活動の停滞／景気後退を同時に解決することは難しく，そしてそれが，新自由主義（Neoliberalism）を台頭させることになった。新自由主義とは，国の介入をできる限り縮小し，経済活動を市場原理に委ねる経済政策あるいは経済思想のことをいう。具体的には，国によって提供されるさまざまなサービスを縮小し，国有企業を民営化し，大胆な規制緩和を行うことで，小さな政府を目指すことになる。新自由主義政策は，1970年代末期から英国のサッチャー政権において導入され，その後米国でも1980年代のレーガン政権下において施行されるなど，先進諸国の経済政策に大きな影響を及ぼした。そうした潮流は，国内だけでなく，ヒト・モノ・カネの国境を超える取引の自由化にもつながり，グローバリゼーションを進展させる要因となってきたのである。実際，

主要先進諸国は，1970年代後半〜1980年代にかけて，内外の資本移動を遮断してきた直接的・間接的な障壁を取り除き始めたほか，1980年代には，外貨建て運用規制の緩和など機関投資家の運用規制の緩和を行った（岩田（2012））。

<u>冷戦後</u>

　1989年にベルリンの壁が崩壊，1990年には東西ドイツが統一された。これを機に，東欧諸国で相次いで民主化が起こり，ハンガリー，チェコスロバキア，ポーランド等が民主主義国家として生まれ変わり，経済も計画経済から資本主義経済への移行を進めた。東西冷戦が終結したことで，G7に代表される西側諸国と1990年代以降民主化を進めた東欧およびバルト三国など旧ソ連の支配下にあった国々が経済面で連携を深め，貿易が活発に行われるようになる。さらに，天安門事件以降，自由貿易化を推し進めてきた中国が2001年12月，自由貿易促進を主目的として創設された国際機関である世界貿易機関（WTO）に加盟したことで，自由貿易体制が整備された。そうして発展途上国が自由貿易体制に組み入れられる中で，先進国のグローバル企業，あるいは多国籍企業と呼ばれる企業群が，企画やデザインは本国で，生産は低賃金の中国やベトナムなどの発展途上国で，販売は先進国をはじめとする豊かな国々で行う，いわゆる国際的な分業体制によって，高収益を生み出すことが可能となった。発展途上国もまた，それによりメリットを受けた。すなわち，冷戦後は，発展途上国も巻き込み世界規模レベルで関係が強化された，ということである。

2.1.2　反グローバリゼーション

　もっともグローバリゼーションの進展と相前後して，反グローバリゼーション／反グローバリズムの潮流も生まれた。初期のシンボリックな出来事として，1999年の世界貿易機関（WTO）総会反対デモがある。自由貿易促進を主目的とするWTOの総会に，世界中から反グローバリズムを掲げる市民団体が集結したのである。2010年代後半に，英国の欧州連合（EU）離脱（Brexit），米国のトランプ政権の誕生，フランスの黄色いベスト運動などが起こったことは，反グローバリゼーションの潮流の強まりの表れである。さらに，新型コロナウイルス感染症，ロシアによるウクライナ侵攻といった出来事も，反グロー

バリゼーションのムードを後押しするように作用した。

2.2 グローバリゼーションの行方

今後，グローバリゼーションはどうなるのだろうか？ 答えはわからないとしても，その行方を考えるとき，どのようなポイントに注目すべきだろうか？ 以下では，グローバリゼーションの進展に寄与してきた，とりわけ大きな2つの要因であり（小倉（2012）など），ここまで述べてきたグローバリゼーションの進展の底流にも存在していた，

(1) 情報通信技術（ICT）
(2) 政治的側面

を中心に，その行方を占う上で重要なポイントを検討する[2]。前もって結論を述べると，(1) 情報通信技術（ICT）の発達，とりわけ対面コストの低下につながる技術の発達が，グローバリゼーションを進展させる要因として働く中で，(2) 政治的側面が，どの程度，グローバリゼーションを抑制するものとなるかが，その先行きを考える上でのポイントとなる。

2.2.1 情報通信技術（ICT）

グローバリゼーションを進展させてきた要因の一つは，情報通信技術（ICT）の発達である。とりわけ，Windows 95 発売以降に起きたインターネットの世界的な普及は，大きな意味を持った。グローバリゼーションには，国境を超えた情報の迅速かつ頻繁なやりとりが必須であることから，情報通信技術（ICT）の発達がグローバリゼーションの進展に寄与したのは，自然なことである。

今後，グローバリゼーションの行方を考えるとき，情報通信技術（ICT）の発達は引き続き重要である。ただ，情報通信技術（ICT）の中でも，どのような技術が重要となるだろうか？ 情報通信技術（ICT）とグローバリゼーションとの関係をとらえる枠組みとして，Baldwin（2016 遠藤訳 2018）による「三段階制約」論がある。そこでは，グローバリゼーションを推進する重要な要素として，3つのコスト，すなわち，

① モノを移動させるコスト（貿易コスト）

② アイデアを移動させるコスト（通信コスト）

③ ヒトを移動させるコスト（対面コスト）

があること，それらのうち①，②については，これまで大きく低下することで，グローバリゼーションを進展させてきたこと，今後のグローバリゼーションの行方を考えるとき，③の対面コストの低下，が重要であること，を指摘している[3]。

　③のヒトを移動させるコストの低下とは，物理的ではなく，実質的に人間を移動させる情報通信技術（ICT）の発展のことでもある。Baldwin（2016 遠藤訳 2018）は，そうした技術を，テレプレゼンス（遠く離れた場所で頭脳労働サービスを交換することを可能とする技術），テレロボティクス（遠く離れた場所で肉体労働を行うことを可能とする技術）と呼んでいる。テレプレゼンスの一例としては，Zoom などのビデオ通話システムを挙げることができる。それらを用いれば今や，世界のどこにいても，時間と運賃を使って出張することなく，Web 会議，ウェビナーに参加したり，主催したりすることができる。テレロボティクスの一例としては，すでに実用化されている分野もある，機械の遠隔操作が挙げられる。もっとも，テレプレゼンス，テレロボティクスのいずれにおいても，今後さらなる発展が期待されている。

　技術がさらに発展すれば，グローバル投資の分野においても，大きな変化が生じるかもしれない。とりわけ，海外でのフェイス・トゥ・フェイスの情報収集を容易にする技術には，期待がかかる。世界中のあらゆるニュースはすでに，リアルタイムで知ることができる時代であるが，海外でのフェイス・トゥ・フェイスによる情報収集は現在でも，そう簡単ではない。例えば，米国企業が開催する会議への出席，現地工場やビジネスの現場の見学，現地のショップでの売れ行きや評判の確認，現地事情に詳しい人々との意見交換などは，海外出張・海外駐在などの物理的移動なくしては難しい。しかし，技術がさらに発展すれば，物理的に移動することなく，フェイス・トゥ・フェイスでの情報収集が容易になるかもしれない。もしそうなれば，それはグローバル証券投資の拡大要因となると考えられる。

　人間を実質的に移動させる情報通信技術（ICT）には，さらなる発展が期待されている。そしてそれは，今後のグローバリゼーションをさらに進展させる力として作用すると考えられる。

2.2.2　政治的側面

　グローバリゼーションを進展させてきたもう一つの要因は，各国政府の規制緩和，なかでも国境を超えるヒト・モノ・カネの規制緩和である。その背景には，米国が規制緩和やグローバリゼーションを肯定する新自由主義的政策・思想を，国内だけでなく，グローバルに拡大しようとしたことも影響していると考えられる。「ワシントン・コンセンサス」というキー・ワードは，それを端的に表している。

　ワシントン・コンセンサスはもともと，英国出身の経済学者ジョン・ウィリアムソンによって使われた用語であるが，現在では一般に，米国のワシントンD.C.を本拠とする国際通貨基金（IMF），世界銀行，米国財務省などの機関が，危機に陥った発展途上国に対して奨励される10の経済政策処方箋のセットのこと，と考えられている（表5－1）。市場原理主義，小さな政府，規制緩和，貿易や投資の自由化など，新自由主義的側面を持つという点に特徴がある。

　世界に強い影響力を持つ米国によるそうした考え方は，各国政府のスタンス

表5－1　ワシントン・コンセンサス
1．財政規律
2．公的支出の優先順位を変更
3．税制改革
4．金利の自由化
5．競争力ある為替レート
6．貿易の自由化
7．直接投資の受け入れ自由化
8．民営化
9．規制緩和
10．財産権の確保

出所：Williamson, John (1990), "What Washington Means by Policy Reform," in Williamson, John (ed.), *Latin American Adjustment: How Much Has Happened?*, Institute for International Economics より作成

176

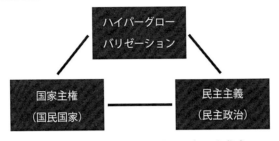

| 図5−1 | 世界経済の政治的トリレンマ（3つのうち2つしか同時に達成できない） |

出所：Rodrik（2011 柴山・大川訳 2013）より作成

にも影響を及ぼし，規制緩和を通じて，現代に至るグローバリゼーションを進展させる要因となった。ワシントン・コンセンサスは，今なお一定の影響力を持っていると考えられるものの，現在では批判的に捉えられることも多い[4]。

　今後，グローバリゼーションの行方を考えるとき，政治的側面はやはり重要である。政治的側面とグローバリゼーションとの関係をとらえる枠組みとして，Rodrik（2011 柴山・大川訳 2013）による有名な「世界経済の政治的トリレンマ」がある。グローバリゼーションが実は，民主主義と鋭く背反することを念頭に置いた考え方であり，そのエッセンスは，以下の3つは，すべて同時に推し進めることはできず，同時に実現できるのはそれらのうち2つのみ，というものである（図5−1）。

① ハイパーグローバリゼーション（あらゆる取引費用が削減され，国境が財・サービス・資本取引において何の制約にもならない世界のこと）
② 民主主義（民主政治）（民意に基づいて意思決定すること）
③ 国家主権（国民国家）（経済政策決定主体（政府の機関，中央銀行，金融・規制当局など）が意思決定すること）

　Rodrik は，このトリレンマにおいて，以下の3つの選択肢があることを指摘している。

①ハイパーグローバリゼーション＋③国家主権

　国家はグローバリゼーションに焦点を当てた政策を実施，グローバリゼーションを推進する。もっともこの場合，国民の不平・不満は，多かれ少なかれ棚上げされる。すなわち②民主主義が制限されることになる。

①ハイパーグローバリゼーション＋②民主主義

　世界政府のような，世界の人々の民意（すなわち，広い意味での民主主義）によって権限を付与された機関が，グローバリゼーションを推進する。もっともこの場合，多かれ少なかれ③国家主権が制限されることになる。なお Rodrik は，この実現可能性は低いと指摘している。

②民主主義＋③国家主権

　この場合，①ハイパーグローバリゼーションが制限されるものの，民主主義と国家主権が達成できる。なお Rodrik は，ブレトン・ウッズ体制〜1980 年代までの世界を念頭に置きつつ，この組み合わせが望ましいと指摘している[5]。

　近年のグローバリゼーションは，①＋③の組み合せを中心に，各国の民主主義を制限しながら進展してきたと考えられる。2010 年代以降の欧米における状況は，そうした状況に対する国民の不平・不満の表出であり，民意（民主主義）からの反発と捉えることもできる。今後，そうした反発が大きな潮流となるなら，世界的に②＋③の組み合わせへ回帰しようとする動きが強まるシナリオもゼロとは言い切れない。

　今後のグローバリゼーションの行方を考える上では，情報通信技術（ICT）によるグローバリゼーションの推進力だけでなく，「世界経済の政治的トリレンマ」にも注目する必要がある。とりわけ，グローバリゼーションに対する民意の動向が注目される。

第2節　グローバリゼーションはなぜ重要なのか

1.　グローバリゼーション

　グローバリゼーションには，メリットとデメリットが存在している。ただ，多くの経済学者は，グローバリゼーションを支持している（Krugman・Obstfeld・Melitz（2014））。国際的な分業を行うことで，それぞれの国が得意なビジネスに特化できる，投資対象を拡大できるなどのメリットが，デメリットを上回ると考えられるであろう。そのため，グローバリゼーションは重要である。

　もっとも，グローバリゼーションにはデメリットがある。その例としては，所得格差，短期投機資金の流出入による通貨・金融危機の発生，通貨・金融危機の伝播，さらには環境破壊などが挙げられる。これらのうち，とりわけ所得格差は，反グローバリゼーションの潮流の大きな要因でもあり，重要である。グローバリゼーションと所得の関係について，Milanovic（2016）は，グローバリゼーションが大きく進展した1988 – 2008年の20年間のデータを用いて，エレファントカーブによって示した[6]。すなわち，グローバリゼーションで恩恵を受け，実質所得が大きく増加したのは，

　　・主に先進国の超富裕層
　　・途上国の中間層（大半が中国などアジアの人々）

であること，逆に，グローバリゼーションで恩恵を受けることができず，実質所得がほとんど増加していないのは，

　　・先進国の中間層

であることを示したのである。先進国の中間層とは，もう少し正確にいうと，おおむね各国の所得分布で下位半分に属している「下位中間層」であると指摘されている。つまり，世界全体でみれば，格差は縮小している（すなわち，途上国の人々の所得は，先進国の人々の所得に近付いている）ものの，先進国の中では，

所得格差が大きく拡大したことが示唆されているのである。それは，Brexit
やトランプ政権誕生など，先進国における反グローバリゼーションの潮流の背
景にあると考えることができるであろう。

　先進国の中間層への対応については，各国でも重要な政策課題となって
いる。例えば，日本で近年，政策の重要課題となっている「貯蓄から投資」
は，中間層の資産形成が目的の一つとなっている[7]。また米国では，前述の
Rodrik が，経済政策の新しいパラダイムとして，ハイテク製造業振興にも増
して，雇用吸収力の高いサービス業に焦点を当てた雇用創出戦略である「生産
主義（productivism）」を提唱するなどの動きがみられている[8]。先進国におけ
る中間層の没落の行方は，民主主義（あるいは選挙）を通じて，今後のグロー
バリゼーションの行方にも大きな影響を持つと考えられるため，注目される。

2.　金融のグローバリゼーション

　金融のグローバリゼーションは，投資家にとって非常に重要である。なぜな
ら，金融のグローバリゼーションのメリットを享受するかしないか（あるいは，
グローバル投資をするかしないか）を，自分の意思で決定できるからである。一
般に，グローバリゼーションのメリットを享受するには，本人の努力もさるこ
とながら，たまたまそこに住んでいたとか，たまたまそこでそういう仕事をし
ていたとか，偶然的要素に左右されることが少なくないことと比較したとき，
その重要性の違いが明らかとなる。しかも，グローバル投資は今や，さほど難
しいことではない。例えば，世界の情報が入手しやすくなってきたこと（そし
て今後さらに低下することが期待できること），インターネット証券会社を通じて
投資信託を購入するなら，100 円など低額での投資が可能になってきたこと，
インターネットでいつでも簡単に売買が行えるようになってきたこと，などの
変化が生じてきたためである。

　もちろん，グローバル投資によって，グローバリゼーションのデメリットを
受けてしまうこともありうる。それは，投資先の企業や国の株価や債券価格の
下落といった形で表れることになる。しかしそれらは，序章で指摘したように，
長期・分散・積立投資を行うことによって，かなりの程度回避することが可能
となる。

Keyword　グローバル・スタンダード

　グローバル・スタンダードとは，世界標準あるいは世界基準のルールや規格のこと。グローバリゼーションが進展する中，経済，経営，法律，技術，サービスから資格まで，あらゆる分野で重要なものになっている。その例としては，金融システムや経営システムの分野において国際的に共通しているルール，工業製品の分野における国際標準規格などが挙げられる。また，グローバル・スタンダードには，国際機関などによって強制的に決定されるタイプ（デジュール・スタンダード（De jure））と，市場で自然に形成されるタイプ（デファクト・スタンダード（De facto））がある。前者の例としては，ISO（国際標準化機構）やIEC（国際電気標準会議）によって決められた規格や，BIS（国際決済銀行）によって定められた規制，後者の例としては，パソコンのOSやVTRの規格が挙げられる。

　グローバル・スタンダードは，グローバリゼーションが進展した世界を滞りなく機能させるため，非常に重要となる。そのため，グローバル・スタンダードを先に創出することができれば，有利な立場となることから，その創出に関与していくことも重要になっている。

【注】

1）　もっとも，冷戦期においては，国際化という言葉・概念はよく知られていたものの，グローバリゼーション（グローバル化）という言葉・概念はまだ一般化していたわけではない。

2）　やや観点は異なるが，グローバリゼーションの進展に寄与する重要な要因として，それら2つの要因以外に（あるいはそれら以上に），企業や個人の利益追求行動がある。ただ，それがあえて指摘されることは少ない。

3）　すなわち，①鉄道や蒸気船の誕生による，モノを移動させるコストの低下（1820年〜）は貿易の活発化，②インターネットなど情報通信技術（ICT）の発展によるアイデアを移動させるコストの低下（1990年頃〜）は，生産工程のみならず，もっと難しいノウハウ（マーケティング，経営管理，技術など）が賃金の低い国へと移転し，グローバル・バリューチェーンの発展をもたらしたと指摘されている。そして今後，③の低下により，他の国から労働サービスを提供する可能性があること，①，②では，製造業中心に影響を及ぼしたが，③では，より多くの雇用を抱えるサービス業に大きな影響が及ぶ可能性を，あわせて指摘している。

4）　1980年代の中南米の累積債務危機，1990年代のロシア・東欧の市場経済への移行，1990年代終盤のアジア通貨危機などに際し，経済支援に主導的な役割を果たしたそれら機関による勧告・提言にも，その考え方が反映されたと考えられる。近年，ワシントン・コンセンサスは，各国固有の歴史・文化の喪失につながること，市場原理主

義的政策がかえって社会を混乱させることがあることなどを背景に，批判されること
が多くなっている。とはいえ，欧州債務危機の際のギリシャやポルトガルに対して，
IMF，欧州委員会，欧州中央銀行（ECB）から行われた要求はまさにワシントン・コ
ンセンサスに基づくパッケージであったことなど，今なお影響力を持つと指摘されて
いる（山本（2019））。

5）　ブレトン・ウッズ体制とは，1944年にアメリカ・ニューハンプシャー州のブレト
ンウッズで開かれた連合国通貨金融会議において締結され，1945年に発効した「ブ
レトン・ウッズ協定」に基づいた，第2次世界大戦後の国際通貨制度のことである。
金1オンスを35ドルと交換できることを定め，米国以外の各国は自国通貨を米ドル
に対し固定する固定為替相場制を採用したことから，「金・ドル本位制」と呼ばれる。
同体制は，1971年，ニクソン米大統領がドルと金の交換を停止したことで事実上崩
壊した。

6）　Milanovic（2016）は1988年から2008年にかけて世界の所得が最貧層から超富裕
層でどのように変化したのかを分析し，その結果，象が花を上げた形に似た曲線，エ
レファントカーブで描けることを示した。

7）　新しい資本主義実現会議（2022）「資産所得倍増プラン」（https://www.cas.go.jp/
jp/seisaku/atarashii_sihonsyugi/kaigi/dai13/shiryou3.pdf，2023年3月31日アクセス）

8）　生産主義とは，「社会のあらゆる地域，階層の生産能力の強化」を目指すものであ
り，労働者の学歴・技能が低い場合でも，彼らが得る雇用の質・量の向上を直接促す
ような経済政策として，中間層の強化に重要であると主張されている（ダニ・ロドリ
ック「『生産主義』は米国経済を救うか」日経新聞朝刊2022年8月18日付）。

参考文献

岩田健治（2012）「グローバリゼーションと為替相場制度」上川孝夫・藤田誠一編『現
代国際金融論［第4版］』有斐閣，第12章

翁邦雄・白川方明・白塚重典（1999）「金融市場のグローバル化：現状と将来展望」『金
融研究』第18巻第3号，53-97頁

小倉明浩（2012）「グローバル・エコノミー下の発展途上諸国」岩本武和・奥和義・小
倉明浩・河﨑信樹・金早雪・星野郁『グローバル・エコノミー　第3版』有斐閣アル
マ，第6章

内閣府（2014）『平成16年度　年次経済財政報告』（https://www5.cao.go.jp/j-j/wp/wp-
je04/pdf/04-00302.pdf，2023年3月31日アクセス）

山本和人（2019）「途上国における開発戦略と開発経済学の変遷」山本和人・鳥谷一生
編著『世界経済論 岐路に立つグローバリゼーション』ミネルヴァ書房，第6章

Baldwin, Richard（2016），*The Great Convergence: Information Technology and the New
Globalization*, Belknap Press.（遠藤真美訳（2018）『世界経済大いなる収斂：ITがも
たらす新次元のグローバリゼーション』日本経済新聞出版）

Baldwin, Richard（2019），*The Globotics Upheaval: Globalisation, Robotics and the Future of
Work*, Weidenfeld & Nicolson.（高遠裕子訳（2019）『GLOBOTICS（グロボティクス）

グローバル化＋ロボット化がもたらす大激変』日本経済新聞出版）

Krugman, Paul, Maurice Obstfeld, and Marc Melitz（2014）, *International Economics: Theory and Policy, tenth edition*, Pearson.（山形浩生・守岡桜訳（2017）『クルーグマン国際経済学 理論と政策〔原書第 10 版〕上：貿易編』丸善出版）

Milanovic, Branko（2016）, *Global Inequality: New Approach for the Age of Globalization*, Belknap Press.（立木勝訳（2017）『大不平等　エレファントカーブが予測する未来』みすず書房）

Rodrik, Dani（2011）, *The Globalization Paradox: Democracy and the Future of the World Economy*, W. W. Norton & Company.（柴山桂太・大川良文訳（2013）『グローバリゼーション・パラドクス：世界経済の未来を決める三つの道』白水社）

View 01 企業のグローバリゼーション

第1節　企業のグローバリゼーションとは

　グローバリゼーションが進むと，日本の企業は日本で生産して輸出するよりも，海外で生産して海外のマーケットで販売するようになる。海外で工場を新たにつくる場合，米国，欧州，東南アジア，それとも中国につくるのか等，経営者は世界のどこで工場をつくるのが最適なのかを模索する。その場合，賃金，物流コスト，市場への距離，技術レベル，人材の量と質，関連企業の発達の程度，部品や材料の調達，通貨動向，現地政府の政策などが比較検討される。そして最終的に最適な生産地域を決定するのである。これをグローバル適地生産と呼んでいる（吉原（2021））。以上のような諸々の要因を検討した結果，日本の企業は海外で生産することが，企業にとって多くのメリットを生むと判断し，海外での生産が急増する。

1．企業のグローバリゼーションの定義

　企業が国境を越えて地球規模で事業活動を展開することを企業のグローバリゼーションという。企業のグローバリゼーションによって，生産から販売までを海外で展開するような環境をつくりだし，経営者は資材の調達，資金の調達と運用，人材の採用と育成，経営戦略等をグローバルな視点で考えて，それぞれの企業の特質に合った国で最適で効率的な生産・販売活動を行うことになる。日本の企業を例にとれば，賃金や労働者の技能レベルなどを検討し，米国，欧州，東南アジア，中国などに進出し，生産を積極的に海外で行うことで，企業のグローバリゼーションは目に見える形で進展した。米国でも同様に日本以上に企業のグローバリゼーションが進んでいる。

2. 企業のグローバリゼーションの現在・過去・未来

　企業がグローバリゼーションを進める過程は，親会社が本国から海外に進出する際の参入形態から説明することができる。企業の海外への参入形態は，エントリー・モードと呼ばれる。エントリーとは参入を，モードは形態を意味する。エントリー・モードには，主に①輸出，②海外生産，③戦略的アライアンスの３つの種類がある。

　企業が海外に進出する際に最初に行われるのが輸出である。輸出には間接輸出と直接輸出がある。間接輸出とは，製造業などが自社で輸出を行うのではなく，商社などの貿易会社にその業務を委託する形態である。1970年代ごろまでは，わが国でも製造業の多くはモノ作りに専念し，販売活動は国内においても商社に委託するケースが多く見られた。したがって，環境，言語，文化などの面で国内のビジネス慣行とは大きく異なる外国との貿易についても，語学が堪能な社員を多く抱える大手製造業を除けば，直接輸出ではなく，商社任せの間接輸出の形態をとる企業がほとんどであった。

　1980年代になると，米国への集中豪雨的な輸出は，米国からの反発を呼び，日米間で貿易摩擦が起こる。そこで，日本の製造業においても，海外でモノづくりを行い，海外で販売するという海外生産に踏み切る企業も出てくるのがこの時期である。1984年にトヨタ自動車がGM（ゼネラル・モーターズ）と合弁で設立したNUMMI（New United Motor Manufacturing, Inc.）は，カリフォルニア州で唯一の自動車生産工場として，20年以上にわたりアメリカでカローラなどを生産した[1]。

　トヨタはカリフォルニア州以外でもテキサス州などアメリカで８か所の工場を有し，アメリカ以外でもカナダ，中南米，中国，東南アジア，欧州，アフリカでも自動車を生産している。トヨタのホームページによると，2021年現在，トヨタ単体で858.4万台，トヨタグループ全体では1,007.6万台を全世界で生産している[2]。

　海外で生産するメリットは，為替リスクを回避できること，現地従業員の雇用の促進，現地のニーズに素早く対応できること，海外の資源を利用することによるコスト削減などが考えられる。今日においては，日本の多くの製造業が海外で生産活動を展開している。

　海外生産には現地生産と第三国生産がある。現地生産は現地で工場を設立して生産および販売を行うことであるが，第三国生産は，本国あるいは現地以外で販売することを目的とした海外での生産のことである。

　エントリー・モードには，輸出，海外生産に加えて，戦略的アライアンスがある。戦略的アライアンスとは，戦略的な目標を共有する企業間で協力関係を結ぶことで，代表的なものとしては契約や製造委託のことを言う。例えば，資生堂は，世界最大のドラッグチェーンであるワトソンズグループ（所在地：中国香港）と戦略的提携を結び，共同で商品開発や社会貢献などの分野で取り組むことを 2019 年 5 月に発表している。ワトソンズが有する 3,600 店の小売ネットワークを通じて，資生堂グループブランド売上の中国でのさらなる拡大を推進することが目的であるとしている。

　また，2000 年代以降の傾向として，米国の製造業で見られたファブレス（米国で工場を所有しない）化が注目を浴びている。ファブレスとは，米国で生産せずに海外で生産することを意味する。ファブレスあるいはオフショア化を積極的に進めて，本国での生産を取り止めて，生産全体を海外で行うと，米国国内の工場を閉鎖することになる。これによって，閉鎖された本国の工場で働いていた労働者たちは職を失うという海外生産によるデメリットにも注意が必要である。企業もグローバリゼーションの波には逆らえず，米国だけでなく世界中で国際化・効率化を進めて，海外の生産拠点で生産活動に乗り出すことになる。

3.　グローバル企業のオフショアリング

　グローバリゼーションにより，企業経営はそのメリットを最大限に活かすようなビジネスモデルにシフトしていく。とりわけ，グローバル企業のオフショアリング（工場を先進国である米国，欧州，日本などから新興国である中国やベトナム等に移転すること）によって，新興国において工業化が加速し，雇用の拡大が生じた。特に，中国は世界の工場となり，低賃金の中国人労働者を活用することで，グローバル企業は人件費を削減し，低コストでの生産によって，企業収益を拡大させた。

　グローバリゼーションによる，生産拠点の新興国への移転は，米国において

かつての主要産業の工場が閉鎖されることで，労働者の雇用を奪うことになり，かつて工業化で栄えた米国の集積地がラストベルトと呼ばれ，閑散とした疲弊した街へと変貌する。疲弊した工業地域は，米国の各地で散見されるようになる。

　ラストベルトとは錆びついた街という意味で，工場が閉鎖され，かつてのような経済的活気を失った地域を指す。1950 年代頃まで鉄鋼産業の繁栄を背景に経済的にも豊かだったペンシルバニア州や自動車産業の集積地であったミシガン州やオハイオ州といった製造業を中心に栄えた地域は，米国国内の製造業が中国やメキシコなどに海外生産移転していくなかで，産業が空洞化していった。

3.1　トランプ政権によるグローバリゼーションへの対応

　2016 年，アメリカ・ファースト（MAGA：Make America Great Again）を掲げるトランプ政権が誕生する。トランプ政権の誕生は，これまで米国が理想としていたリベラルな国際秩序（開放的な世界経済のあり方）の衰退を助長した。経済のグローバリゼーション，多国間外交，民主主義の規範に基づいた人権の尊重など，これまでオバマ政権下で民主党が掲げてきた理想的社会がトランプ政権誕生によって逆行することになる。

　トランプ氏は，旧来型のビジネスモデルを維持していくことが困難となった製造業の労働者やキリスト教原理主義者たちから，圧倒的な支持を獲得する。グローバリゼーションへの反感によって生まれたポピュリズムは，米国だけでなく，英国でも広がりを見せる。

　英国の EU 離脱は，積極的に移民を受け入れるという EU の人権を尊重した政策に対する英国国民の苛立ちから生じた。移民政策を積極的に推進するドイツのメルケル首相（当時）と移民排斥でメキシコとの国境に壁を創設すると主張したトランプ大統領（当時）は，リベラルと保守との対立の構図を世界的に知らしめた。

3.2　株主を重視する戦略へ

　米国の企業には，トランプ元大統領が応援する旧態依然とした経営を維持し

低収益の企業群と，共和党の保守層がグローバリストと主張するGAFAMに代表される高収益のグローバル企業がある。グローバル企業の中には，企業のグローバリゼーションの波に乗り，効果的に経営を行ってきた結果，株式時価総額でも上位にランクされている企業が多い。このような，ハイテクやバイオなどの分野で躍進している企業群を，株式市場ではグロース銘柄（グロース株）と位置付けている。これに対して，企業業績や企業価値と比べて，現在の株価が割安になっている銘柄のことをバリュー銘柄（バリュー株）という。バリュー銘柄の中には，売上高が堅調であるにもかかわらず，投資家からの人気が低いために株価が割安になっている銘柄もあるが，将来の成長があまり期待できない成熟産業や大企業も多く存在する。これら大企業の中には，将来的に高い成長は期待できないものの，安定した収益を確保していて，莫大な内部留保を抱えるキャッシュ・リッチの企業も存在しており，株主価値を重視し，配当の増配を続けている企業も多く見受けられる。

4．日本企業のグローバリゼーション

　日本の製造業は，1960年代までは1ドルブラウスに代表される低価格の粗悪品を輸出することで外貨を稼いでいた。しかしながら，大阪で万国博覧会が開催された1970年頃から，徐々に製造業の技術レベルが上昇し始める。1970年代半ば以降，日本の工場で生産された高い技術力に裏付けられた製品群は国際的にも評価され始める。その代表は，自動車やエレクトロニクスである。1970年代の二度にわたるオイルショックは，日本の製造業のビジネスモデルを大きく転換させることとなった。オイルショックによって日本ではインフレが進み，国内需要が低迷し，経済は低成長に突入する。しかし，前述したように，高い技術力に裏付けられた自動車，電子部品，カメラ等の輸出の増大によって経常収支の黒字が蓄積され，日本経済の構造が大きく様変わりし始めたのである。

　つまり，企業内で，省エネ・効率化が進み，製造現場でも徹底した効率化が浸透したことで，低価格で高性能の製品が次々と生み出され，それらが海外に輸出された。輸出によって外貨を獲得することで成長してきた日本企業にとっては，貿易の自由化は追い風となった。

　1970年代に貿易によって経済発展を続けてきた日本も1980年代に入ると，外国からの圧力によって，輸出中心の経済発展に歯止めがかかるようになる。日本の製造業は，米国の圧力によって厳しい規制を強いられる。とりわけ，半導体分野では，1990年代初頭まで世界の半導体市場をリードしてきた日本企業が，米国による厳しい日本企業バッシングで，勢いを失ってしまう。日本はかつてシリコン・アイランズとも呼ばれていたほど半導体産業が栄えていた。

　日本の産業のコメであった半導体産業の衰退は「日米半導体協定」に始まる。1991年6月にスタートしたこの協定では，日本企業は使用する半導体の20%以上を外国から購入すべきであると強要される。これは日本の半導体産業の国際競争力を低下させたいと思っていた米国の声を反映した協定だったとも言われている。当時の日本政府は，米国の主張に配慮して，このような不平等な協定に合意，協定を守るよう各企業に命令したのである。さらに，日本の半導体企業は，特許や著作権の面で，米国から多くの訴訟を起こされ，裁判など企業経営とは別の分野で時間を費やすことになり，徐々に衰退していった。

　とりわけ，NECは一連の訴訟に勝訴するも，係争中に顧客が提訴の対象になった製品を買い控えたことで，半導体ビジネスは大きな痛手を受けることになる。米国は，シェアが8割にもなった日本製を脅威とみなし，特許や国際政治を利用して対日圧力を強めた。米国からの強引な要求を受け入れた日本政府の対応もあり，日本の半導体企業は衰退していくことになった。

　半導体産業の衰退は，日本の企業の発展を阻害する契機となり，それ以外の産業分野においても，日本企業の躍進はみられなくなり，2000年代に入ってからはグローバリゼーションの波に乗り切れず，業績を低迷させる企業が続出した。工場を海外に移転することで低コスト化を実現したUNIQLOや低価格の家具で成長したニトリなどを除き，多くの日本の企業は業績を悪化させることとなった。

　5Gやメタバースなど，今後成長が期待されている産業分野でも米国と中国の企業が先陣を切っており，企業将来性を考慮した場合，日本の企業は米中の企業と比べて劣後していることは自明であろう。ただし，電子部品や産業機械などの分野では，まだまだ健闘している企業もみられることは周知のとおりである。

5. 企業経営戦略の深化

　企業の産業構造の分析では，ハーバード大学のマイケル・E・ポーター教授が示した，産業に競争を引き起こす5つの競争的要因を理解しておくことが重要である。ポーターの主張は，産業間における競争がその底流をなす経済的構造に根付くとするものである。彼は，産業における競争の状況は，以下の5つの競争的要因によって影響を受けるとし，その5つは，①新規参入の脅威，②既存競争企業間のポジション争い，③代替製品・サービスの脅威，④顧客の交渉力，⑤供給業者の交渉力であるとしている。これらの競争的要因の威力は各産業の持つ構造的な特性によって決定され，その結果として産業自身の収益性も決まってくる。このような5つの脅威に対して，どのように対処していくかが，産業やその産業の傘下にある企業が，将来的に競争を勝ち抜いていけるか否かを決定づけるとしている。どのような業界においても，その根底には構造というものが存在する。経済的要因や技術的要因によって，その産業の競争上の優位・劣位が決まってくる。企業は，自社を業界の環境に適応させ，その環境を支配しているのは何かを把握しておく必要がある。競争観は，サービス業や販売業といった業界にも同様に通用する。5つの競争要因の強さは，いくつかの非常に重要な特性によって左右されるとしている (Porter (1998)・竹内 (1999))。

　ポーターはこれら5つの競争的要因に対する戦略として，①コスト・リー

| 図5－V1－1 | マイケル・ポーターによる業界内部の競争を支配する要因 |

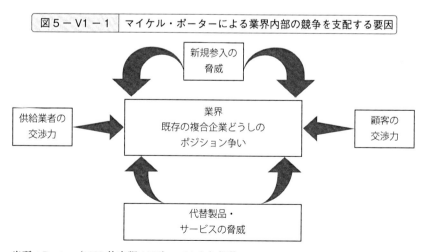

出所：Porter (1998 竹内訳 1999)，p.34 より転載

| 表5－V1－1 | グロース銘柄とバリュー銘柄 |

	グロース銘柄	バリュー銘柄
特徴	将来の成長が期待される	企業価値に対して株価が割安
株価指数	高 PER　高 PBR	低 PER（15 倍以下）低 PBR（1 倍未満）
業種	IT, エネルギー関連，新興企業	小売，造船，銀行，自動車
注意点	株価が急落する可能性がある	株価がさらに下がる可能性がある
株価・配当	株価の上昇を期待，低配当	株価の上昇は期待薄，高配当

出所：https://money.k-zone.co.jp/study/article/455#heading-h2-3（2023 年 3 月 31 日
　　　アクセス）をもとに作成

ダーシップ，②差別化，③集中化の 3 つの競争戦略を挙げている。企業の経営
者が，これら 3 つについて，いかにして独自戦略を打ち出していけるのかを分
析することによって，その産業やその企業の将来的な成長が見えてくるのであ
る。

　企業のグローバリゼーションが進んだことで，グローバリゼーションの恩恵
を十分に受けて成長した企業と，グローバリゼーションの波に乗り切れずに衰
退していった企業が明確に大別されることになる。

　衰退していった企業には投資する価値はない。バリュー株投資（割安な株式
を見つけて投資を行う方法）を行う際には，かつてのような高収益は見込めない
ものの，将来的に安定した売上や利益を確保できる企業なのか，競争に敗れて，
このまま経営危機に追い込まれてしまう企業なのかを，慎重に見極める必要が
ある。その企業の競争要因の分析なしに，単純に PER（株価収益率）や PBR（株
価純資産倍率）が低いから割安であると考えて，当該企業に投資するのではな
く，過去の業績や業績予想に加えて，競争要因の分析を踏まえたうえで，投資
すべき企業なのか否かを検討する必要があるのである。

第 2 節　なぜ企業のグローバリゼーションが重要なのか

　企業のグローバリゼーションには，これまでみてきたように格差（地域間格
差，企業間格差，富裕層と貧困層との間に存在する格差など）を生み出すというデメ
リットも存在するものの，企業がグローバルに経済活動を展開することで，比

較優位や規模の経済性を追求できるというメリットがある。

　日本の製造業はかつて世界でも最高の技術力を有していた。しかし，バブル崩壊後，産業構造や企業自体の新陳代謝が進まなかったことで，IT（情報技術）分野においては米国や中国の技術に大きく後れてしまった。加えて，近年においては，デジタル化が急速に進み，IT（情報技術）がビジネス全体に大きな影響をもたらすようになったことは，そのマイナスの影響を増幅させることとなった。企業のグローバリゼーションは，企業の事業活動をグローバルに展開することで，例えば，海外に拠点を設置し，多くの外国人技術者を採用することで，先進的な技術を取り入れ，技術立国としての地位を取り戻すチャンスとなろう。情報産業のみならず，精密機器や製薬会社などを中心に，最近では日本企業による海外企業の買収案件が多数発生している。高い技術を持つ海外の有望企業を買収し，子会社化することで技術面での当面の遅れを取り戻し，将来的には技術立国としての地位を確立する必要があろう。

第3節　投資家にとっての意義

　企業のグローバリゼーションは，投資家にとっても意義がある。分散投資という観点からは，企業のグローバリゼーションによって，投資家はある国内企業へ投資するだけで，国際分散投資ができるようになる。企業業績という観点からは，グローバルな企業であれば，日本経済が低迷していても，海外経済拡大の恩恵を享受できることから，相対的に高い売上と利益の向上を見込めることになる。

　さらに，外国人投資家という観点からも，企業のグローバリゼーションは重要である。近年の日本の株価には，外国人投資家の投資行動が大きな影響を及ぼすと考えられているが，世界の投資家から評価されている日本の企業は，製造業では，ソニー，村田製作所，TDK，信越化学工業，HOYA，日本電産，任天堂といったグローバル企業である。反対にグローバリゼーションが遅れており，旧態依然とした日本的な経営を維持しているような企業には，外国人投資家も興味を示さない。投資家としては，グローバリゼーションがどの程度進んでいるかを，社長の経営哲学やリーダーシップ，コーポレート・ガバナン

ス【キーワード】の状況，ROE（自己資本当期純利益率）などの観点から分析し，グローバリゼーションが進んでいる企業を中心に銘柄選択をするのが好ましいと言えよう。

Keyword　コーポレート・ガバナンス

　コーポレート・ガバナンスは企業統治と訳され，我が国でも経営者を規律づけするシステムとして 1990 年代から盛んに議論されてきた。企業のグローバリゼーションが進む中，有価証券報告書には，必ずコーポレート・ガバナンスの状況について記載することが求められている。しかし，我が国では，2015 年にコーポレート・ガバナンスコードが制定され，二度の改訂が行われたにもかかわらず，会社は誰のものなのかを理解できていない有識者が多いことは非常に嘆かわしいことである。株式会社の所有者は株主であり，経営者は株主のために，株式価値を最大化すべきというグローバル企業における基本的な考え方が，我が国では十分に浸透していない。株式価値の最大化というのは，株主だけを重視するという意味ではない。損益計算書のボトムライン（当期純利益）を増加させる努力をすること（株主は当期純利益がプラスなら初めて配当を受け取ることができる）は，株主のみならず，すべてのステークホルダーを満足させることにつながるのである。外国人投資家は，多くの日本企業は株主重視の姿勢が不十分であると考えており，そのようなドメスティックな企業には投資する意味はないと判断している。我が国企業が本来の意味でのグローバル企業になるためには，会社は株主のものであるという考え方をもっと真摯に受け止めて，経営者は株主目線で企業経営を行う必要があろう。

【注】

1）NUMMI は，2009 年 6 月に GM との合弁を解消，工場は 2010 年よりトヨタ自動車とテスラ・モーターズによる電気自動車の生産が行われている。

2）https://global.toyota/jp/kids/where-are-cars-made/production/（2022 年 12 月 31 日アクセス）

参考文献

菊地正俊（2022）『日本株を動かす外国人投資家の思考法と投資戦略』日本実業出版社.

経済産業省（2017）「自由貿易，イノベーション，包摂的成長を支える通商政策へ」『平成 29 年版 通商白書』（https://www.meti.go.jp/report/tsuhaku2017/2017honbun/i2110000.html，2023 年 3 月 31 日アクセス）

宮崎哲也（2013）『イノベーション＆ CSR のための最新グローバルビジネス入門』秀和
　システム.

吉原英樹（2021）『国際経営 第 5 版』有斐閣アルマ.

Porter, Michael E（1998）, *On Competition*, A Harvard Business Review Book.（竹内弘
　高訳（1999）『競争戦略論Ⅰ』ダイヤモンド社）

Purba, Aldilla Ranita（2021）, "The Effects of Globalization on International
　Communication in The World Business," *Purposive Communication*（https://papers.
　ssrn.com/sol3/papers.cfm?abstract_id=3962731, 2023 年 3 月 31 日アクセス）

View 02 金融のグローバリゼーション

第1節　金融のグローバリゼーションとは

　1990年代以降，金融のグローバリゼーションという概念は，グローバルという言葉が世間一般で使われるようになったことで，国際経済あるいは国際金融の分野において定着したように思われる。金融のグローバリゼーションとは，国境を超えて地球規模で行われる金融取引によって，グローバルな金融市場が形成されていくことである。

1.　金融のグローバリゼーションの定義

　川本（2012）は「国際化はあくまで国境を前提に，国家間の相互の関係が緊密になったり，外国への依存度が高まったりするような，国家にとっての傾向をいう。これに対して，グローバリゼーションは文字通り地球全体の一体的な傾向をいい，金融グローバリゼーションは各国の金融資本市場が一体となって全体で一つの市場が形成されることを指す」（132頁）と指摘している。

　金融のグローバリゼーションが進展すれば，国際資本移動が一層活発化する。金融のグローバリゼーションを極端なスピードで進めることは，各国が資本移動の自由化を進めることにつながり，国内における独自の金融政策と為替レートの安定を同時に進めることが困難となる[1]。

2.　金融のグローバリゼーションの現在・過去・未来

　金融のグローバリゼーションの現在・過去・未来について見ていこう。金融のグローバリゼーションは1990年代以降，2000年代にかけて大きく進展した。とりわけ，国際金融取引の規制が緩和されたことで，資本移動が自由化し，大量の資本が世界を舞台に瞬時に移動するようになる。国際資本の移動は，グローバルな融資に加えて，企業の直接投資や証券投資によって活性化した。こ

こで直接投資とは，企業が海外に工場を建設したり，外国の企業を買収したりすることによって起こる資金の移動のことである。直接投資で海外に移動する資本は長期の資本である。したがって，直接投資によって，瞬時に資本がグローバルに移動することはほとんどあり得ない。資本の瞬時な移動により，証券投資や金融機関の融資などが引き起こされる。これまでに我々が経験した通貨・金融危機は，株式や債券といった金融商品が短期的に大量に本国以外の国へ移動したことによって起こっている[2]。

　1990 年代から 2000 年代にかけて起きた通貨・金融危機には，1992 年の欧州通貨危機，1997 年のアジア通貨危機，1998 年から 1999 年のロシア金融危機，2008 年のリーマンショックがある。さらに，2010 年代においては，ギリシャの財政危機に端を発した欧州債務危機が起こっている。これら一連の通貨・金融危機は，金融のグローバリゼーションが進展する中，短期の資本移動が急激なスピードで起きたことが原因である。

　通貨の暴落によって発生する通貨危機は，国際収支や財政収支の悪化によって経済のファンダメンタルズ（基礎的諸条件）に問題が生じた場合，為替投機が行われることで発生する。通貨当局は，自国の通貨を防衛するために自国通貨買い・外貨（主に米ドル）売り為替介入を行うが，外貨準備が十分ではない場合，投機筋による自国通貨の売り圧力に耐えることができず，外貨準備が枯渇し，ひいては深刻な通貨危機が発生することになる。一国で通貨危機が発生すると，貿易面でもグローバルにつながっている国において，危機は伝播することになる。このようにして起きたのが，アジア通貨危機である。

　1990 年代初頭において，バブル崩壊後の日本とは異なり，アジアの経済成長が期待されていたことから，日本や欧米諸国からアジア諸国へ資金の流入が急増したことで，バブルが発生していた。タイやインドネシアでは，固定相場制の下で，資金の流入による国内需要の増大が起き，貿易収支の赤字が拡大した。経済のファンダメンタルズの悪化が確認されたのである。さらに，タイで起きた通貨危機は，インドネシア，マレーシア，韓国へ伝播した。これは貿易面におけるつながりによる通貨危機の伝染効果であると考えられている。

　このような状況は，金融のグローバリゼーションの進展とともに資本移動が自由化されたことで引き起こされたものである。2008 年 9 月のリーマンショ

ックでは，米国発の金融危機が世界中に波及し，世界金融危機をもたらした。金融のグローバリゼーションは，高い技術に裏付けされた金融商品の開発が可能な先進国である米国や英国が金融面での競争力を高めることで，多くのメリットがもたらされると考えられていた。しかしながら，金融のグローバリゼーションによって，地球上のある国で発生した金融危機が，地球規模で伝播することで，世界経済の相関が高まったと言えよう。金融のグローバリゼーションは，米国の株価の上昇がヨーロッパ，日本，アジア諸国に好影響をもたらす半面，米国の株価の下落は，周辺諸国だけでなく，取引に直接関係しない世界中の国々の経済や株価に悪影響をもたらしたのである。

3. 金融のグローバリゼーションで進む国際証券投資

　米国がこれまでに作り上げてきた，米国発の世界経済秩序は，経済・金融のグローバリゼーションを進展させたことから，世界中のさまざまな国々はその恩恵を受けるとともに，金融のグローバリゼーションがもたらす不安定な金融システムに直面することになった。

　金融のグローバリゼーションは，国際資本移動の自由化を促し，これまで規制によって実現不可能であった新たな金融商品の開発や金融取引が地球規模で展開されることを意味する。日本でも金融のグローバリゼーションによって，外国人投資家が日本株を保有する環境が整備され，コーポレート・ガバナンスが強化され，従来型の日本的経営から株主の価値を向上させる経営が展開されることになる。

3.1　日本のグローバル投資環境

　日本の投資環境は 1990 年代以前と比べると，かなり様変わりした。1980 年代は海外の企業の東証上場が活発化したものの，バブル崩壊とその後の日本の資本市場の地盤沈下により，多くの外国企業は上場を廃止する。1991 年のピーク時には，IBM，ペプシコ，VW など欧米の有名企業を中心に，127 社が東証に上場していた。ところが，東証での売買高の低迷に加えて，開示義務や上場維持コストなどの負担から上場を廃止する外国企業が増加し，2008 年には東証上場外国企業はわずか 25 社にまで減少した[3]。2022 年現在で，東京証券取

引所（日本取引所）に上場している外国企業は，マレーシアの YTL を含めてわずか 6 社に過ぎない。

　東証上場外国企業が激減した今日において，東証を通じた売買ではなく，インターネットを利用することで，低い手数料で外国株式の売買ができる環境が整っている。インターネットの環境の整備は，金融のグローバリゼーションにおいても大きな影響をもたらした。2000 年以降，インターネットでの売買を中心に行う証券会社，いわゆるオンライン証券が軒並み登場する。株式や債券を購入するには，対面取引または電話での取引が中心であった時代から，インターネットを通じてオンラインで株式や債券が容易にしかも低コストで取引できるようになった。海外の企業にとっては，高額な上場維持費用を支払って東京証券取引所に上場しなくても，日本の投資家がインターネット上で売買したい銘柄をクリックするだけで購入できる投資環境が整備されたことで，東証上場のメリットはなくなったと言えるのではないだろうか。今日では，SBI 証券，楽天証券，マネックス証券などがオンライン証券会社として口座数を増やしている。

　インターネット技術の発展は，日本でもグローバルな投資ができる機会を提供した。先に見たように，2000 年ごろから徐々にインターネットによる証券投資が日本でも増え続けた。ただ大手証券会社は手数料の面から，なかなか対面取引重視の姿勢を崩すことができなかったことも事実である。加えて，インターネット証券会社を通じた株式や債券の売買は，高齢者にとっては馴染みにくく，多くの資産を持つ投資家の多くは従来型の対面取引や電話での取引に固執していたと言える。

　2020 年以降，コロナ禍で勤務体系が在宅勤務やオンライン会議が中心となると，インターネットによる投資が若い世代を中心に増え始めた。また，これまで以上に，手数料の安いオンライン証券会社の出現で，海外の株式のみならず ETF や投資信託などにも投資できる環境が整った。さらに，後述するつみたて NISA の出現により，保有資産の少ない若い世代でも容易に資産を運用することが可能となった。若い世代を中心に海外の株式・債券・投資信託・ETF などに容易に投資できる環境が整ったことでホームバイアスの時代は終わりを迎え，投資はグローバルに行う時代が到来したと言えよう。

　金融のグローバリゼーションは，投資環境や投資スタイルにもこれまでの形から，新たな形へと変革をもたらしたとも言えるのである。

3.2　グローバルな時代にはどの国に投資するのか

　これから 10 年程度はまだまだ米国の経済の独走が続くとみられる。例えば，日本取引所のデータによると，ニューヨーク証券取引所の時価総額は 2021 年末現在で 27.7 兆ドル，米国市場であるナスダック（NSDAQ）は 24.6 兆ドルと，米国企業の時価総額の合計額は 2 つの大きな取引所だけで 52.3 兆ドルになる。これに対して，中国の上海取引所の時価総額は 8.2 兆ドル，深圳の取引所が 6.2 兆ドルなので，2 つの取引所の中国企業の時価総額の合計は 14.4 兆ドルで，米国のマーケットの 27.5％に過ぎない。東京の日本取引所が 6.5 兆ドルであることを考えると，米国と中国が圧倒的な比率で株式市場のランキングの 1 位と 2 位を占めていることになる。したがって，米国の株式市場が優位である状態は今後 5 年〜 10 年は続くと考えられる。

　そこで，投資をする際には，米国の株式，あるいは世界株式に投資するとよいのではないだろうか。米国株の個別銘柄に目を通すと，将来的にも成長がまだまだ期待される GAFAM 等プラットフォーマー企業や自動運転や仮想現実（VR），非代替性トークン（NFT）の分野に積極的に取り組んでいる企業（グロー

	表 5 － V2 － 1　株式市場のランキング（時価総額）（兆ドル）	
1	ニューヨーク証券取引所（米国）	27.7
2	Nasdaq － US（米国）	24.6
3	上海証券取引所（中国）	8.2
4	ユーロネクスト（オランダ等）	7.3
5	日本取引所グループ（日本）	6.5
6	深圳証券取引所（中国）	6.2
7	香港証券取引所（香港）	5.4
8	ロンドン証券取引所（イギリス）	3.8
9	ナショナル証券取引所（インド）	3.5
10	TMX グループ（カナダ）	3.3

出所：The World Federation of Exchange（WFE），Cboc
日本取引所グループ資料（2021 年末）より作成

ス銘柄）と P&G, 3M, コカ・コーラ, ジョンソン・アンド・ジョンソン等将来的に大きな成長は見込めないものの, 堅実な経営を背景に長期間において増配を記録し続けている企業（バリュー銘柄）などの企業群が存在する。個別銘柄に投資する際には, 企業の成長性を優先するか, 安全性を優先するのかをまず決めておく必要がある。どの銘柄に投資すればよいのか見当がつかない場合は, インデックス型の投資信託を選択するのが良い。米国株のインデックスファンド（S&P500 やダウ 30 種に連動した運用を行うファンド）や世界株式に投資するインデックスファンド（MSCI コクサイ・インデックスに連動した運用を行うファンド）などを購入すれば, 大きなリスクを取らずに資産を増やすことが可能である。

3.3　世界に投資する資産運用の考え方

　個別銘柄への投資によって資産の運用を考える際, 投資対象となる企業を分析する必要がある。その企業が属している産業が, 現在そして将来的にどのような環境に置かれているか, またどのような構造をしているかを分析することで, その企業の成長性を把握することが可能になる。企業が属している産業が将来的に成長性を期待できるのかどうかは, 産業のライフサイクルによって決まってくる。どの産業においても, 初期発展段階から徐々に売上が増え, 売上拡大期に入り需要が急増し成長がピークに達すると, その産業は成熟期に入る。成熟した産業では, その後, 売上を安定的に伸ばせる企業と, 競合他社との価格競争の末, 売上が伸び悩む企業が出てくる。業績を低迷させた企業は衰退期を迎え, 新たな商品を開発するなりイノベーションを起こさないと, 持続的な経営が困難となり, 衰退していくことになる。

　これまで飛躍的な発展を遂げてきた GAFAM 等プラットフォーマーについても, 売上が急激に拡大する時期を過ぎ, 今後, 成熟企業として売上や利益をいかに安定的に推移できるかにかかっているかもしれない。また, 先に挙げたコカ・コーラやジョンソン・アンド・ジョンソン等は, かなり前に売上の急速な拡大を経験し, その後, 長期間にわたって安定期を維持している。株式投資の醍醐味は, 初期発展段階にある企業で, 将来的に急速な売上の拡大期を迎えそうな企業を探すことである。したがって, 今から GAFAM に投資してもか

つてのような莫大な利益は見込めないかもしれない。特にアップルは，将来の
ジョンソン・アンド・ジョンソンやコカ・コーラのような企業に倣って，安定
的に業績を推移させ，自社株買いなどによって投資家から魅力のある企業であ
る点を認めてもらえるような努力をしているように思われる。

第2節　金融のグローバリゼーションはなぜ重要なのか

　金融のグローバリゼーションには，デメリットもある。とりわけ，国外で生
じた経済や金融の危機の影響を，より強く受けるようになる可能性がある。し
かし，金融のグローバリゼーションのメリットは大きい。例えば，先進国が新
興国への投資を活発化させることなどから，世界経済の発展に寄与するという
メリットがある[4]。ミクロでみても，金融サービスを利用する個人にとって，
多くのメリットや選択肢が提供されることは言及するまでもない。また，企業
や金融機関にとっても，金融のグローバリゼーションにはメリットがある。例
えば，近年の我が国金融機関は，国内の投資機会が乏しいことや国内が低金利
であることなどから，海外企業への外貨貸出を増加させてきた。とりわけ，日
本の大手銀行は米国での貸出を増加させた。金融のグローバリゼーションが進
んだ結果，日本の銀行が国内の貸出だけにとどまらず，海外での貸出を増加さ
せるという選択肢が広がったのである。また，グローバリゼーションは新型コ
ロナのような世界を巻き込む感染症の危機をもたらすこともある。新型コロナ
により給付金が支払われた結果，米国ではインフレが深刻化した。そのような
環境下，コロナマネー【キーワード】で荒稼ぎをした企業について問題視され
たことは記憶に新しい。

第3節　投資家にとっての意義

　金融のグローバリゼーションが進むことで，投資家にとってビジネスチャン
スが広がると思われる。金融のグローバリゼーションの進展によって，世界中
の金融資産の情報の入手が容易になり，さまざまな金融資産に投資できる環境
が提供されよう。このことは，グローバルな投資家にとっての意義は大きい。

　金融のグローバリゼーションによって，世界中の金融資産に投資できるという環境が提供される中で，投資家はリスクとリターンとのトレードオフをきちんと理解したうえで投資を行う必要があろう。とりわけ，我が国で資産を増やすには，iDeCo（イデコ）やつみたて NISA などを利用して，資産を増やす努力と資産を管理する能力が求められる。金融資産 2,000 万円問題は他人事ではなく，現在の日本人が抱える深刻な問題であり，日本経済が再生するためのチャレンジでもある。金融リテラシーを高めて，金融のグローバリゼーションが進んだ経済状況の下で，リスクに見合った最適な投資を心掛ける必要がこれまで以上に求められよう。

Keyword　コロナマネー

　2020 年 2 月に起きた新型コロナウイルスによる世界経済の低迷は，2020 年 3 月の株価を大きく下落させた。コロナ禍でロックダウンが実施され，飲食店が閉鎖され，サプライチェーンが滞り，世界経済は深刻な状況に陥った。しかし，米国では 2020 年 2 月末に NY ダウが 21,917 ドルを付けた後，徐々に上昇に転じて，2021 年末には 35,131 ドルと約 60％の上昇をみせた。コロナ禍で実体経済は厳しいにも関わらず，株価がここまで上昇を記録したのは，金融政策に加えて，政府による 1.9 兆ドルにも及ぶコロナ給付金の支給によるカネ余りとコロナマネーの台頭が原因であると言う論者もいる。コロナマネーとは，コロナによって荒稼ぎをした企業の株式を底値で購入して得たお金のことで，コロナ禍で一般市民が困窮する中，上位 1％の超特権階級が巨万の「コロナマネー」を獲得したという試算がある（フルフォード（2022））。ワクチン接種が義務付けられる中，コロナワクチンを極めて短期間で開発したファイザーやモデルナ，テレワークやオンライン授業など巣ごもり需要で荒稼ぎした GAFAM に代表されるプラットフォーマー企業などの株価はコロナ禍において大きく値を上げた。コロナマネーが引き起こしたバブル経済はその後の米国で物価の高騰を招くことになる。

【注】

1）　①為替相場の安定，②金融政策の独立性，③自由な資本移動の 3 つのうち，どれか
　一つを諦めなければならなくなる（つまり，同時に達成できるのはこれらのうち 2 つ
　まで）という考え方を国際金融のトリレンマという。固定相場制から変動相場制に移

　行することによって①を選択すれば，②と③のどちらか一つしか達成できないことになる。
2）　森（2008）によれば，通貨危機とは，通貨の暴落に端を発する経済危機，金融危機とは，銀行の経営悪化など金融に端を発する経済危機のことである。近年の通貨危機は，金融危機を伴うケースが多い。
3）　J-Cast ニュース「外国企業の上場減少　東証の地盤沈下深刻」（2008 年 6 月 6 日）（https://www.j-cast.com/2008/06/06021204.html，2023 年 3 月 31 日アクセス）
4）　最も生産的な使途に資本配分が促される，国ごとのリスクの各国間での共有（リスク・シェアリング）が促進される，といった点もメリットとして挙げられる。

参考文献

翁邦雄・白川方明・白塚重典（1999）「金融市場のグローバル化：現状と将来展望」『金融研究』第 18 巻第 3 号，53-97 頁.

川本明人（2012）「金融のグローバル化と金融機関」上川孝夫・藤田誠一編『現代国際金融論［第 4 版］』有斐閣ブックス，第 7 章.

菊地正俊（2022）『日本株を動かす外国人投資家の思考法と投資戦略』日本実業出版社.

森恒夫（2008）『グローバル資本主義と景気循環』御茶の水書房.

書評（2009）「経済理論」第 46 巻第 1 号，2009 年 4 月．https://www.jstage.jst.go.jp/article/peq/46/1/46_KJ00009437014/_pdf/-char/ja（2023 年 3 月 31 日アクセス）

Acharya, Amitav（2018），*The End of American World Order*, Polity 2nd edition.（芦澤久仁子訳（2022）『アメリカの世界秩序の終焉〜マルチプレックス世界のはじまり』ミネルヴァ書房）

ベンジャミン・フルフォード（2022）『コロナマネーと崩壊する世界経済』かや書房.

第**6**章

世界経済の中心地の変化

従来 リーマンショック 拡大 問題 需要
経済学 日本企業 制度 商品
マック 貿易 金融 ラーニング 中心 プラットフォーム 現在
プレイヤー 特許 価格 利用 沿岸部 技術 利得 取引 標準
金融資産 GDP 生産 世界経済 世界 要因
影響 変化 米国 中心 重要
地域 輸出額 経済格差 中国 経済 成長
必要 GAFAM 投資 市場 格差 存在
ドル 対立 資本 イノベーション
国際 資金 貯蓄 オフショアリング 内陸部 資産 所得
加速 維持
ネットワーク外部性 ウインドウズ 仕組み
可能性 膨大 経済成長 企業 流出 英国 発生 解説
不動産 戦略 社会
国内

注：ユーザーローカル AI テキストマイニングによる分析（https://textmining.userlocal.jp/）

第1節　世界経済の中心地とは

　近い将来，中国は GDP で米国を上回る。中国経済の台頭は世界経済にさまざまな影響を与えている。本章は，その変化の本質を，世界経済の中心地という視点で検討している。

1. 世界経済の中心地の定義

　世界経済の中心は米国だと考えられてきた。「中心」という言葉には，地理的，図形的なイメージがつきまとう。このイメージも重要だが，とりあえず，本章では世界経済の動向を握る「主役」と言うような意味で捉えることにする。

2. 世界経済の中心地の過去・現在・未来

　世界経済の中心性はどのように形成され変化してきたか，解説しよう。

2.1　自国の様式を標準にすることで，世界をけん引

　1000 年以上にわたる世界経済の動向を，データで研究した Maddison によれば，ヨーロッパが世界経済の生産と貿易の中心地に躍進する 18 世紀以前，世界の生産量の 6 割は中国であったとしている。当時の中国は，比較的安定した政治・経済のシステムを維持し，固定した身分制社会の中で，優れた公衆衛生の手法と安定した農業生産を実現していた[1]。

　少なくとも，18 世紀には欧州，特に英国は金融・経済の世界的中心に位置するようになっていた。これには，蒸気機関の発明などイノベーションのほか，中央銀行制度の確立などにより，安定した経済活動を支えるインフラが整備されたことが大きい。しかも英仏など欧州諸国は，このインフラを世界に普及させたため，その経済取引の手法が世界の標準となったのである。英国は近代的な経済取引の本家本元であり，この卓越した工業技術や金融制度の輸出に熱心であった。ある時期から，日本のように，西欧の技術や制度を積極的に受け入れる国も多く，これが世界に共通する標準的な技術や制度になっていく。英国の技術，発想，制度が世界の標準となることで，欧州諸国，特に英国は世界経

済を支配する力を得たともいえる。

2.2 金の流出によって中心は英国から米国へ

　英国を中心とする経済の仕組みは，20世紀の前半には米国に移ってしまう。その理由の一つは，英国の国力，軍事力が衰退したことにあるとされている。英国衰退の中で，国際通貨制度の中心が英国から米国に移動したのは象徴的な出来事なので，少し解説する。

　英国の国力が，第一次世界大戦を経て衰退してしまったのには，保有する金が大量に米国に流出してしまったからであるとされる。それによって，英国は世界経済の中心としての地位を象徴するような金本位制度を維持できなくなってしまったからである。金の裏うちを失ったポンド・シリングは国際決済通貨としての信用を失うことになった。そして，国際通貨取引の中心的役割は，英国から米国にシフトしていったのである。

　実は，金本位制度では各国間で暗黙の了解があった。ゴールドは英国に戻すという約束である。金本位制度の維持には，英国から出てしまったゴールドは，英国に再還流する必要がある。そうしなければ，英国の保有するゴールドは瞬く間に枯渇してしまうからだ。金本位制度では，英国の信用のもとに，英国の通貨であるポンド・シリングで貿易が決済された。通常の貿易取引ではゴールドは使われなかったのである。万が一，金が英国から流出した場合にも，とりあえず，英国に戻すというのが暗黙の了解であったのである[2]。

　ところが，第一次世界大戦後，米国はこの暗黙のルールを破ってしまう。第一次世界大戦の結果，大量のゴールドが米国に流入したが，いったん米国に流入したゴールドを戻そうとはせず，代わりにドルでの貿易決済を求めたのである。それだけではない。この時期の米国は，ドルを使って，世界中の有望な資源を取得しようとした。特に目を付けたのが，石油の採掘権である。世界中の有望な財や資源を，ドルを使って買いまくることで，ドルを世界に還流したのである。

　この時期の米国は，あらゆる面でゲームチェンジャーであったと言えるだろう。具体的には，石炭に代わる新エネルギーとして注目された石油を掘る権利を得るため，膨大なドル資金を注ぎ込んだのである。結局，いつの間にか米国

206

は石油資本の独占的な地位を確保していた（メジャーと呼ばれる石油資本の形成）。ドルが国際通貨としての力を付け，新しいエネルギー源である石油の差配者に躍り出ることで，世界経済における中心的地位を得たのである。

　ところで，第二次世界大戦が終了した後，世界はブレトン・ウッズ体制と呼ばれる国際金融システムを導入する。これは，ドルを中心とする国際金融制度である。米国のドルで貿易をすることを保証する制度である。現在でも，国際金融取引で，ドルは圧倒的に重要な役割を果たしている。例えば，BIS 統計などを見ると，為替取引の 90％ 近くがドル取引である[3]。

2.3　中国の台頭で揺らぐ米国の中心性

　戦後，米国は世界の経済取引で中心的な役割を果たしてきたが，現状それが揺らいでいる姿を確認しておきたい。まずは，表 6 − 1（世界の購買力平価 (PPP) にもとづく GDP のシェア）を見て頂こう。これは，世界の GDP に占める各国の割

表 6 − 1	世界の PPP にもとづく GDP のシェア

単位：%

	1980年順位	1980	1990	2000	2010	2020	2020年順位
中国	11 位	2.3	4.0	7.3	13.6	18.2	1 位
米国	1 位	21.3	21.6	20.3	16.7	15.8	2 位
インド	10 位	2.8	3.5	4.0	5.7	6.8	3 位
日本	2 位	8.0	9.1	6.9	5.0	4.0	4 位
ドイツ	3 位	6.4	5.9	4.8	3.6	3.4	5 位
ロシア	NA	NA	NA	3.1	3.4	3.1	6 位
インドネシア	15 位	1.4	1.9	2.0	2.3	2.5	7 位
ブラジル	6 位	4.3	3.6	3.1	3.1	2.4	8 位
英国	7 位	3.8	3.7	3.2	2.5	2.3	9 位
フランス	5 位	4.3	4.0	3.3	2.6	2.3	10 位
トルコ	18 位	1.2	1.4	1.4	1.4	1.9	11 位
イタリア	4 位	4.6	4.2	3.3	2.4	1.9	12 位
メキシコ	9 位	3.0	2.7	2.5	2.0	1.8	13 位
韓国	28 位	0.6	1.2	1.6	1.7	1.8	14 位
スペイン	12 位	2.2	2.2	1.9	1.6	1.4	15 位
サウジアラビア	8 位	3.1	1.9	1.6	1.6	1.2	16 位

NA はデータが無い
出所：IMF, *World Economic Outlook, October 2022* より作成

合を示している。

　GDP は，その国の現在の経済力を測る上で，最も妥当な指標の一つであろう。表6−1を見ると，1980年時点で世界のGDPシェアの20％を米国が占めていた。世界経済の主役は米国であった。ところが，2020年を見ると，中国に抜かれ2位に落ちている。ただし，この結果は購買力平価（PPP：Purchasing Power Parity）を使った換算手法に影響された現象であることに注意が必要である。とはいえ，1980年代に改革開放を掲げて以降，経済成長を推進してきた中国が世界経済に重要な役割を果たす主役の地位を得たように見えてくる[4]。

　さらに，生産力を高めた中国が，対外的に他の国とどのような経済取引を行っているのか。これを確認するために，世界の財の輸出額（輸出国における本船渡し（FOB）価格ベース）を観察してみた。やはり，中国の躍進は凄い。表6−2は，輸出額の推移を，2021年の輸出額上位10か国が，1980年以降の時間の推移の

| 表6−2　世界の輸出額の推移（輸出額FOBベース） |

単位：百万ドル

国名	2021順位	1980順位	1980	1990	2000	2010	2020	2021
中国	1	24	18,139	62,756	249,300	1,578,428	2,598,014	3,368,217
			1.0%	1.9%	3.8%	10.4%	15.0%	15.3%
米国	2	1	220,913	392,743	772,147	1,276,805	1,431,584	1,758,586
			12.1%	11.6%	11.9%	8.4%	8.2%	8.0%
ドイツ	3	2	192,809	408,874	550,243	1,258,395	1,382,533	1,631,931
			10.5%	12.1%	8.5%	8.3%	8.0%	7.4%
日本	4	3	130,443	287,796	478,363	769,767	638,167	756,166
			7.1%	8.5%	7.4%	5.1%	3.7%	3.4%
香港	5	20	19,747	82,272	202,250	390,367	552,773	671,993
			1.1%	2.4%	3.1%	2.6%	3.2%	3.0%
韓国	6	26	17,439	67,814	172,179	466,380	512,645	644,399
			1.0%	2.0%	2.7%	3.1%	3.0%	2.9%
イタリア	7	7	77,613	170,275	239,904	446,884	499,792	610,284
			4.2%	5.0%	3.7%	2.9%	2.9%	2.8%
フランス	8	4	114,532	212,086	326,711	523,632	488,637	584,767
			6.3%	6.3%	5.0%	3.4%	2.8%	2.7%
ベルギー	9	—	NA	NA	187,890	407,705	422,334	545,283
			NA	NA	2.9%	2.7%	2.4%	2.5%
カナダ	10	9	67,733	126,441	275,130	387,476	390,141	501,740
			3.7%	3.7%	4.2%	2.5%	2.2%	2.3%

出所：IMF, *Direction Of Trade* より作成

中で，どのように輸出を行ってきたかを示している。また，下段は世界の輸出額に占めるシェア（％）を示している。2021年の世界全体の輸出額は22兆ドルだが，中国はそのうちの15％を占めている。従来，米国が輸出額，輸入額ともにトップの地位を占めていたのだが，2010年代になると中国の輸出額が米国を上回るようになった。2010年以降，GDPや輸出額の米中の関係は逆転している。実に，中国の躍進は目を見張る。中国の輸出額は，1980年を1とすると約181に膨張しており，この時期の世界貿易の拡大ペースが7（1980年を1とする）であったのに比較しても，突出したものとなっている。

　この2つのデータを見る限り，世界経済の中心は，米国から中国にシフトしつつあると言ってよいであろう。

第2節　なぜ経済の中心性の変化は重要なのか

　経済の中心性が変化したとすれば，重要である。中心性の変化はその後のより本質的で広範囲の経済システムの大きな再編を促すと考えられるからである。

1．中心性が変化すると我々のマインドも変化？

　経済の中心性が変化しているとすれば，重要である。その理由の一つは，経済の中心性の変化のプロセスで利益分配の仕組みが変化し，従来以上の利益を獲得できる人もいれば，逆に，過去に得ていた利得を失う人も出てくるからである。結局，最終的には軍事バランスを変化させ，力による新しい秩序の再編が起きる可能性もある。これは，我々のマインドを大きく動かすようにも作用するため，その波に乗って新商品を売ろうという企業や人，新規企業との競争に負けて退出せざるをえない企業や人，も出てくる。

　したがって，経済の中心性が変化すれば，ビジネスでも大きな変化が生まれるはずである。逆に，中心性が変化していない経済では，いまだに既得権益が維持され従来の経済システムが根強く残っているはずである。この辺をどのようにとらえ評価していくかで，我々が考える未来像は大きく異なることになる。

　ところで，筆者は，これまで述べてきたような経済データ上の変化はあるも

のの，その本質は変化していないとみている。つまり，変化の起点は米国なのである。ただし，その中身は大きく変質している。そこを強調して論じていきたい。

2. 技術のネットワーク外部性

　現在最も変容しているのは，デジタル経済の進展であろう。この分野の動向が，すべての世界経済の変化の起点となっていると言って，過言ではない。

　インターネットなどの情報デジタル技術は，ネットワーク外部性という特殊な効果を持っている。この効果が働く環境下では，技術そのものより技術を扱う戦略が重要となる。この議論はゲーム理論として経営にも応用される重要な発想なので，表を使って解説する。

2.1　技術のネットワーク外部性を戦略に

　客観的データがあるにもかかわらず，果たして経済の中心が変わったと断言できるかといえば，正直，懐疑的である。懐疑的な理由の一つは，経済のサービス化の影響である。製造業が生産する有形財のシェアが急速に低下し，その分，金融機関やIT企業などのサービス業による無形の財の比重が高まっている。米国では，GDPの60％を超えるに至っている。経済活動に占めるサービス業の高まりは世界的潮流であり，経済のサービス化とも言われる。日本も例外ではない。

　ただし，そもそもの発端を担ったのは，GAFAMのような米国の巨大企業である。GAFAMの2021年末の5社合計の総資産は約1.5兆ドル，売上高約8千億ドルに達する。ゲームチェンジャーとして，経済の取引様式に変革を促している。DX（デジタルトランスフォーメーション）が注目されているが，AIなど高度に処理能力を増した情報技術の上に，GAFAMは存在する。これら巨大IT企業群が手にした力の根源は，経済学で「ネットワーク外部性」と呼ぶものから発している。

2.2　ネットワーク外部性を利用した事例：ウインドウズ

　「技術の選択」のゲームと呼ばれるものがある[5]。技術Aと技術Bという類

1＼2	マック	ウインドウズ
マック	(3，3)	(0，0)
ウインドウズ	(0，0)	(2，2)

表6－3　技術の選択ゲーム

似した技術をもとに製品Ａと製品Ｂが製造されているとする。一体，この2つのライバルとなる技術に何が起きるのか，マックPCとウインドウズPCの例を使って解説しよう。表6－3は神取（2014）からとったものである。

技術の選択ゲーム

　ここでは，プレイヤー1とプレイヤー2の利得が書き込まれている。プレイヤー1の利得は左側である。一方，プレイヤー2の利得は（　）内の右に示されている。仮に，プレイヤー1がマック（アップル社が開発したマッキントッシュ，通称マック），プレイヤー2もマックを使えばそれぞれ利得は3を得られる。これを示したのが，4つある箱である。一方，ウインドウズを選んだ場合の利得は，マックに比較して小さくなる。つまり，両者ともウインドウズを使った場合の利得は（2，2）で示される。この利得3と2の差は，技術上，優劣つけ難いマックコンピュータとウインドウズコンピュータ，実は，マックの方が性能的に優れていることを意味している。つまり，機能性ではマックが優れているという点で，両者とも（3，3）を選ぶべきかもしれない。

　ところで，一方がマック，他方がウインドウズと，両者がバラバラである場合，2人のPCの互換性はない。互換性のないPCを使うのは不便過ぎるので，両者の利得を（0，0）で示している。ゲーム理論は負けない戦略を考えているのだが，2人のプレイヤーが，違うものをそれぞれ別個に使うという戦略は最悪である。

　少しゲーム論の手順を踏んで解説する。マックとウインドウズでどちらを選んだほうが良いのか。ゲーム論では負けない戦略がよいのだが，仮にプレイヤー1がマックを選んだとしよう。この場合は表の欄を横（⇒）で見てほしい。プレイヤー1がマックであるという戦略を採用した場合，プレイヤー2はマッ

クとウインドウズのどちらを選ぶのか。負けない戦略をとるのだから，仮にウインドウズをとった場合には，プレイヤー2の利得は0になる。これは失敗だ。つまり，この場合，プレイヤー2もマックを採用する。

　次に，プレイヤー1がウインドウズを選んだとする。この場合，ウインドウズの欄を⇒に見てもらう。プレイヤー2の負けない戦略はウインドウズの選択であることが確認されるはずだ。つまり，相手がマックを選べば自分もマック。相手がウインドウズを選べば自分もウインドウズが合理的な戦略なのである。

　最も理解すべきは，マックとウインドウズ，プレイヤー1がどちらを選ぶべきなのか，である。その答えは，合理的な選択はどちらでも良いのである。ここに，ネットワークの「外部性」の問題が絡んでくる。

　まず，実際のその後を我々は知っている。私たちのオフィスや家のパソコンは，ウインドウズの圧勝だったからだ。つまり，技術レベルではマックが若干優れていたはずだが，結局，一般のエンドユーザーはウインドウズを選択した。消費者は，あえて選んで購入した感覚はなく，OSをインストールする手間はなく，操作性も容易そうなので，なんとなく購入しただけであろう。ウインドウズ系PCはwordなどさまざまなユーザーの用途に使えるツールもインストールされていた。この特徴が，あっという間にマックを駆逐することに貢献したのかもしれない。ともかく，ウインドウズが良いらしいという評価は，誰からともなく，あっという間に市場に広まった。

　ともかく，市場外の力が働いて，ウインドウズが大勝利した。技術の優劣ではない，技術選択ゲームである。重要なのは，技術よりも，技術をマネージメントする力。この力はウインドウズの既存利用者のネットワークを通じてこの商品を買いたいという「インセンティブ」を，市場に参加していない潜在的購入者に与えたのだ。本来なら，取引に参加するはずのない人ですら，ネットワークを通じた評価や噂に影響され取引に参加してしまうことをネットワーク外部性という。そして，ネットワーク外部性は，需要の掘り起こしに成功した唯一の企業に，瞬く間に集中する一人勝ち現象をつくりだした。

2.3　ネットワーク外部性を利用した事例：iPhone

　PCでは後れをとったAppleは，このネットワーク外部性をiPhoneでは強

く意識した。Android系のスマートフォンのデバイスとの競合で，この外部性を利用したのである。外部性という概念は至極重要である。外部性は市場で決まるものではない。むしろ市場に参加していない要因によって発生し，しかも，その影響は市場外の人々，つまり世界中に影響するからである。情報にネットワーク外部性があることを知っていれば，それを利用して自分たちを優位な立場に導くことも可能である。

　結果，iPhoneは優位にたっている。このように考えると，製品の支配力＝中心性は，まったく偶然に決まることがわかる。ただし，偶然によって決まるにしても，ある程度，自分たちに優位に導くよう蓋然性を高めることができる。あえてゲーム論的に言えば，技術の優劣も重要だが，それ以上に大切なのは「消費者に購入インセンティブを与える明確な戦略」である。戦略などと言うと難しく感じる人もいるであろうが，戦略とは未来に対する明確な夢を持つということである。

　PCではウインドウズを開発したマイクロソフト社に優れたインセンティブ戦略があり，スマートフォンではアップル社が優れていたということである。強調したいのは，技術やイノベーション力が，企業競争の決定的な勝因ではないことである。

2.4　巨額の利益を手にする企業の出現

　ネットワーク外部性が働くと，一気にある技術が市場での支配力を強めてしまう。この現象がGAFAMという巨大企業の登場と関わっている。IT産業などインターネットや通信は，ネットワーク外部性はメットカーフ（Metcalfe）の法則[6]と呼ばれる現象，つまり，一人勝ち現象を引き起こしやすいとも考えられる。

　あっという間に一つ，あるいは，二つの企業が圧倒的に市場を支配してしまう一人勝ち現象を説明するために，図6－1のような図を描いてみた。図の縦軸にはコストおよび収益，横軸にはユーザー数をとっている。供給者のコスト，および収益はユーザー数が増えるに従って，両者とも増加する。ただし，この法則によれば，供給者のコストはユーザー数の増加に応じて線形で増加するのに対して，収益（売上）はユーザー数の累乗で増える。そのため，ある臨界点

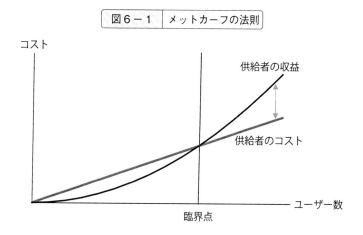

図6−1　メットカーフの法則

を超えると，収益はコストを大きく上回るようになってしまう。

　前述したようにIT分野で生み出されるイノベーションには，ネットワーク外部性が存在するため，ある時点で関連する技術の競争と淘汰が激しく発生する。それは必ずしも，技術の優劣によるものではない。ネットワーク外部性が働き，ある技術が優位にたった時点で，勝者となった企業は膨大な利益を手にすることになる。

2.5　中国を生産工場に利用したGAFAM

　米国の巨大企業GAFAMは，工場を持たない製造業であるともいえる。その中でも，時価総額200兆円を超えるアップルは，アイデアは自国で生産は中国でというスタイルである。アップルにとって，中国は欠かせない存在であると言って言い過ぎではないであろう。

　例えば，iPhoneは頻繁にモデルチェンジを行い，ユーザーの関心を引き付けているが，市場でブームが発生した場合に，その大需要に応えるだけのハイテク部品を確保した上で，一定の品質の組立を行うサプライチェーンを維持する必要がある。逆に，こうした体制を敷くことに成功したからこそ，GAFAMはネットワーク外部性を手に入れることができたのである。

　1990年以降，米国企業は，戦略の重要性に気が付き，迅速に対応した。これはオフショアリングと呼ばれており，例えば，アップル社は生産を中国企業

214

などに委託し，商品開発や販売戦略などは米国本土で行うような体制を整えている。企業サイドから見れば，国を単位とした企業実態の説明など，さしたる意味がないほどに，ボーダレス化している。中国に経済の中心が移ったか否かという点で懐疑的と言った理由の一つは，こうした米国発のオフショアリングの動きが，今でも強く世界経済にダイナミズムを与えているからでもある。

2.6　日本経済の長期衰退にも影響

　オフショアリング戦略に最も影響されたのが，日本企業ではないかと思っている。日本企業は90年代に加速した米国企業のオフショアリング戦略に対して，表6−4のように対応したのだ。結果的に，この日本企業の対応は，日本経済に負のスパイラルを発生させるきっかけを与えてしまったと考えられる。例えば，本章末の注7）や第3章 View2 でも触れる Goodhart Charles & Manoj Pradhan（2020）を参照されたい。

　1980年代以降，為替レートの変動が輸出に与える影響を回避する狙いもあり，日本企業も積極的に中国や東南アジアなどへ生産拠点を移転した。特に，90年代になると製造業の海外移転はブームを迎えた。

　日本企業の優れた点は，良質の商品をリーズナブルな価格で提供できる点にあった。しかも，消費者の趣向に柔軟に応えたモデルチェンジを定期的に行うことで，モデルチェンジの頻度が少ない欧米の商品との差別化に成功したのである。この柔軟なモデルチェンジを可能にしたのは，日本企業がその生産の中心を中国や東南アジアに移動させ，意図的にスクラップ＆ビルドしやすい工場施設を設置できたことが影響している。生産設備が多少貧弱であっても，それを創意工夫で乗り越える物創りを志向する日本企業は，まさに優れた企業戦術の一つであった。当時，このような海外への生産拠点の移転は，積極的に生き残り戦略として推奨されたのである。

表6−4　90年代以降の日本企業の負のスパイラル

オフショアへの対抗	⇒	中国等へ工場移動	⇒	労働市場で余剰人員増	⇒
賃上げ抑制	⇒	所得が伸び悩む	⇒	消費低迷	
企業収益の改善不透明	⇒	企業の投資意欲衰退	⇒	生産性の低下＝国際競争力↓	

　しかし結果論ではあるが，この海外移転戦術は優れてはいなかった。オフショアリングによって，短期サイクルで新しい商品を次々に提供できるのが日本企業の強みであったが，情報機器分野で米国企業はその柔軟性を上回るスピードで次々に新たな商品を提供する仕組みを導入したのである。このオフショアリングに日本企業は，太刀打ちすることができなかったのである[7]。それどころか，アジア域内で生産分業を行っていた韓国や中国企業の成長により，競争優位の立場を維持できない状況に陥ったのである。

3. 技術の標準化と新しい取引様式としての二面市場

　イノベーションは重要である。しかし，2010年以降，米国で変更された特許法の改正前後から，イノベーションは企業経営戦略としての重要性を帯びるようになった。つまり，技術はそれ単体の優劣だけでなく，その技術を経営資源としてどのように活用していくかも課題になっている。この中でもデジタル分野で，米国は革新的な取引様式を生み出し，ゲームチェンジャーであり続けている。この点を論じることにしよう。

3.1　イノベーションの変質：2010年代前半，米国は特許政策を大転換

　中国が中心になったという説を完全には否定しない。しかし，懐疑的なもう一つの理由は，イノベーションに新しい流れが形成されつつあることである。

　イノベーションを発揮できる国こそ，世界の中心にふさわしいし，企業は技術開発に膨大なエネルギーと資金を投下してきた。また，各国は，その企業を支えるさまざまな政策を導入してきた。各国のイノベーションの動向を知る上で参考になるのは，特許件数である。世界の特許申請・出願件数を見ると，2021年に中国が米国を逆転している。中国の台頭は，技術面でも確認できる。

　ただし，特許数＝各国の技術力ではないことも注意すべきである。本当に凄い技術を開発した企業は，どうするか。その新技術を秘匿する。まず，特許申請した時点で，その技術の詳細や特異なアイデアは第三者が知るところとなる。特許は特許料を得ることができる反面，苦労した技術を相手に教えてしまうという面もあるのだ。

　ところで，米国の特許政策は，2011年を境に大きく変化した。従来，米国

図6-2 | 米国の特許許可件数

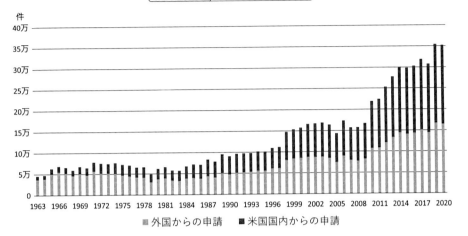

■外国からの申請　■米国国内からの申請

出所：米国特許庁より作成

の特許審査は先発主義（先に発明をした人に特許権を与える）を原則としていたの
を，先願主義（先に申請をした人に特許を与える）に変更したのである。これに
よって，特許審査の停滞期間の短縮，先発主義によって頻発する裁判を減少さ
せることで，特許申請の効率化を推進しようとしたのだ。その結果，特許登録
件数が倍増したのである。図6-2は，米国の特許登録件数を示しているが，
2010年代はじめ年間15万件程度で推移していた特許登録件数が，最近になる
と35万件にまで増している。

　Tirole（2016）によると，この米国の特許政策の転換は，技術開発という分
野に新たな企業戦略を意識させることになったとしている。イノベーションも
重要だが，その後こそ肝心だということで，イノベーションによって得た技術
は，他社との競争を優位に導く経営資源になることを自覚したのだ。例えば，
認められた特許権を使って，その技術を利用せざるを得ない企業群との間に新
しいビジネスプラットフォームを作ることもできる。さらに進めて，オープ
ン・クローズド戦略のような技術戦略が登場する。そこでは，一部のコア技術
を自社のみが利用する（クローズにする）一方で，その他の技術は完全にオープ
ンにしてしまう。このようにして，自社開発のコア技術を使わざるを得ない企
業群と共同でビジネスプラットフォームを形成するような戦略である。

3.2　標準技術であることの重要性

　類似の特許技術が，次々に認められたとしよう。次のステップで，その系統の技術の中から，ある特定の技術を「標準技術」とする流れが決定的に重要となる。ある技術が，標準に採用されてしまえば，その技術が汎用性を持ってしまい，結局，他の技術を駆逐してしまうからだ。まさに，ネットワーク外部性によって技術の優越が決まっていくプロセスでもある。こうした標準技術を巡るマネージメント力，つまり駆け引きは米国企業が，かなり先をいっている。特に，GAFAM は，この点で巧妙な交渉力を持っており，特許を巡る裁判などを通じて，競争企業の技術開発の方向性すら影響を与えている。

3.3　標準技術から新しい取引様式が生まれる

　なぜ企業は標準化にこだわるのか。IT 分野などでは，これがイノベーションの成否を決める核心であるからだ。GAFAM に象徴される IT 関連企業は，従来の経済学が想定していなかった新しい取引様式によってその業容を拡大させている。

3.4　新しい取引様式を支えるのが，標準化技術なのである

　例えば，ある技術が情報ネットワークに採用されてしまうと，端末でのネット接続には標準化技術を取り入れなければならない。前述したように，技術にはネットワーク外部性が働くことで，あっという間に，市場での優劣を決してしまう。標準化技術は，そのネットワーク外部性をさらに発揮させる触媒のような機能を有している。仮想通貨，メタバース，NFT（Non Fungible Token）など，DX を担うとされる新たな領域も，いずれ，どこかの時点で，ネットワーク外部性を取り込むことに成功した企業が圧倒的な支配力を発揮するにちがいない。つまり，標準化技術をマネージメントする能力が，企業の将来を左右する条件となっている。

3.5　一物一価が成立しないことを前提，とした商取引の普及

　前述したように，この辺りの議論は，伝統的な経済学が想定していなかった。経済学では需給の均衡した1か所のポイントで価格と量が決定される。そうな

るように機能するのが市場メカニズムであった。しかし，我々がAmazonなどで利用する取引（いわゆるアマプラ）は，そうではない。無数の需要者と供給者がいて，需要者の中には，金に糸目をつけず，ある特定の商品が欲しい人がいる。例えば，トレーディングゲームカードなどは，このカードに興味のない人からすれば理解しがたい高値で取引される。プラットフォームは，こうした特殊な需要者と供給者を結びつけ，取引を成立させる。一方，同一カードが，別の供給者からはまったく別の価格で供給されていたりする。つまり，同一財に対して，一物一価が成立していることを前提とした経済学の考え方自体が，修正することを余儀なくされているのだ。

　プラットフォーム型企業が，自社を仲介して，潜在的に存在する多種多様な需要者と供給者をリンクさせる従来不可能であった取引が成立するようになってきた。こうしたプラットフォームを有する市場を二面市場【キーワード】という。その際，商品を自分なりに納得する価格で取引できる仕組みには，標準化技術が使われている。

　米国を起点とする経済の中心性の変質を，取引様式の変化と結びつけて論じてきた。これが，世界経済にどのような変化を引き起こしているのか。この点を捉えるため，次のViewからは米中の動向を解説する。そこから読み解けるのは，グローバル経済取引の名で世界が不安定性を高めた経済の流れである。

Keyword 二面市場 (two-sided markets)

　特にデジタル市場と呼ばれる市場では，プラットフォーム型企業が出現し，売り手と買い手を結びつける取引を行っている。現在，世界的と呼ばれる企業は，ほぼプラットフォーム型企業であることも特徴である。プラットフォーム型企業はゲームソフト，クレジットカード，ウーバーなどのシェアリング・プラットフォームなどさまざまな形態で，非常に大勢の買い手と売り手を結び付けている。二面市場，あるいは両面市場といい，この特性を利用することで，従来にはない価格設定も可能になった。

　例えば，ほとんどの人が利用している Line は，無料で電話，通信が可能な優れものである。このサービスを提供する Line はもう一方で別の顔を持っている。企業などの需要に応え，Line 利用者に商品の宣伝などのプロモーションをすることである。この広告宣伝プロモーション料は相当の額であると言われているが，プロモーション・ビジネスから得た資金を使って一方の側にいる大勢の Line 通信ユーザーに無料でサービスを提供している。

　このように，プラットフォーム型企業の成長は，ビジネスに新しい可能性を見出した。一方，課題もある。プラットフォーム型企業の巨大化により，二面取引に参加する加盟店に対して，法外な手数料を課したりすることは十分にありえる。実際，こうしたプラットフォーム型企業の典型例であるアマゾンやグーグルは，時価総額1兆ドルを超える企業である。

　これを，どのように評価していくのか。何らかの規制が必要であるが，どう考えればよいのか。米国では新ブランダイス派と呼ばれる考え方が力を得ている。巨大企業の存在自体が，民主主義への挑戦であり，富の偏在は誤りであるという考え方である。

　興味深いことに，この発想の潮流さえも米国が中心に位置している。この議論は，今後の経済の流れを左右する可能性すらある。

【注】

1）Maddison（2015）を参照。Clark（2009）は，中国が，有史以降，かなり早い段階で循環型のバイオテクノロジー技術を生活の中に組み入れていたと述べている。結果的に，これが近代における欧州とアジアの科学技術力の差をもたらしたとしている。

　中国発のバイオテクノロジーは，日本を含むアジア諸国に普及した。アジアの人々は，人糞を寝かせて発酵させた後，有機性のたい肥に改良し，安定した穀物生産を維持することに利用したのである。人糞を肥料とすることで，人糞肥料 ⇒ 農作物 ⇒ … ⇒ 我々の食 ⇒ 排泄 ⇒ 人糞，という循環が出来上がる。

　ところが，欧州では，人糞をたい肥にするバイオテクノロジーは育たなかった。そのため人糞はやり場のない深刻な不要物であり，結局，家に蓄積された。当時の公衆

衛生は最悪で，黒死病などが周期的に蔓延し，しばらくすると，全滅するような被害が発生したとされる。その病原の伝染源の一つが人糞であったのである。

ところで，17世紀後半位から，アジアは欧州諸国の植民地政策のターゲットになっていく。やがて，アジア最大の国である中国ですら，軍事技術面で欧州に圧倒されてしまった。革新的重火器で武装した欧州の軍事力に，アジア諸国は歯が立たなかった。これは，欧州が新兵器を生み出す科学技術を発達させていたことは大きい。

欧州は衛生状態があまりよくないために，大きく人口が減少するようなパンデミックをたびたび経験した。これは確かに悲惨だったが，そこで生き残った人々は亡くなった親類や縁者から，思わぬ遺産を手に入れることがあった。中には，日々の生活苦から解放され，余裕のある時間をつかって学びをする機会が与えられたために，哲学や科学に目覚める者も現れ，西欧の圧倒的な科学技術の革新につながった面があるとしている。

2）金融資本の膨張の所で解説するが，貿易の拡大には，世界で基本となる通貨が「循環」する必要がある。「循環」とは，ドルでもポンド・シリングでも，自国⇔世界のどこかの国で行ったり来たりするということである。英国はその循環の相手をアジア，特に，当時の英国の植民地であったインドに求めた。この循環させるという考え方は，今のドルを中心とする国際金融の仕組みでも維持されている。米国⇔どこかの国，でドルが循環することが重要である。どこかの国とは，日本や中国のことである。

3）本書の第4章を参照

4）IMF, *Economic Outlook 2021* によると，年平均のドルレートで換算（市場価格）した中国のGDPは約17兆5千億ドル，米国は23兆ドル，日本は5兆ドルであった。購買力平価（PPP）は，二国間の物価の相対比率をもとに計算したもので，市場価格とは必ずしも一致しない。GDPはドルの市場価格で換算した方が実感に近いであろう。

しかし，市場で決まる為替レートを使って各国のGDPを国際比較するのが適当かというと，疑問である。なぜなら，世界の財の価格は一物一価，つまり世界中で同じ財に対しては同じ価格が付いているわけではないからである。特に，最近では経済のサービス化が進み，無形の財のウエイトが全GDPの半分を超えている。サービスという無形の財は，国によってまったくバラバラな価格が設定されている。例えば，風邪をひいてしまい，日本で医療サービスを受けて5千円，おなじ治療を香港で受けて5万円（市場での日本円換算レート）であったとしよう。GDPは市場価格で換算するので，日本の医療サービスで発生する名目GDPは5千円，香港は5万円なので，香港のGDPは日本の10倍であると言ったら，明らかにおかしい。同じようなサービスでも国によって異なり，一桁単位が違う価格が付いていることもある。そうなると，同じようなサービスには「同じような価格」が付いているべきである。購買力平価の原理は一物一価が成立することを前提としているので，一応こうした配慮をした計算となる。では，購買力平価でのGDPで世界を比較するべきかと言うと，私は自信が持てない。

国際マクロ経済学では，中級レベルで扱う興味深い現象ではあるのだが，購買力平価は二国間の経済構造の違いによっても影響される。例えば，米国のような経済の

サービス化が進行した国に比較して，ある国の第二次産業，つまり工業製品のウエイトが高いと，貨幣価値は安定する。そうなると，米国を基準とした，この国の購買力平価は実力以上に高めに計算されてしまう。中国の購買力平価ベースのGDPは，2010年代の半ばから米国を超えているが，このような経済データの特性も承知して使い分ける必要がある。

5）　神取道宏（2014）の第6章，技術の選択を参照。

6）　Metcalfe（1973）

7）　スマホなどをモデルチェンジして市場に投入した場合の課題の一つは，旧モデルを制作する工場をスクラップにしなければならないことにある。ところが，中国の場合，その必要性はあまりない。中国内陸部に，比較的所得水準が低い層が存在し，彼らの旧型モデルへの潜在需要が期待できるからである。日本の場合，新型モデルの生産に切り替えるには，国内にそのような需要は期待できなかった。国内の雇用を維持するには，工場の生産設備をスクラップ・アンド・ビルドせざるを得ないのである。これを国内で比較的短いサイクルで行うことは難しく，製造業を国内から海外に切り替えることで対応せざるをえなかった。この分，日本企業は国内に潜在的な余剰人員を抱えることになったのである。雇用維持を企業の至上命題の一つと考える日本企業は，雇用の維持によるコスト増を賃金の抑制で相殺せざるをえず，それが国内需要の拡大を抑制するように作用した面があると考えられる。

（参考文献）

神取道宏（2014）『ミクロ経済学の力』日本評論社

Barabasi, Albert Laszlo (2016), *Network Science*, Cambridge University Press.（池田裕一・井上寛恭・谷沢俊博監訳（2019）『ネットワーク科学』共立出版）

Clark, Gregory (2007), *A Farewell to Alms: A Brief Economic History of the World*, Princeton Univ Press.（久保恵美子訳（2009）『10万年の世界経済史』日経BP社）

Goodhart Charles and Manoj Pradhan (2020), *The great Demographic Reversal Aging*, Springer.（澁谷浩訳（2022）『人口大逆転―高齢化，インフレの再来，不平等の縮小―』日本経済新聞社出版）

IMF, *World Economic Outlook*, various issues

Maddison, Angus (2007), *Contours of the World Economy 1-2030 AD: Essays in Macroeconomic History*, Oxford University Press.（政治経済研究所監訳（2015）『世界経済史概観 紀元1年～2030年』岩波書店）

Metcalfe, Robert (1973), *Packet Communication*, MASSACHUSETTS INST OF TECH CAMBRIDGE PROJECT MAC.

Tirole, Jean (2016), *Economie du Bien Commun*, Presses Universitaires de France.（村井章子訳（2018）『良き社会のための経済学』日本経済新聞出版社）

View 01 米　国

第1節　米国とは

　米国を要領よく説明することは容易ではない。その理由は，ある視点で米国を捉えても，まったく別の視点で評価し直すことも可能だからだ。どちらの視点も正しいのだが，解説の急所を変えてしまうと，まったく違う説明になってしまう。この点を意識しながら，米国を経済の視点で説明していこう。

1. 米国の本質（多様性と分断・分裂）

　世界で最もシステマチックな制度を有する米国は，多様性を本質に持ち，ダイナミックに躍動する。しかし，ダイナミズムの反動として，分断，経済格差，そして価値観の急激な変化による混迷も大きい。ここでは，投資家が持つべき米国像という切り口で，論じてみたい。

1.1　システマチックな社会だが，ルール優先ではない

　凡庸な説明だが，米国は多様性を重視する。多様性こそが，安定と成長を促すと，大半の米国人は確信している。多様性ゆえの弊害として対立や分裂を生じやすい。対立を仲裁（コントロール）するルールも整備され，システマチックな社会である。個人の快適さや権利保護は徹底され，我々が米国で生活を開始しても，その日から普通に生活ができる。米国には90年代には年間100万人を超える移民が押し寄せたが，さほどの混乱もなく受け入れられた。日本で100万人の移民が一度に押し寄せれば，パニックに近い社会的混乱が起きるはずである。19世紀後半，欧州から大量移民を受け入れた経験から，外国人に親和性のある合理的な仕組みが整備されていたからである。

　ただし，おそらく，米国はシステマチックに動くルール優先の国ではない。なぜか米国人に響く琴線があって，それに触れると思考停止の状態に陥る。も

はやルールや規則も目先の利益も関係なく，許容力と寛容さを発揮し相手を受け入れる。これには我々も心の準備が必要で，突然の大転換，対立から協調，あるいは逆もある。ビジネスや外交でも突然の大変更で，振り回されることもありえる。

1.2　分裂，対立はするが，分断ではない

　現在の米国を理解すべきは，近年激化する分裂・対立の背景である。一つは，経済的な格差の深刻化である。米国人の平均年収は 10 万ドル，つまり 1 千万円を超える。しかし，平均以上を稼ぐ人は全体の 1／4 程度に過ぎない。この 1／4 は，ほぼ大卒労働者とみてよい。技能重視の知識偏重社会に陥っている。支持政党も学歴で，共和党と民主党にはっきり二分され，都市に住むインテリ層が民主党，高卒以下で頑張っている人が共和党に属する傾向にある。経済格差の問題に，既存の政治が対応してこなかったことへの国内の批判も強い。中西部でそれなりに頑張ってきたのに，突然勤め先の工場が閉鎖され職を追われる。失業へのショックから，合法的な麻薬（オピオイド）に手を出し，中毒で死に至る。こうした人々と，GAFAM に象徴される世界をリードする IT 関連の企業に勤務し数千万円の所得がある沿岸部の人々。この地域間の経済格差が，分裂を促している面があることは否定できない。

　分裂はそれだけではない。銃の保有を求めるか否か，"Black Matters" アフリカ系アメリカ人，つまり黒人に対する差別，性的マイノリティに対する差別，など分裂を引き起こしかねない課題が山積する。Acemoglu and Robinson (2020) は狭い回廊（Narrow Corridor）と表現したが，国家が社会的な混乱も引き起こさず，かつ，強権的ではない，自由で民主的な社会を維持することの難しさを回廊という言葉で説明している。

　その中で，黒人差別の問題を事例にあげている。この問題の背景には，米国の政治システムが影響しているというのだ。米国は，連邦政府の権限と地方政府の自治権の微妙なバランスの上に維持されているとしている。狭い回廊を何とか渡りきるのは容易ではなく，失敗すれば独裁国家や破綻国家に陥ってしまう。

1.3 多様性を維持するために組み込まれたセーフティネット

独裁と破綻を回避するため，米国は政治経済システムを周到に構築した。連邦と州の関係，つまり，連邦国家である米国では，州の独立した権利を大いに認めている。特に，警察権，教育権などは，その財政も含めて州政府に委ねられている。各州の憲法が，その権利を定めているのだ。連邦政府の行政府のトップである大統領には外交と軍事の権限が付与されているが，それしかないと言うこともできる。大統領は暴走しないようさまざまなセーフティネットで規制されており，三権分立による権限の分散，地方政府の強い自治権は，大統領権限に実質的な縛りを課しているとも解釈できる。

驚くことに，ごく最近まで，中西部の憲法では，黒人と白人の分離した教育を定めている州もあったほどだ[1]。大統領は，この州憲法を変えさせる権限を持っていない。仮に，州政府が連邦政府に強制されて黒人差別問題の解消を図り，銃規制を導入し…と，次々に中央政府に従えば，州の自治権が失われるのではないかという危惧を抱く州民も増えるはずだ。おそらく，多様性こそこの国の成長の源泉であるという国民は，中央政府に言いなりになることを拒否するはずである。大統領の独裁的行動をチェックし民主的で自由な社会を維持する米国の仕組みこそが，分裂や分断を生み出している面がある。

（経済格差と市場の安定性）
1.4 経済格差の二面性；マクロ経済の安定性と対立の激化

米国は当初から格差社会であったわけではない。むしろ，第二次世界大戦直前に累進所得課税を世界で最初に導入し，経済格差が少ない国であった。それが70年代頃から拡大している。一つの問題は，税の再配分機能が十分機能していないことである。例えば，小黒（2018）によれば，米国は政府部門から最下層の家計への所得再分配はOECD諸国の中で，下から二番目である（2008年時点）[2]。同様の内容は，所得分配の平等・不平等を計る代表的な指標であるジニ係数でも確認される。

一方で，結果論であるが，米国は経済格差があるがゆえにショック，特に金融ショックへの耐性が比較的強かったとも考えられる。実際，米国はリーマンショックにより大きな経済的ダメージを受けたが，その影響は5年程度で消え

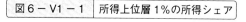

図 6 − V1 − 1　所得上位層 1 % の所得シェア

出所：世界銀行より作成

てしまった。その理由は，リーマンショックに対する低所得者と高所得者の対応の違いによるものかもしれない。以下は一つの仮説を提示してみたい。

　図 6 − V1 − 2 は米国のセンサスデータをもとに，2008 年のリーマンショック前後での所得階層別の資産・負債の動きを示したものである。この図を示したのは，所得階層によって，リーマンショックへの対応が異なったことである。特に，所得上位層（最上位〜上位 60 % 程度まで）は，リーマンショックが発生する直前の 2005 年段階から，負債を大幅に圧縮し，資産・負債のリバランスを行っていたことが確認される。

　所得下位層の対応は遅く，リーマンショック発生後も，負債の整理は迅速には進まなかった。最下位の所得層では，リーマンショックが発生する前から負債が拡大し続け，資産・負債のリバランスが行われ始めたのは 2009 年以降になってからであることが示されている。

　上位層ほど，金融ショックの影響を受け難く，また，投資再開に向けた回復も早いことが確認される。米国の場合，平均所得（10 万ドル）以上の所得をえる層が全体の 1 ／ 4 であると説明したが，この上位層で金融資産全体の約 6 割を保有する。つまり，金融資産の 6 割はショックを回避していたのである。

　金融の面から見ると，経済格差があるがゆえに，経済は安定性を維持しえたかもしれないのだ。経済格差は対立を生み，社会を混乱させる。それゆえ深刻な問題であることは否定できない。しかし，一方では，米国経済のショックへ

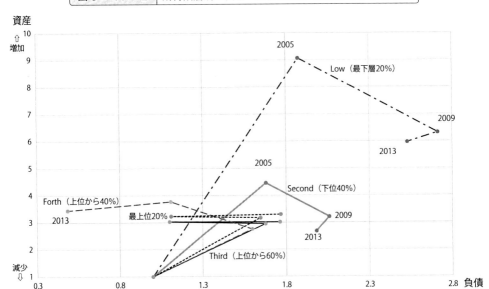

図6－V1－2 所得階層別の資産・負債の推移（2000年を1とする）

出所：田端（2020），p.88 より転載

の耐性を強める効果も果たしているという解釈はできないであろうか。

2. 米国経済の成長要因で見る米国の現在・過去・未来

　米国の経済成長は，イノベーションがけん引していることを論じてみよう。はたして，イノベーションは，人工的にコントロールできるのか。議論を整理してみよう。

2.1　成長を加速させる最大要因はイノベーション

　グローバリゼーションが進む中，世界経済の中心であった米国は，どのように変化したのか。まず，米国の経済成長を動かす原動力は何なのか，これを確認しておく必要がある。

　そもそも，経済学では経済成長は資本の蓄積によって発生すると考えていた。貯蓄こそが成長の原動力ということである。しかし，Slow（1956）が伝統的な考え方に風穴を開けた。実際，米国の経済成長を貯蓄の動きだけでは説明

できなかったことも影響していただろう。

　成長の原動力としての技術革新，つまり，イノベーションが重要であること
を示したのである。Slow の研究成果の一つは，イノベーションを全要素生産
性（Total Factor Productivity TFP）【キーワード】として推計できることを示し
たことにある。本章でも，全要素生産性＝イノベーションとして議論を進める。

　図 6 - V1 - 3 は，米国の全要素生産性を示している。参考になるのは 5 年
平均で示した実線の波動で，米国のイノベーションの傾向を知ることができる。

　米国のイノベーションを長期的に見ると，少なくとも 1980 年代まで低下傾
向を続けていた。それが，90 年以降，再び，回復している。この時期，米国
は国際化を本格化させ，同時に，産業構造の変化（製造業 ⇒ サービス業）と大
量の移民を受け入れたことが影響しているとも考えられる。

　ところが，2000 年代前半にイノベーションは一旦ピークを迎える。どうし
て再び米国のイノベーション力は下がったのか。その一つの原因は，NY での
2001 年の 911 テロ以降，米国が移民受入をそっと辞めてしまったことが影響
しているのかもしれない。ともかく，米国のイノベーションは徐々に衰退し続
け，リーマンショックが発生した 2008 年頃まで低下傾向にあった。ただし，
この時期，世界的にもイノベーションは低調になっており，米国固有の何らか

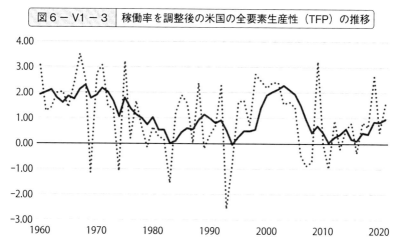

図 6 - V1 - 3　稼働率を調整後の米国の全要素生産性（TFP）の推移

出所：サンフランシスコ連銀，*Total Factor Productivity* より作成（https://www.frbsf.
org/economic-research/indicators-data/total-factor-productivity-tfp/，2023 年
3 月 31 日アクセス）

の原因でイノベーション力が低下したと主張するのは慎重さが必要である。しかし，2010年代に入ると，再び米国のイノベーションがけん引して経済が復活するような動きが確認される。特に，最近のイノベーションは，グローバル化を支える先端デジタル技術で起きている。

　米国のイノベーションの推移を説明した。では，このイノベーションは米国経済成長にどの程度貢献しているのか。ここではサンフランシスコ連銀の研究結果をもとに見てみよう[3]。この推計の特徴は，物的資本の蓄積，労働（人的資本）の増加，イノベーションの他に，物的資本や労働の「稼働率」を考慮している点にある[4]。表6−V1−1には稼働率も要因に加えているが，まずはとりあえず，物的資本と労働とTFP（全要素生産性）の三大要素の動きに注目して頂きたい。

2.2　2010年代以降の経済成長のグリップはイノベーションが握る

　表6−V1−1は，米国の経済成長率が，労働の伸び率（労働生産性と同じ意味）と資本の成長率でどの程度説明できるかを示している。表の最下部にある1960年以降の全期間平均で確認するとしよう。経済成長率の平均は3.26％であったが，そのうち約2％強は労働と資本によって説明される[5]。この資本と労働の伸びでは説明しえない成長率が約1％あり，これが第3要因としての全要素生産性である。つまり，全要素生産性は資本や労働と並ぶ重要な経済成長

表6−V1−1　米国の経済成長と労働生産性，資本，全要素生産性（TFP）の伸び率の推移

（単位：%）

	経済成長率	労働（L）	資本（K）	TFP	稼働率調整TFP
1960年代	4.43	3.03	3.98	2.03	1.81
1970年代	3.50	1.92	4.30	1.07	1.29
1980年代	3.26	1.62	4.17	0.50	0.63
1990年代	3.73	2.23	3.94	1.06	0.90
2000年代	1.75	2.54	3.64	0.73	1.28
2010年代	2.88	1.25	2.39	0.79	0.41
全期間	3.26	2.10	3.73	1.03	1.06

出所：サンフランシスコ連銀, *Total Factor Productivity* より作成（https://www.frbsf.org/economic-research/indicators-data/total-factor-productivity-tfp/，2023年3月31日アクセス）

要因であることが確認される。

　また，この表だけからははっきりと捉えきれていないが，労働と資本は代替的であるのが特徴だ。そのため，企業経営者は，労働というスイッチか，資本というスイッチを押すか，いずれか 1 つを選択するように迫られる。両方のスイッチを同時に押して，会社の成長ギアーを一段階上にあげることは，想像以上に難しい。

　しかし，イノベーションは，この 2 つの生産要素とは独立した存在だ。新しい技術を取り入れながら，雇用を確保するのと同時に，資本投資を拡大し続けることができる。

　1980 年代の米国は，日本やドイツ企業に追われる形で，経済成長率が鈍化した。この時期の米国企業は経済的にスランプであった。同時期，TFP の伸び率は，かなり低い水準にあったことが確認される（TFP の伸び率で 0.5％，稼働率調整済 TFP の伸び率で 0.63％）。その TFP が，1990 年に再び加速したのである。特に稼働率を調整後の真のイノベーション力を示す稼働率調整後の TFP の伸び率を観察すると，米国のイノベーションは 90 年代以降，約 20 年以上にわたって，成長を加速させたと考えられる。

2.3　イノベーションはどうして起きるのか

　米国はどうしてイノベーションを活発化させられたのか。この答えについては，多くの経済学者が人為的に活発化させることは不可能で，偶然であるとしている。

　ただし，ノーベル経済学者であり世界銀行チーフエコノミストであった Stiglitz（2017）など少数の経済学者は，イノベーションは人工的に起こせるとみている。

　キーとなるのはラーニング（学習）である。

　米国の一人当たり生産量を国際比較（1996 年〜2001 年）することで，米国の生産性が突出して伸びていることを指摘し，これがラーニング効果で起きていると主張している[6]。そもそもラーニングとは何か。まず，我々は，生産能力の限界までは活動していないと，主張する。どこかにかなりの余裕を持っている。我々は自分の脳の 10％程度しか使っていないと言われるが，ラーニング

230

を理解するにはこのイメージで良い。能力を発揮させない組織，自分自身に壁
を設定してしまう思い込み，個人の能力や成長をとめてしまうソーシャルな環
境，などである。これらを除くことで，我々は成長し生産性を上昇させること
ができるという。

　米国で経済格差が拡大しているのも，自分の能力をフルに発揮できている人
とそうではない人で差が激しく出る競争環境であることが影響しているとして
いる。そもそも，人間には能力差などあまりないのだ。

　これは，我々に何を示唆しているのか。まず一つの可能性は，「学び」の学
び方をラーニングすることである。さらに，企業，社会がラーニングできる環
境を意図的に設定することが重要であると主張する。

　彼は，中国を例に，次のような指摘をしている。中国は目を見張る成長を遂
げたが，これは中国がそれを実現しえる優れた社会システムを持っていたから
ではない。ただ，猛スピードで蓄積されていく金融資産が外に出ないように対
外流出を止めたことが影響している。このありあまる資本を使って，自国の中
で大金持ちになる人が突如登場し，人々を驚かせた。あの町のあの小倅（こせ
がれ）がなぜ成功したのか，富と名声を得たやり方を観察し，次には同じやり
方で自分も豊かになろうと必死になる。その熱意が，人々の行動を変え，新し
い知識や技能を掴んでみたいというラーニング環境を創りだしたとしている。
一部の成功者が中国10億人の，豊かになりたい，幸せになりたいという思い
を，心の底から揺さぶったと。仮に資本が外国でも運用できる環境であれば，
無理に国内には投資などしないで，米国の金融資産を購入して安定した生活を
送るだけのことであったかもしれない。中国の発展は，少しでも豊かになりた
いという意思の力から生まれるものなのである。

第2節　なぜ米国経済は重要なのか

　米国の存在は，投資家にとって重要である。なぜなら，当面，世界の株式市
場は米国株式が形成していくと考えられるからだ。世界の中心性に関する本章
の解説のところで，変化の中心が米国から中国に移行している可能性をデータ
で示した。しかしその内容を見ると，果たして，世界経済の中心が米国から中

国に移行したと言えるのか，議論の余地があることを論じた。

　米国は，オフショアリングによって，アイデアや企画は自国で，生産は中国などアジア諸国で行うことで柔軟な生産体制を敷いている。中国が生産の拠点であるがために，生産の面からは中国が世界一の規模に飛躍したが，そもそもこのオフショアリングというベクトルを設定したのは米国である。その意味で，米国が世界経済の中心であるということは否定できないように思われる。あるいは，中国，米国が――という切り口では論じるべきではない変化こそ，1990年以降加速したグローバル経済の特徴であったともいえる。

　ところで，オフショアリングの中で，無形の財の生産に転換した米国経済のサービス化は，世界に重要なインパクトを持っていた。米国企業が，現在でも最も革新的で躍動感のある組織として世界経済を引っ張っていることにある。

　図6－V1－4は，世界の株式市場に上場する企業の時価総額に占める米国企業の比率を示している。長期的に見た場合，米国の株式の時価総額の世界シェアはゆっくりと減衰していた。それが，90年以降，再び上昇に転じた。この時期，米国は経済のサービス化に直面し，すでに70年代以降進行していた産業構造の変化は決定的なものになった。全産業に占める製造業比率は10％を切るまでに低下し，それに伴い，就業構造も大きく変化したのである。さら

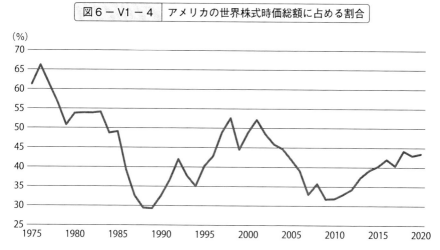

図6－V1－4　アメリカの世界株式時価総額に占める割合

出所：世界銀行より作成

に，90年以降，技術移民の受け入れを積極化させ，移民は年間200万人にものぼった（200万人流入する一方，100万人は母国に戻るのでネット流入は100万人程度）。こうした産業構造の変化を背景として，株式市場は活況を呈したのである。

　この米国株式の世界シェアは，2007年のリーマンショック前には大きく低下する。しかし，2010年以降，再び上昇に転じ，2020年には世界シェアは43％のレベルに回復している。実は，これにはGAFAMの存在が大きく影響している。米国の時価総額に占めるGAFAMのシェアは，2010年には5％未満であったものが，2020年には約24％の水準，つまり全米の株式時価総額の1／4を超えるレベルに達したのである。GAFAMに象徴される米国IT企業などの先端技術産業の動向は，米国のみならず，世界の企業の経営戦略を含む近未来の流れを決する存在となっている。

第3節　投資家にとっての意義

　ファイナンスの分野でノーベル経済学賞を受賞したShillerは，エール大学でのファイナンスの授業を世界中に配信している[7]。その中で，米国の株式市場は100年以上のデータが蓄積されており，それを使って長期の収益率を計算してみると，驚くべき高パフォーマンスであることについて，本当に不思議なことだというような顔をしながら解説をしている。

　これは株式プレミアムパズルと呼ばれるもので，仮に米国株式を長期のスタンスで運用すれば，株式プレミアムの平均は5％以上であった[8]。このプレミアムは，相当に高い。なぜこれほどプレミアムが高いのか，いまだ経済学は解明できていない[9]。

　これほどの高いプレミアムが長期に存在し続けていることには，おそらく経済学がまだ解明していない何かがあると考えるのが妥当なのであろう。GDP統計で評価すれば，確かに米国は中国にその座を奪われつつある。しかし，これまで述べてきたようにイノベーションによってダイナミックに動くという点や，イノベーション戦略の巧みさで，群を抜いた存在であり続けている。これを正当に評価した場合，世界の投資家から見て，米国株式は非常に魅力的な存在であり続けるはずである。

Keyword　全要素生産性 (TFP : Total Factor Productivity)

　全要素生産性を簡単に説明しておく。生産は，モノとヒトによって行われる。一般に，経済学では「物的資本」，「人的資本」という少し回りくどい言い方をする。なぜかというと，資本という言葉に意味を込めているからである。そもそも「物的資本」は，建物や下水道など生産を左右する社会インフラを含む生産のための環境である。この「物的資本」とは物の資本のことだが，資本なので一気に拡大することが難しく，じわじわと蓄積される（時に，ゆっくり減少する）。また，この資本は，比較的頑丈ではあるが，少しずつ摩耗したり，陳腐化したりする。一気に増えたり，減ったりしないジワジワが特徴なのだ。

　また，「人的資本」とは労働のことだ [10]。人も急激に減少したり増えたりはしない。この 2 つの原料（これを要素と呼ぶ）で生産されるのだが，実際には，なぜか，生産の伸びは，この 2 つの資本では説明できない変化をする。この 2 つの資本を毎回書いていると理解の妨げになるので，「物的資本」を K，「人的資本」を L という記号で示すとしよう。

　例えば，K を 2 倍，L も 2 倍にすると，生産は 2 倍までいかなくても，2 倍近くまで拡大すると期待される。

　しかし，長い時間で観察すると，2 倍ではなく 4 倍にも 5 倍にも拡大している。このギャップは，どう説明するのか。これは生産をより効率的に行える技術が影響しているに違いないと考えるのである。次に，なぜこのイノベーションを，全要素生産性（TFP）と呼ぶようになったかである。実際に数を入れて，理解してもらった方が簡単なのでやってみよう。今，生産要素である物的資本と人的資本の比率を，全体を 1 として，K がその内の 0.3，L が 0.7 であるとしよう（1 = 0.7 + 0.3）。仮に，今年の K の増加率が 10%，L の増加率が 5% であるとする。また，実質 GDP が前年度に比較して 10% 伸びたとする。

　そうすると，生産（実質 GDP）の伸び率は 10% だが，生産要素である 2 つの資本のそれぞれの伸び率を各ウエイト（0.3 と 0.7）を考慮しながら計算すると 0.3 × 10% + 0.7 × 5% = 6.5% < 10% となっており，3.5% 分足りないのである。この足りない部分は，K でも L でもない，何か別の力が働いて生産が伸びたと考えるべきである。この何かを全要素生産性（TFP）と呼んでいる。本当だったら，「何か他のもの」という不思議な名前でもよいかもしれなかった。しかし，一般に，これを TFP と呼んでいる。厳密には，イノベーションが TFP と同じであるわけではない。しかし，おおよそ TFP をイノベーションと呼んでも，大きな意味では間違いではないと考えている。

【注】

1） アラバマ州，ユタ州，ネブラスカ州。例えば，アリゾナ州の場合，2020 年住民投票により，各州法の人種差別に該当する文言を削除する住民投票が行われ，その結果を受けて 2022 年の最終投票によって憲法修正が正式に認められた。しかし，2000 年以降，削除を巡る住民投票が 2 回行われるなど，難航した。

2） 小黒（2018）は政府部門から家計部門への移転の大きさを示している。最下位は韓国である。日本も米国並みの低さであり，税による所得移転効果は十分ではなく，課題を抱えている。以下は，OECD で公開しているデータを使って，税によるジニ係数の改善効果度を示しておく（GINI 係数が低下する程，格差は改善している）。

なお，日本の場合，厚生労働省「所得再分配調査」の直近のデータ（2017 年）では，税による所得再分配比率はさらに 4.8％にまで低下している。これは，高齢化の中で，税が社会保障制度を担う財源になってしまい，本来，低所得者に向けられるべき税による所得再分配が機能低下を余儀なくされているからと考えられる。高齢者に比重を置くことの妥当性が，本来議論されなければならないはずである。

| 補表 | 所得再分配政策による GINI 係数の改善と税効果 |

2002－2013 平均

	GINI 係数 （調整前 ⇒ 税＋所得移転調整後）	GINI 係数の低下率	その内，税による 所得再分配比率
米国	0.51 ⇒ 0.39	24％減	17％
英国	0.53 ⇒ 0.36	32％減	25％
仏	0.50 ⇒ 0.29	42％減	34％
日本	0.49 ⇒ 0.33	33％減	15％
スウェーデン	0.39 ⇒ 0.29	26％減	27％
ドイツ	0.51 ⇒ 0.29	43％減	29％

（データ） OECD, *Income (IDD) and Wealth (WDD) Distribution Databases*
（https://www.oecd.org/social/income-distribution-database.htm,
2023 年 3 月 31 日アクセス）

3） Federal Reserve Bank of San Francisco, "Total Factor Productivity"（https://www.frbsf.org/economic-research/indicators-data/total-factor-productivity-tfp/, 2023 年 3 月 31 日アクセス）

4） 従来であれば，この稼働率は全要素生産性に含まれてしまう。実際には，労働や物的資本でも活用されずに，遊休資産として活用されないまま眠っているものもある。逆に，経済活動が活発化すれば，資本や労働は極力効率的に活用しようとするはずである。この点を考慮している。

5） 資本分配率 ＝ 0.3 で計算すると，$0.3 \times 3.73（\%）+ 0.7 \times 2.10（\%）= 2.59（\%）$ である。この場合，全要素生産性の伸び率は 0.67（%）となる（＝ 3.26 － 2.59）。

6） 入門段階では，あまり気にしないで読み進めてほしい言葉に，生産性という用語がある。生産性には，大きく労働生産性と全要素生産性という概念がある。まず，労働

生産性は，生産量を労働投入量で割ることで求め，労働投入によってどの程度生産が変化するかを示している。実際の生産は，労働だけでなく原材料の効率的な利用をもたらす生産設備などの改善によっても影響される。この面での生産性，つまり生産量の改善は，技術革新を含む全般的な生産要素の効率化によって達成されるものととらえ，全要素生産性という概念を設けている。

7）　Shiller の Financial Markets（2011）with Robert Shiller というタイトルの学部学生向けの講義。エール大学オープン講座として視聴することができる（https://www.youtube.com/playlist?list=PL8FB14A2200B87185，2023年3月31日アクセス）。

8）　ボン大学の Macrofinance and MacroHistory Data に収集された長期データによると，1872年〜2020年の米国株の年ベースでの利回りは 6.04%，配当利回りは 4.32%であった（https://www.macrohistory.net/database/，2023年3月31日アクセス）。この長期データは，ノーベル経済学者 Shiller が公開した米国の長期株式データを使っている。両者を加算した 10.36% が株式の利回りであるとしよう。一方，米国国債の利回りは同期間の平均 4.75% であった。株式プレミアムは危険資産の利回りマイナス安全資産の利回りなので，年率 5.61% がリスクプレミアムである。因みに，米国の株式リスクプレミアムが高すぎるという謎を指摘した Fama and French（2002）では 4.32%（1951年〜2000年）としている。その後の研究などを踏まえると米国の株式プレミアムは 5% 前後である。

9）　株式プレミアムというのは，株式投資が安全資産への投資に比較してリスクが高いことから発生する。銀行預金をすれば 2% の利回りを確保できる。一方，株式に投資しても 2% しか収益を確保できなかったとしたら，株式に投資するであろうか。株式に投資すれば，預金より高い利回りを確保できると期待できるからこそ，我々は株式投資をするのだ。株式プレミアムは株式に投資した場合の株式利回りと銀行の預金金利などの安全資産の金利との差として計算する。このプレミアムが高いということは，投資家が株式投資のリスクを警戒しており，株式投資に高いプレミアムを要求しているということである。このプレミアムが非常に高い，高すぎるのである。これは米国の投資家が極めてリスク回避的であることを示唆している。

　一方，我々は，所得の大きな変化も嫌う。（最近のマクロ経済学では消費＝所得としてモデル化する傾向にあるのだが）所得や消費が低く，食べることもやっとという厳しいバイト生活だとしよう。ところが，数年後の未来，この人は高級車に乗り高級マンションに住むリッチな生活が送れるようになる。こういう派手な人生を，普通の人は浮き沈みの激しい人生として，回避しようとする傾向にある。言い換えると，我々は消費の平準化によって穏やかな生活スタイルを維持しようとする。

　米国の高い株式プレミアムから類推できることは，米国人が相当リスクに敏感なリスク回避的な行動をとっているということである。つまり，消費の平準化も活発なはずだ。どうやって，消費の平準化をするのかといえば，将来の所得を抑制し，その分を現在に回そうとする。それには，銀行ローンなどを使って資金を借り入れ，将来所得を現在に置き換えることで足元の消費を増やそうとするはずである。そうすると，米国では安全資産への需要が潜在的に高く，安全資産の金利（預金金利やローン金利）

には上昇圧力が働くことになる。米国人がリスク回避的であるほど，安全資産の金利は高めに推移するはずなのである。

さて，株式プレミアムは株式の利回りと安全資産の金利（利回り）との差として計算されると説明した。米国人がリスク回避的で消費を平準化する傾向にあるとすれば，安全資産の利回りは高くなり，株式プレミアムは小さいはずである。

株式投資から見る限り米国人はリスク回避的であるはずである。一方，米国人の消費行動からすれば，消費の平準化は比較的活発であることがわかっており，株式プレミアムはもっと小さくなければならない。まったく矛盾する結果なので，これを株式プレミアムパズルという。実際の計測の仕方が間違っているのか，それとも，経済理論とファイナンスの理論の接合がうまくいっていないのか，ともかくまったく解明されていない。

10）実際に計算する時は，労働投入量（就業者数）×労働時間として計算する。

参考文献

Acemoglu, Daron and James A. Robinson（2019）, *The Narrow Corridor: States, Societies, and the Fate of Liberty*, Penguin Press（櫻井祐子訳（2020）『自由の命運：国家，社会，そして狭い回廊』早川書房）

Fama, Eugene and Kenneth French（2002）"The Equity Premium," *The Journal of Economic Finace*, Vol.57, issue 2, pp.637-659.

Krugman, Paul and Robin Wells（2018）*Macroeconomics*, Worth Publishers（大山道広他訳（2019）『クルーグマン マクロ経済学 第2版』東洋経済新報社）

Roser, Max（2013）, "Global Economic Inequality," *OurWorldInData*.（https://ourworldindata.org/global-economic-inequality/，2023年3月31日アクセス）

Solow, Robert（1956）,"A contribution to the theory of economic growth," *Quarterly Journal of Economics*, Vol.70, No.1, pp.65-94.

Stiglitz, Joseph and Bruce Greenwood（2014）, *Creating a Learning Society: A New Approach to Growth, Development, and Social Progress*, Columbia University Press.（薮下史郎監訳（2017）『スティグリッツのラーニング・ソサイエティ―生産性を上昇させる社会』東洋経済新報社）

小黒一正（2020）『日本経済の再構築』日本経済新聞出版社

田端克至（2020）『みんなが知りたいアメリカ経済』創成社

中　国

第1節　中国とは

　中国は飛躍的な経済成長を遂げ，グローバルサプライチェーンの頂点に立ったが，その一方で国内不動産業の不振や経済格差の拡大が表面化し，持続的な成長に陰りがでている。米中間の緊張が，不安定な部分をクローズアップさせている面もあるが，ここでは中国の成長の特徴と課題を論じることで，投資家として何に注目すべきか考えてみよう。

1. 中国の過去・現在・未来
　中国の経済成長が，経済格差と不動産価格の沸騰を伴って発生したのはなぜなのか，ここから議論を始めるとしよう。

1.1　経済構造上の課題；内陸部と沿岸部の経済格差
　米中の政治的対立が，中国の経済構造と関係しているという視点を提供したい。今後の緊張と市場への影響を冷静に判断するためにも，米中間の政治的対立に起因する緊張と経済関係の行き詰まりについて多面的に捉える必要がある。まずは，中国が「先富論」から「共同富裕」に政策転換を急がざるをえなかった背景を説明する。

1.2　経済格差の背景としての中国の地政学的ポジション
　表6－V2－1は，中国国家統計局の発表する一人当たり可処分所得（2005年〜2021年）を，3つの区分（2005〜2010，2011〜2015，2016〜2021）で示している。さらに，沿岸部と内陸部に分けている。例えば，2005年〜2010年の間の沿岸部の一人当たり可処分所得は14,209元（約21万円，15元／円で換算），同時期の内陸部の一人当たり可処分所得は7,893元（12万円）であった。沿岸部

	沿岸部	内陸部	格差比率
全期間	27,402	15,737	1.74
2005－2010	14,209	7,893	1.80
2011－2015	26,344	15,156	1.74
2016－2021	41,476	24,215	1.71

表6－V2－1　沿岸部と内陸部の一人当たり可処分所得とその格差（単位；元）

出所：中国国家統計局より作成

と内陸部の一人当たり可処分所得の格差は約1.8倍であった。この沿岸部と内陸部の可処分所得の格差は，その後2016年～2021年になるとどのようになったか。沿岸部は41,476元（約79万円，19円／元），内陸部は24,215元（約46万円）である。同じ要領で所得格差比率として計算したものを表の格差比率として示している。沿岸部と内陸部での所得格差は2倍弱であり，しかも，その是正はほとんど進んでいない。中国の場合，統計の信ぴょう性に課題があるため，公式統計が実態の深刻さを十分には伝えていない可能性があるが，その公式統計でも格差が縮小していないことがわかる。

　これを，イメージしやすいように，図6－V2－1の中国全図に示してみよう。中国は，東部，中部，西部，東北部の地域に区分するようである。東部は沿岸部とも呼ばれ，図6－V2－1ではうす灰色の地域で示されている（以降，東部を指すときは東部（沿岸部）とする）。上海，北京などの大都市を含むエリアである。例えば，沿岸部（東部）には中国の全人口の半分近い人々が住み，GDPの半分を生産する。また，図6－V2－1の濃い灰色の地域は中部である。統計処理の都合上，本書では東部（沿岸部）と中部を併せて沿岸部とした。

　経済成長率が平均よりも低い内陸部とは，図6－V2－1の白い所，四川省，雲南省，重慶市などいわゆる西部と呼ばれる地域に，吉林省と黒龍江省の東北部を加えた地域を指すものとした。

　Friedman（2011）は，中国が地政学的に閉ざされていることの問題点を指摘している。中国は大国である。しかし，北はツンドラ，西は1万メートルを超えるチベットの山脈，そして南はジャングルに囲まれる。そのため，大量輸送の容易さという面からすると，東の太平洋にしか世界への門戸は開かれていな

図6－V2－1　中国の地域区分

東部（8省3市）
中部（8省）　｝本書で定義した沿岸部
西部（6省1市5自治区）

出所：中国国家統計局より作成

い。中国で生産したものを，貿易で海外に輸出しようとすれば，太平洋に比重
がかかってしまう結果，貿易の恩恵を受けやすい太平洋沿岸部と，そうではな
い内陸部で経済格差が生じやすい構造を抱えている。

1.3　理解を超えた不動産価格の高騰

　沿岸部は高い経済成長を遂げているが，その対価として激しい資産価格の高
騰に直面している。特に，不動産価格の高騰は著しい。例えば，中国で最も発
展した経済は上海地区であろう。この地域の不動産価格の上昇は凄まじい。中
国の不動産価格高騰は，我々の想像を超えている。中国，上海地区の不動産価
格を価格帯で内環（3億円以上），中環（2億円以上），外環（1億円以上）の価格
帯で環状に分けて見ることができる。上海地区，価格別（内，中，外）の環状を，
そっくり日本に当てはめたものと，1億円以上の価格帯である外環は，東京を

起点とすると横浜・東松山・春日部を含む広大なサークル上の地域となる。名古屋市を起点とすれば四日市・岡崎・岐阜などを含む環状の地域，大阪の中心を起点とすれば，神戸・高槻・奈良・泉佐野などの都市を含む環状の地域，福岡では久留米・宗像・佐賀などが含まれる環状地域で住宅価格が1億円以上で取引されている。中国で発生している資産価格高騰の凄さを理解できるであろう。

　こうした資産価格の高騰は，沿岸地区の経済状況の活況を背景としている。良く言われることだが，1億円以上の資産を持つ全人口の1割，つまり1億人いる一方で，月収10万円程度しかない6億人の人々が共存する社会である。こうした経済格差が，貿易の恩恵を受けやすい沿岸部と，そうではない内陸部で発生している。この格差に対する，中央の共産党幹部の危機感は強い。従来，中国政府が考えていた先富論によれば，こうした中国の経済格差は，経済発展の一時的現象であって成長プロセスが進行すれば，やがて消えていくはずであった。しかし，実際には，格差は縮小していない。むしろ拡大し，中国経済の不安定性を高めている。まず，我々はその経済のメカニズムを理解する必要がある。

1.4　米国とのオフショアリング貿易；経済格差の是正を妨げる要因でもあり成長を促進する要因でもある

　格差が是正されない要因の一つが，米国企業が導入したオフショアリング【キーワード】にある。巨大な生産設備を抱える中国で生産をすることで，アイデアなど付加価値の高い部分は米国で，生産は中国でという体制が確立した。Apple 社の中国での生産に際し，そこで働く中国人従業員の人件費比率を試算した面白い研究がある[1]。それによると，同社が中国で生産した iPad は小売価格300ドルであったが，組立工の一台当たりの人件費は10%程度（つまり30ドル）であった。同商品に対し，開発・企画などを担当した米国側の人件費コストはその5倍，約150ドルと価格の半分を占めていた。

　中国が米国との間にこのような生産体制を維持できたのは，偶然ではない。これは，1970年代〜1980年代，日本やドイツとの競争の末に，製造業からの撤退を余儀なくされた結果を踏まえた米国企業のサバイバル戦略でもあったか

らだ。米国企業は，iPhone に象徴されるように，斬新なモデルチェンジを繰り返すことで，世界の消費者の米国製品への需要をつなぎ止めることに成功した。それには，オフショアリングを通じて，中国が重要な役割を演じたのである。

1.5　内陸部と沿岸部の経済発展スピードの違いも，オフショアリングを加速させた

　さらに，都合がよいことに，頻繁に繰り返されるモデルチェンジにも耐え得る環境が中国にはあったのである。これが，中国が米国との間でオフショアリングを推進しえた，もう一つの経済構造であるといってもよい。商品サイクル短期化とモデルチェンジがあったとしても，沿岸部の設備更新ペースを鈍化させる必要がなかった。なぜか。内陸部の人々の需要があてにできるからだ。彼らは値段が手頃となった旧型商品を需要してくれるため，工場設備をその都度スクラップにする必要性はなく，新商品の供給に必要な技術を有する工場を増設すれば足りたのである。これにより米国も十分な恩恵を得ていた。米国企業は，中国を生産拠点とすることで，商品寿命の短期化と技術革新の持続を両立させることに成功したからだ。ただし，言い方は不適切かもしれないが，これは内陸部の犠牲の上に沿岸部の急速な繁栄を持続させる仕組みでもあったわけである。

1.6　強権主義に頼らざるを得ない政府のジレンマ

　オフショアリングは，成長を加速化させる一方で経済の不安定性を高めてしまう。これが，中国内部の政治闘争となっていることは想像に難くないし，コントロール色の強い中央政府の強権的な権威主義を呼び起こしてしまうことにもなった。中国では，内陸と沿岸の格差が解消しにくい地政的で経済構造上の課題がある。だからこそ，対外的な危機感を煽ることで国内の求心力を維持しようという，政治的な動きも生まれやすい。本気で格差の問題を解決しようとすれば，現行体制も大きく動揺するであろうことは想像に難くない。最初に手を付けなければならないのは，既得権益者である国営・公営企業の問題である。例えば，中国の地方にある政府系企業の赤字だけでも 1,000 兆円を超える

巨額であろうと言われており，解決の糸口も見えていない。

　非効率的な国営企業や資源配分の不透明性など，中国の中央政府は十分に認識しているはずだが，慎重に修正する時間を与えられることなく世界NO2の経済大国になってしまった。それほどまでに，Apple社のようなデジタル産業が仕掛けたオフショアリング貿易の仕組みが凄かったということである。結局，成長するほどに格差が拡大し，民衆の不満が高まるというジレンマに，中国は陥りやすいのである。

2. 世界一の貯蓄額と閉鎖的な金融市場

　GDPの約50%を占める貯蓄大国中国ではあるが，その貯蓄が外に出ることはない。これが，国内の不動産価格を高騰させ，世界経済にも影響している。経済的にはこれは何を意味するのか考えてみよう。

2.1　Fergusonの警告

　最も鋭い世界的な経済史家の1人であるFerguson（2009）はチャイメリカという言葉を用いて，当時の米中の密な経済関係を読者にイメージさせてみせた。Fergusonが一流の直感を働かせて警告したのは，チャイメリカはグローバリゼーションの進行と共に矛盾を深め，やがて深刻な対立を生む可能性があるということである。彼は，中国経済の特異な成長プロセスと，それが米国と対立することに当時，すでに気が付いていたのである。

2.2　貯蓄大国，中国と中国マネーの行方

　中国経済は，非常に特異な面を持っている。例えば，表6－V2－2は，中国の貯蓄率（貯蓄／GDP）と，投資／GDP，貯蓄・投資差額／GDPを計算している。入門のマクロ経済学の教科書で学ぶように，

$$貯蓄 － 投資 ＝ 経常収支$$

となる。事実，この表でも貯蓄－投資の差を示す縦の列と，経常収支黒字のGDP比率を示す数値は似ている（マクロ理論的には必ず等しくなるが，GDPは推計統計であるため誤差が発生するので，等しくはならない）。中国の貯蓄率/GDPは

| 表 6 − V2 − 2 | 貯蓄，投資，経常収支の GDP 比率 |

(%)

年	貯蓄	投資	貯蓄−投資	経常収支
1985	34.9	30.4	4.5	-3.7
1990	36.4	24.0	12.4	3.3
1995	40.9	32.3	8.6	0.2
2000	36.4	32.6	3.9	1.7
2005	45.6	39.4	6.2	5.8
2010	51.1	43.9	7.2	3.9
2015	46.0	46.0	0.0	2.6
2020	44.7	42.5	2.2	1.7

出所：中国国家統計局，世界銀行より作成

約 50％と極めて高く，貯蓄額でも米国を上回る世界第一位となっている。中国の経常収支黒字が大幅な黒字基調にあるのも，高貯蓄による貯蓄超過（貯蓄＞投資）による。

　中国の貯蓄水準が高い背景として

・社会保障制度が未整備であり，徴税分を再配分する仕組みが未熟であるため政府部門が貯蓄超過となっていること
・未整備な医療・年金などの社会保障を補うために，老後に備えて家計部門の貯蓄意欲も高いこと
・企業部門が労働分配率を抑制し，内部留保の水準を高めに維持していること

などが考えられる。貯蓄超過は，中国の経済・社会保障制度の遅れを示している面もあることは否定できない。しかも，この制度の改善には，利害関係者の調整などエイジェンシーコストが必要なため，問題解決に相当の年月を必要とすると中国の指導者は認識している。中国の場合，ステークホルダー（利害関係者）が複雑に存在していることは想像に難くなく，調整に手間（この調整コストをエイジェンシーコストと言う）がかかるものと思われる。

2.3　日本とは異なる選択をした中国；中国マネーに蓋を

　一方，中国は金融市場に市場メカニズムを導入し，効率的な資金配分を実現

することに慎重な姿勢を崩していない。特に，中国の金融対外開放については，新型コロナや米中間の緊張の中で，門戸を狭めている[2]。一言で言えば，中国はこの巨額の貯蓄原資の有効活用を模索しているのである。例えば，国際金融市場との裁定を活発化させれば，世界の金融市場との金利裁定が行われる。そうなれば，膨大な中国の貯蓄は，自国内に留まるとは限らず，より収益性の高い市場に一気に流出することも想定される。本章 View01 米国第1節では，ラーニング効果をとりあげて人間がイノベーションを人工的に起こせる可能性について論じた。そこで紹介した Stiglitz は，中国の高成長について，膨大な貯蓄が海外流出することなく，国内にとどまり，中国人の果敢な投資意欲に火を付けた可能性を示唆している。正確に言うと，貯蓄は国外に流出していないわけではない。ただそれは，主として外貨準備の増加（その一部は公的部門の米国国債の購入など）という形を取っている。民間部門の貯蓄の国外流出は限定的である。

　少なくとも，海外との資本取引を自由に行えるようになれば，金融投資の海外運用の機会を手にして潤沢な資産蓄積が可能になる数億人の人々と，そうではない半分以上の中国人との間に，さらなる経済格差をもたらしたはずである。中国の指導部は賢明にも，そのような愚策はとらなかったのである。

2.4　香港は国際金融市場と結びつく空間として設計

　ところで，中国は段階的に金融自由化を導入し，2015 年には金利自由化を完了している。また，海外との取引についても，香港を利用して，世界の金融市場と接合している。具体的には米国ドルに完全リンクする香港ドルを利用することで，香港を利用した形で米国金融市場と一体化している。つまり，中国元は管理通貨として政府がコントロールしている一方で，香港を経由した，実質的に自由な変動相場制度を実現している。中国企業は香港を経由した取引によって，国際ビジネスでのドル決済手段を担保しているのである。中国国内は門戸を閉ざしているが，香港でドルを自由に取引してもよいという仕組みである。

　もっとも，形式的な自由化の進捗にも関わらず，実際には，中央政府が強く市場をコントロールしているために，中国本土の金融取引で市場メカニズムを通じた効率的な資金配分が行われているとは言い難い状況が続いている。

2.5 蓋を閉めたままではいられない

　今の所，中国の膨大な貯蓄は，国内金融機関を経由して国内企業に貸し出すか，あるいは，不動産などの非金融資産投資に向けられている。普通の中国人は，閉鎖された国内での資産形成を選択するしかないのが現状である。厳しい言い方をすれば，こうして大量の資金が中国の金融機関に入っても，それを効率的に運用する実力を発揮するだけの機会は与えられていない。この結果，中国の銀行は不良債権を度々発生させるが，ある意味，不可避的な帰結でもある。

2.6 中国マネーを動かすのは中国か，それとも，米国を中心とする金融資本なのか

　中国の金融市場を開放すれば，おそらくは米国の金融機関が中国の資金をグローバルに運用展開するであろうことは明らかである。その分，中国の資金は国内投資には潤沢には回らず，沿岸部と内陸部の格差は一気に拡大する可能性がある。一方，現状のように，閉鎖し続けるとしたら，膨大な中国の貯蓄は異常なほどに不動産価格を引き上げ，そして，銀行経営を一層不安定化させるであろう。米中の関係は，中国の巨大資金をどのように世界に再配分するかという厳しい駆け引きが中国の不安定化を内包させながら激化の可能性がある。このことを，Ferguson は早い段階から見越していたように思われる。

2.7 一帯一路への米国の厳しい反発

　実際，2013 年，中国は一帯一路構想によって，中国の資金を使ってアジアや東欧の地域にインフラ投資をスタートさせるという戦略を開始し，やがて AIIB（Asian Infrastructure Investment Bank, アジアインフラ投資銀行）を設立した。これは，中国の膨大な貯蓄を，アジアなどの周辺地域に再配分しようという発想である。しかしながら，米国からすれば，欧米先進国が深化・発展させてきた市場メカニズムを利用した中国の貯蓄のグローバルな再配分ではなく，中国に裁量権のある再分配である点で，受け入れ難いものであった。

第2節　なぜ中国は重要なのか

　中国が重要な理由は，中国の資金が国際的な資産形成につながりを持ちつつ
ある点にある。

　どの国にも課題は多く，中国だけが難問続出というわけではない。しかし，
ここで論じた問題を中国がどのように克服していくかは，世界経済に最も影響
するファクターの一つである。特に，効率的な貯蓄の資金配分は中国だけでな
く，世界の安定性にも関わる大問題である。

　今後，中国の貯蓄が，国際的な資産価格の形成に重要なインパクトを持つ可
能性は否定できない。

　Woetzel et al. (2021) は中国の資産形成の性格が大きく変化することを予想
している。現在の世界の金融資産残高は約 250 兆ドルであり，特に，中国によ
る金融投資が活発化していることを報告している。さらに，最近の特徴として，
高齢化などを背景に個人の資産投資は，不動産を中心とする非金融資産（主に
不動産保有）⇒ 金融資産への転換が急速に進んでいるとしている。中国の個人
金融資産残高は年率で 13％ 近い成長を示しており，10 年以内に 10 兆ドルに達
するとしている（2021 年現在での日本の個人金融資産残高は約 18 兆ドル弱である）。

第3節　投資家にとっての意義

　経済規模に比較して，中国のグローバルな金融投資は，十分ではない。中国
政府は自国民の国際分散投資に慎重だからだ。一方，この国は，日本を含むア
ジア諸国同様に，高齢化の波に直面し，年金や医療社会保障の社会保障制度の
充実が急務になっている。今のまま，膨大な貯蓄が，いたずらに不動産投資に
つなぎ留められているのは限界で，中国経済の不安定性を高めるばかりであ
る。10 年以内に，非金融資産投資 ⇒ 金融資産投資への転換と，国際的な金融
投資が起きる。その根拠は，歴史がそのことを物語っているからである。例え
ば，戦後の日本を見ても，金融市場が海外に閉ざされていた 1980 年代まで，
日本の地価は上昇し続けた。土地は下がらないという土地神話の時代があった

のだ。少なくとも90年代になると，この土地神話は崩壊し，金融国際化の中で，金融資金は海外に流出した。

　中国の膨大な貯蓄は，グローバル投資を刺激し，最終的に，世界の金融システムをまったく新しい姿に変貌させるはずである。おそらく，国際通貨制度や中央銀行を含む大きな変革が起き，中国の貯蓄を中国自身やグローバル経済の発展にどのように活かすのか，新しい試行が開始されるであろう。一方，中国政府が規制・統制を強化する可能性も否定できない。もしそうなれば，中国国内の経済的不安定性は深刻化し，欧米との亀裂は深刻化する。

　中国経済の動向は，世界の金融資産取引に大転換を促す最大の要因なのである。

Keyword　オフショアリング（Offshoring）

　オフショアリング（Offshoring）とは，自社の一部の業務を他国に移転して行うことを指す。1990年以降，米国企業が推進したのは生産拠点を外国に移転し，自国では製品開発，経営や販売の戦略などに特化するものである。類似した用語にアウトソーシングという言葉があるが，これは国内外を問わずに業務の移転を指すものとして区別する。オフショアリングによって，貿易構造は変化している。特に，米国や英国は製造部門を海外に移転する一方，生産のための技術特許など無形財産を輸出している。貿易のサービス化が発生しており，無形資産の輸出では世界一となっている。

　また，オフショアリングが急速に進んだ結果，米国の製造業部門に従事してきた労働者が失業に陥っているという議論もある。

　もう一つの問題は，オフショアリングが加速する中で企業の多国籍化が進んだことである。その中で，課税回避を目的とした海外への移転が，自国産業の空洞化や国の歳入の主要部門を占める税収の減少を引き起こしているとも言われている。

【注】
1）Linden（2007）
2）この説明は正確ではない。中国は香港を通じて国際金融市場と結びついているからだ。香港ドルは完全ドルリンクの通貨であり，中国企業や富裕層が香港でドル取引を行うことは比較的容易である。しかし，一般の人が香港を通じた金融取引を活発に行うことは不可能である。

【参考文献】

Ferguson, Niall (2008), *HE ASCENT OF MONEY A financial History of the World*, Penguin Press. (仙名紀訳 (2015)『マネーの進化史』早川書房)

Friedman. George (2011), *The Next Decade: Where We've Been . . . and Where We're Going*, Doubleday. (桜井裕子訳 (2014)『100年予測』早川書房)

Linden, Greg, Kenneth L. Kraemer, and Jason Dedrick (2009), "Who captures Value in a global innovation system?: The case of Apple's iPad?," *Communications of the ACM*, Vol.52 No.3, pp.140-144.

Woetzel, Jonathan, Jan Mischke, Anu Madgavkar, Eckart Windhagen, Sven Smit, Michael Birshan, Szabolcs Kemeny, and Rebecca J. Anderson (2021), *The rise and rise of the global balance sheet How productively are we using our wealth?*, McKinsey Global Institute.

索　引

250

252

《著者紹介》

取越　達哉（とりこし・たつや）担当：序章，第 1 章，第 1 章 View1・3，
　　　　　　　　　　　　　　　　　第 2 章 View1，第 3 章，第 3 章 View1，
　　　　　　　　　　　　　　　　　第 4 章，第 5 章

　　1969 年　兵庫県姫路市生まれ
　　1991 年　早稲田大学政治経済学部卒業，学士（経済学）
　　2005 年　法政大学大学院社会科学研究科経済学専攻修士課程修了，修士（経済学）
　　2019 年　九州大学大学院経済学府経済システム専攻博士後期課程単位取得満期退学，
　　　　　　　博士（経済学）

1991 年，大和総研入社。大和証券，大和総研アメリカ，大和証券キャピタルマーケッ
ツシンガポール，大和アセットマネジメントを経て，2021 年，久留米大学経済学部教
授。公益社団法人日本証券アナリスト協会検定会員。

主要著作

「シンガポール対外証券投資のリージョナル・バイアスについて」『証券経済学会年報』
　　第 54 号，2019 年
「国際資本移動からみた国際金融センター・シンガポールの特徴」『証券経済研究』第
　　111 号，2020 年

田端　克至（たばた・かつし）担当：第 1 章 View2，第 2 章，第 2 章 View2，
　　　　　　　　　　　　　　　　　第 3 章 View2，第 4 章，第 6 章，
　　　　　　　　　　　　　　　　　第 6 章 View1・2

　　1959 年　茨城県日立市生まれ
　　1984 年　高崎経済大学卒業，学士（経済学）
　　1987 年　早稲田大学大学院経済学研究科修士課程修了，修士（経済学）
　　2009 年　千葉大学大学院社会文化科学研究科博士課程修了，博士（経済学）

1987 年，一般社団法人信託協会入社。1990 年，大和総研入社。1995 年，武蔵工業大
学専任講師。1996 年，二松学舎大学政治経済学部助教授。教授を経て，2018 年，愛
知大学経済学部教授。2000 年から 2001 年までニューヨーク州立大学バッファロー校
に留学。2007 ～ 2008 年，アジア開発銀行，ABMI の信用保証・投資ファシリティ
（CGIF）WG の作業メンバーとして参加。

主要著作

『現代の金融—世界の中の日本』昭和堂（分担執筆），2009 年
『みんなが知りたいアメリカ経済』創成社，2020 年

中井　誠（なかい・まこと）担当：第 4 章 View1・2，第 5 章，第 5 章 View1・2

1957 年　大阪府大阪市生まれ
1980 年　米国ウエスタン・コロラド大学経営学部卒業，学士（経営管理学）
1993 年　青山学院大学大学院国際政治経済学研究科修士課程修了，修士（国際経営学）
1996 年　法政大学大学院社会科学研究科修士課程修了，修士（経済学）
1998 年　早稲田大学大学院社会科学研究科修士課程修了，修士（学術）
2005 年　大阪大学大学院経済学研究科博士後期課程単位取得退学
2019 年　滋賀大学大学院経済学研究科博士後期課程修了，博士（経営学）

1982 年，稲畑産業入社。1986 年，大和証券入社。大和証券経済研究所，大和総研，大和証券引受審査部課長を経て，1999 年，甲子園大学専任講師。助教授，教授を経て，2009 年，四天王寺大学教授。2023 年，四天王寺大学を定年退職。現在，四天王寺大学，阪南大学，関西大学非常勤講師。近畿税理士会会員（税理士），公益社団法人日本証券アナリスト協会検定会員。

主要著作

『グローバルファイナンス』同友館，2001 年
『経営財務を知る本』創成社，2003 年
『組織変革の経営統率力』同友館，2005 年
『ファイナンシャル・プラン』（分担執筆）創成社，2009 年
『グローバル化の中の地域企業』（分担執筆）文眞堂，2020 年
『新版ファイナンシャル・プラン』（分担執筆）創成社，2022 年

（検印省略）

2023 年 9 月 20 日　初版発行　　　　　　　　略称―世界経済

投資家のための
「世界経済」概略マップ

	取 越 達 哉
著　者	田 端 克 至
	中 井　　誠
発行者	塚 田 尚 寛

発行所　東京都文京区　　**株式会社　創 成 社**
　　　　春日 2 - 13 - 1

電　話 03 (3868) 3867　　　F A X 03 (5802) 6802
出版部 03 (3868) 3857　　　F A X 03 (5802) 6801
http://www.books-sosei.com　振　替 00150-9-191261

定価はカバーに表示してあります。

©2023 Tatsuya Torikoshi　　組版：ワードトップ　印刷：エーヴィスシステムズ
ISBN978-4-7944-3244-5　C3033　製本：エーヴィスシステムズ
Printed in Japan　　　　　　落丁・乱丁本はお取り替えいたします。

——————— 経済学選書 ———————

投資家のための「世界経済」概略マップ	取田　越端　達克　哉至 中井　　　誠	著	2,500 円
現代社会を考えるための経済史	髙橋　美由紀	編著	2,800 円
財　　　政　　　学	栗林　　　隆 江波戸　順史 山田　直夫 原田　　　誠	編著	3,500 円
テキストブック租税論	篠原　正博	編著	3,200 円
テキストブック地方財政	篠原　正博 大澤　俊一 山下　耕治	編著	2,500 円
世界貿易のネットワーク	国際連盟経済情報局 佐藤　　　純	著 訳	3,200 円
みんなが知りたいアメリカ経済	田端　克至	著	2,600 円
自動車産業のパラダイムシフトと地域	折橋　伸哉	編著	3,000 円
「復興のエンジン」としての観光 ―「自然災害に強い観光地」とは―	室崎　益輝 橋本　俊哉	監修・著 編著	2,000 円
復興から学ぶ市民参加型のまちづくりⅡ ―ソーシャルビジネスと地域コミュニティ―	風見　正三 佐々木　秀之	編著	1,600 円
復興から学ぶ市民参加型のまちづくり ― 中間支援とネットワーキング―	風見　正三 佐々木　秀之	編著	2,000 円
福　祉　の　総　合　政　策	駒村　康平	編著	3,200 円
環境経済学入門講義	浜本　光紹	著	1,900 円
マクロ経済分析 ― ケインズの経済学 ―	佐々木　浩二	著	1,900 円
入　門　経　済　学	飯田　幸裕 岩田　幸訓	著	1,700 円
マクロ経済学のエッセンス	大野　裕之	著	2,000 円
国　際　公　共　経　済　学 ― 国際公共財の理論と実際 ―	飯田　幸裕 大野　裕之 寺崎　克志	著	2,000 円
国際経済学の基礎「100項目」	多和田　眞 近藤　健児	編著	2,700 円
ファーストステップ経済数学	近藤　健児	著	1,600 円

(本体価格)

——————— 創　成　社 ———————